Collection CIRCA dirigée par C.-D. Échaudemaison

Jean Boncœur
Hervé Thouément

Histoire des idées économiques
de Platon à Marx

3e édition

ARMAND COLIN

Dans la même collection

Alberto T., Combemale P., *Comprendre l'entreprise : thérorie, gestion, relations sociales* (3e édition).
Boncœur J., Thouément H., *Histoire des idées économiques, de Walras aux contemporains* (2e édition).
Bosc S., *Stratification et transformations sociales : la société française en mutation* (2e édition).
Cendron J.-P., *Le Monde de la protection sociale : intégration, solidarité, macroéconomie.*
Chavance B., *Marx et le capitalisme : la dialectique d'un système.*
Combemale P., Parienty A., *La Productivité : analyse de la rentabilité, de l'efficacité et de la productivité.*
Combemale P., Quilès J.-J., *L'Économie par le circuit : comprendre la macroéconomie.*
Coutrot T., Husson M., *Les Destins du Tiers Monde : analyse, bilan et perspectives.*
Crozet Y., *Inflation ou déflation ? Du dilemme aux arbitrages intergénérationnels* (3e édition).
Depecker J.-P., Milano S., *Économie et société allemande : l'après-réunification.*
Diatkine D., Gayman J.-M., *Histoire des faits économiques* (tome 1) : *croissance et crises en France de 1840 à 1890* (3e édition).
Diatkine D., Gayman J.-M., *Histoire des faits économiques* (tome 2) : *croissance et crises en France de 1895 à 1974.*
Elleboode C., Dhifallah H., Houliez H., Véran J.-F., *Histoire des idées politiques,* tomes 1 et 2.
Faugère J.-P., Voisin C., *Le Système financier et monétaire international : crises et mutations* (4e édition).
Faugère J.-P., Voisin C., *Le Système financier français: crises et mutation* (3e édition).
Jacoud G., *Le Système financier et monétaire européen.*
Lallement M., *Histoire des idées sociologiques, de Parsons aux contemporains* (2e édition).
Longuet S., *Hayek et l'école autrichienne.*
Marcel B., Taïeb J., *Crises d'hier, crise d'aujourd'hui : 1873…, 1929…, 1973…* (5e édition).
Marcel B., Taïeb J., *Le Chômage aujourd'hui : analyses et perspectives* (2e édition).
Milano S., *La Pauvreté dans les pays riches : du constat à l'analyse.*
Orio L., Quilès J.-J., *L'Économie keynésienne : un projet radical.*
Quilès J.-J., *Schumpeter et l'évolution économique : circuits, entrepreneurs, capitalisme.*
Stambouli M., *L'Économie du travail.*
Tournier É., *Économie et société françaises depuis 1973.*
Treillet S., *L'Économie du développement.*

ISBN : 978-2-200-34017-9

Sommaire

Partie 1
L'ÉVOLUTION DES IDÉES ÉCONOMIQUES JUSQU'À LA RÉVOLUTION INDUSTRIELLE

INTRODUCTION

À Pierre, qui était le meilleur d'entre nous.

Le musée des théories dépassées ?

Nombreux sont aujourd'hui les économistes qui, considérant la mathématisation croissante de leur discipline, la présentent volontiers comme une science, au même titre que la physique, la chimie, la biologie.

Or, l'apprentissage des sciences de la nature ne nécessite pas d'étudier leur histoire. Un étudiant en physique n'a sans doute pas besoin, pour préparer ses examens, de se plonger dans les écrits d'Aristote, et peu lui importe, dans cette douloureuse phase de son existence, de savoir comment cet auteur se représentait la mécanique des corps célestes : Copernic, Kepler et Galilée ont définitivement mis un terme à la conception d'un univers dont notre Terre serait le centre. En simplifiant sans doute un peu, on pourrait dire que l'histoire des sciences est le musée des théories dépassées.

Appliquée à l'économie, une telle approche amène à regarder l'histoire des idées dans cette discipline comme un complément de caractère « culturel » n'interférant pas avec l'apprentissage des connaissances actuelles : étudier aujourd'hui, par exemple, les conceptions des auteurs mercantilistes des XVIe et XVIIe siècles relèverait du même ordre de préoccupation que l'étude des travaux des alchimistes qui, à l'époque, cherchaient à transmuer le plomb en or.

À l'encontre de cette thèse, il nous semble que l'histoire des idées économiques est bien autre chose que la visite d'un musée – quel que puisse être l'intérêt d'une telle visite. En effet, certaines particularités de l'investigation dans le domaine économique (et sans doute, plus généralement, dans celui des sciences sociales) viennent y compliquer sérieusement le rapport entre histoire et état actuel des idées.

Pour essayer d'éclaircir ce point, nous ferons brièvement référence aux travaux de deux auteurs contemporains, tous deux philosophes des sciences : l'Américain Thomas Kuhn et l'Autrichien Karl Popper.

Paradigmes, révolutions scientifiques et contre-révolutions

Dans son ouvrage intitulé *La Structure des révolutions scientifiques* (1962), Thomas Kuhn étudie le fonctionnement des « communautés scientifiques ». La cohésion de ces communautés, observe-t-il, est généralement très forte car elle est marquée par un large consensus autour des principes de base, des questions à élucider et des méthodes de travail. Kuhn désigne ce consensus par le terme de « paradigme » qui, pris dans son sens premier, signifie « exemple » ou « modèle ».

En temps normal les membres d'une communauté scientifique travaillent à l'intérieur d'un modèle, d'un paradigme donné et leur activité s'apparente, selon Kuhn, à celle de « l'amateur de puzzles », au sens où elle consiste à résoudre des énigmes partielles et très spécialisées à l'intérieur d'un cadre général qui n'est pas remis en cause. À côté de ces périodes normales il existe des périodes, beaucoup plus brèves, de « révolution scientifique », qui sont « les épisodes extraordinaires au cours desquels se modifient les convictions des spécialistes ». Pour illustrer cette définition, Kuhn évoque « les moments critiques du développement scientifique que l'on associe aux noms de Copernic, Newton, Lavoisier et Einstein ». Le passage d'un paradigme à un autre, caractéristique de la révolution scientifique, résulte du fonctionnement même de la science normale, qui finit par détecter un certain nombre d'anomalies difficilement interprétables dans le cadre du paradigme en vigueur. À titre d'exemple, on peut citer les expériences menées à la fin du XIXe siècle sur la vitesse de propagation de la lumière qui, produisant des résultats incompatibles avec les prédictions de la mécanique newtonienne, jouèrent un rôle décisif dans l'émergence de la théorie de la relativité.

Le paradigme qui vient d'en supplanter un autre pourra à son tour être remis en cause par une révolution scientifique ultérieure, mais celle-ci ne pourra jamais se traduire par la résurrection d'un paradigme ancien : si la théorie de la relativité bouscule quelques-uns des fondements de la mécanique classique, elle n'a nullement pour effet de réhabiliter les conceptions de l'univers antérieures à Newton. Ce caractère irréversible des révolutions scientifiques permet de comprendre que l'histoire des sciences n'interfère pas avec la pratique des scientifiques : les paradigmes vaincus le sont définitivement.

Dans le domaine de l'économie, l'évolution des idées apparaît marquée, à diverses périodes, par la domination de « paradigmes » et connaît à d'autres moments des remises en cause qui ne sont pas sans rappeler les « révolutions scientifiques » décrites par Kuhn.

Pourtant l'application de la grille d'analyse développée par cet auteur à l'histoire de la pensée économique se heurte rapidement à de nombreux obstacles.

La domination d'un paradigme, tout d'abord, y revêt rarement un caractère aussi net que dans le domaine des sciences de la nature.

On constate plutôt la coexistence, durable mais nullement pacifique, de plusieurs paradigmes qui s'affrontent sur des questions essentielles (théorie néoclassique et théorie marxiste par exemple).

En outre, les « révolutions scientifiques » en économie ne sont pas à l'abri de « contre-révolutions » ultérieures, qui viennent exhumer, moyennant certaines adaptations d'anciens paradigmes que l'on pouvait croire définitivement enterrés. Ainsi, en matière monétaire, si la pensée libérale, à partir du XVIIIe siècle, s'est largement construite sur le rejet des conceptions mercantilistes antérieures, on a pu assister, en plein XXe siècle, à une réhabilitation de ces conceptions de la part de Keynes.

Les difficultés de la démarcation en économie

Comment expliquer ce caractère apparemment plus hésitant du mouvement des idées dans le domaine de l'économie que dans celui des sciences de la nature ? Sans doute en grande partie par le fait qu'il est beaucoup plus difficile d'y appliquer ce que Karl Popper appelle le « critère de démarcation » entre énoncés scientifiques et énoncés non scientifiques.

Un critère de démarcation…

Dans un ouvrage intitulé *La Logique de la découverte scientifique* (1935), cet auteur analyse la méthode des sciences « empiriques » telles que la physique, la chimie ou la biologie. Critiquant la conception traditionnelle selon laquelle cette méthode reposerait sur l'induction (généralisation des résultats tirés de l'expérience), Popper s'attache à montrer que les sciences empiriques reposent sur les mêmes principes de la logique déductive que les mathématiques. La différence avec les mathématiques vient de ce qu'un énoncé, avant d'être retenu, doit non seulement être reconnu logiquement cohérent avec les hypothèses qui le fondent, mais encore être testé, c'est-à-dire confronté à la réalité empirique par le biais d'une expérience contrôlée.

Toutefois, on ne saurait logiquement attendre d'une expérience, par nature particulière, qu'elle permette de vérifier un énoncé de portée générale. Tout au plus peut-elle l'infirmer : dans un exemple devenu célèbre, Popper explique que, si le fait de rencontrer un cygne blanc, voire une multitude de cygnes blancs, ne permet nullement de vérifier l'énoncé général : « Les cygnes sont blancs », en revanche le simple fait de rencontrer un cygne noir permet d'infirmer cet énoncé.

Dès lors, un énoncé scientifique n'est pas autre chose, selon Popper, qu'une proposition testable qui jusqu'à présent a pu résister à tous les tests mis en œuvre pour tenter de l'infirmer. Cette définition, qui donne une coloration hautement provisoire aux « vérités » scientifiques, fournit un critère de démarcation permettant d'exclure du domaine de la science, non seulement les énoncés qui ont été infirmés par l'expérience (« la terre est plate »), mais aussi ceux qui ne pourront jamais l'être, du fait de leur caractère tautologique (« la terre est plate ou elle n'est pas plate ») ou métaphysique (c'est-à-dire se situant en dehors du monde de l'expérience : propositions sur le sexe des anges ou sur l'« essence » des phénomènes observables par exemple).

Le critère de démarcation poppérien est loin d'être toujours aussi simple à mettre en œuvre que l'exemple des cygnes blancs et noirs le laisse supposer. En effet, de nombreux énoncés scientifiques revêtent un caractère non pas déterministe, mais probabiliste, c'est-à-dire prévoient un certain événement, non comme certain, mais plus ou moins probable : de tels énoncés ne peuvent être rejetés sur la base d'une seule expérience négative, comme le souligne Popper.

... difficilement applicable en économie

Dans le domaine économique, à ces difficultés viennent s'ajouter certains problèmes spécifiques. Tout d'abord, on rencontre fréquemment, dans les théories économiques, des propositions par nature non testables : descriptions d'un monde qui n'est pas celui de l'expérience (équilibre général de concurrence pure et parfaite par exemple), tautologies plus ou moins dissimulées (telles les « lois tendancielles » énonçant par exemple que le taux de profit a tendance à baisser... sauf quand certains facteurs l'empêchent de baisser), énoncés de caractère normatif souvent inextricablement mêlés aux énoncés positifs (phénomène particulièrement fréquent dans le domaine de l'analyse de la répartition des revenus).

Même si l'on parvenait à évacuer de telles propositions du domaine de l'analyse économique, il resterait un obstacle considérable à la mise en œuvre du critère de démarcation poppérien qui tient aux conditions pratiques de l'expérimentation dans cette discipline.

L'expérience à laquelle se réfère Popper est bien entendu une expérience scientifique, c'est-à-dire se déroulant dans un ensemble de conditions minutieusement contrôlées et reproductibles, une expérience en « laboratoire ». Or, le plus souvent, les économistes ne disposent pas de laboratoire pour tester leurs analyses : on imagine mal, par exemple, une expérience consistant à provoquer, dans des conditions bien déterminées, une crise économique aux seules fins de tester la validité d'une théorie des crises... Ce genre de problème amène généralement les économistes à recourir à un autre type d'expérience, qui est l'expérience historique, forcément moins probante qu'une expérience en laboratoire puisque l'histoire ne se reproduit jamais à l'identique.

Cette fragilité de l'expérimentation contribue largement à expliquer les difficultés que rencontrent les économistes quand il s'agit de trancher entre des analyses contradictoires. Dans ces conditions, la domination d'un paradigme n'est jamais absolue, son élimination pas forcément définitive, et l'histoire des idées économiques interfère largement avec l'état actuel des conceptions en la matière : « les hommes d'action qui se croient affranchis d'influences doctrinales sont d'ordinaire les esclaves de quelque économiste passé », écrit Keynes en 1936.

Une introduction à l'histoire des idées économiques

Fournir au lecteur, dans un volume restreint et dans un langage simple, un guide d'accès aux grands courants de pensée qui ont contribué à façonner les conceptions contemporaines en matière économique, telle est l'ambition de cet ouvrage. Celui-ci n'est évidemment pas un traité d'histoire de la pensée économique (dont il ne saurait remplacer la lecture), et il n'est pas non plus un dictionnaire ou une encyclopédie : bien des auteurs n'y figurent pas, et l'on n'y trouvera que des indications biographiques succinctes sur ceux dont les idées sont présentées (de nombreux livres traitent déjà du chapeau de castor d'Adam Smith et des furoncles de Karl Marx).

Bien entendu, le parti de sélectivité qui est retenu ici présente l'inconvénient d'un certain arbitraire : compte tenu de la complexité du mouvement des idées en économie, il est périlleux d'affirmer que tel auteur, ou tel courant de pensée, est plus important que tel autre, et les choix qui sont effectués dans ce livre peuvent à bon droit être contestés. Mais cet inconvénient nous semble largement compensé par un avantage : dans un ouvrage destiné à un public de non-spécialistes, la sélectivité permet d'éviter le survol et le kaléidoscope. Pour chaque courant de pensée retenu, sont présentés les éléments clés du contexte historique associé, la logique interne du « paradigme » qu'il propose, et ses principaux rapports avec les autres courants de pensée économique.

En outre, il est clair que le commentaire ne saurait remplacer la lecture directe des textes originaux. Aussi une large place leur est-elle faite ici, sous forme de documents. On trouvera également des repères biographiques et historiques, ainsi que des schémas et exemples simples permettant d'illustrer certains raisonnements.

Cet ouvrage, organisé chronologiquement dans ses grandes lignes, comporte deux tomes dont la ligne de partage est, en gros, le dernier tiers du XIXe siècle.

En économie comme ailleurs, on assiste à une accélération considérable de la production intellectuelle au cours des cent dernières années, ce qui explique le découpage très inégal du temps auquel il est procédé ici.

Le premier tome s'articule autour du thème des réactions suscitées par le développement de l'économie de marché. Dans une première partie sont analysées les doctrines économiques antérieures à la période de la révolution industrielle, alors que la deuxième et la troisième partie sont consacrées à deux courants de pensée contemporains de cette période : l'économie classique et le marxisme. Point n'est besoin d'être spécialiste d'histoire de la pensée économique pour sentir qu'au-delà de l'épisode qui les a vus naître ces deux courants de pensée sont des constituants essentiels des débats économiques récents. En dépit de l'écart historique qui nous sépare d'elles on pourra constater que les analyses plus anciennes faisant l'objet de la première partie n'ont pas non plus perdu tout caractère d'actualité.

PARTIE 1

L'ÉVOLUTION DES IDÉES ÉCONOMIQUES JUSQU'À LA RÉVOLUTION INDUSTRIELLE

1 Les premières réactions au développement du marché

De la Grèce antique au Moyen Âge européen, la réflexion économique est dominée par les interrogations que suscite, d'un point de vue essentiellement moral, le développement de l'économie marchande. Ce développement, encore embryonnaire, n'est pas continu. Si l'usage de la monnaie commence à se répandre dès le VIIe siècle av. J.-C., l'effondrement de l'Empire romain au Ve siècle de notre ère marque en Europe le début d'une période de régression économique, et il faut attendre le XIIe siècle pour assister de nouveau à un essor significatif du marché.

Nous limiterons notre étude de cette vaste période à deux étapes importantes de l'évolution des idées économiques, liées l'une et l'autre à une phase de développement de l'économie de marché. La première nous transportera dans la Grèce antique, la seconde dans la deuxième partie du Moyen Âge européen.

1 | La réflexion économique dans la Grèce antique

Alors qu'ils excellent dans de nombreux domaines tels que la philosophie, la géométrie, la mécanique, les penseurs de la Grèce antique développent, en matière d'économie, une réflexion plutôt rudimentaire. Pour le lecteur d'aujourd'hui, l'intérêt de la pensée économique antique réside avant tout dans les réactions qu'on y trouve face à un premier développement du marché. Ces réactions se manifestent dans le cadre d'un vaste débat qui se tient à Athènes aux Ve et IVe siècles av. J.-C., et qui est dominé par les thèses des sophistes, de Platon et d'Aristote (Repère 1).

REPÈRE • 1

Quelques figures de la philosophie grecque

Les sophistes : ce terme (du grec *sophia*, sagesse) désigne, dans la Grèce de la seconde moitié du Ve siècle av. J.-C., des professeurs allant de ville en ville pour enseigner l'art de parler en public et les moyens de faire triompher quelque thèse que ce soit dans une discussion. Les principaux sophistes sont Protagoras d'Abdère, Gorgias de Leontium, Prodicus de Céos et Hippias d'Élis. S'ils enseignent, plus qu'une doctrine, l'art de convaincre et de séduire, ils affirment que « l'homme est la mesure de toute chose » (Protagoras), et que les lois sont une invention humaine.

Platon (427-347) : né dans une famille noble au moment de la mort de Périclès, il assiste dans sa jeunesse à la décadence d'Athènes. À vingt ans il se lie d'amitié avec Socrate. Cette rencontre est déterminante pour lui puisqu'il décide dès lors de se consacrer à la philosophie. De ces années de réflexion sortiront les premiers *Dialogues*. Vers les années 389-388 (Socrate est mort en 399), il visite la Grande Grèce (Italie méridionale et Sicile) et y fait la connaissance des Pythagoriciens et de Dion, le neveu de Denys l'Ancien, tyran (maître) de Syracuse. C'est au retour de ce premier voyage qu'il fonde l'Académie et rédige la suite de ses *Dialogues*, notamment *Le Banquet*, *Phédon* et *La République* (il est déjà âgé de soixante ans lorsque Aristote vient s'ajouter au cercle de ses élèves). À l'appel de son ami Dion, il tentera à deux reprises de mettre ses idées en pratique sous le régime de Denys le Jeune (fils de Denys l'Ancien, mort en 467). Mais ces deux tentatives échoueront.

Aristote (384-322) : fils d'un médecin, Aristote est né à Stagire, en Macédoine. Il rejoint très tôt l'Académie de Platon et y reste dix-neuf ans, jusqu'à la mort de ce dernier. Il quitte ensuite Athènes pour devenir le précepteur du fils de Philippe de Macédoine, le futur Alexandre le Grand. C'est à son retour à Athènes, une dizaine d'années plus tard, qu'il crée en 335 le Lycée (école qui deviendra progressivement la rivale de l'Académie), et rédige la majeure partie de son œuvre. Subissant de plus en plus les pressions du pouvoir politique, il doit quitter Athènes en 323 et meurt un an plus tard en exil. Auteur d'une œuvre encyclopédique, Aristote a notamment écrit des traités de morale et de politique (*Éthique à Nicomaque*, *Politique*). Ses écrits eurent une influence considérable sur la pensée arabo-islamique et sur le thomisme, et par là sur toute la pensée occidentale.

1.1 Les origines du débat économique et politique à Athènes

Un survol rapide de l'histoire d'Athènes est nécessaire pour comprendre les circonstances dans lesquelles se développe ce débat. En simplifiant, on peut dire que cette histoire résulte d'une double évolution, politique et économique (Repère 2).

REPÈRE•2

L'évolution politique et économique d'Athènes

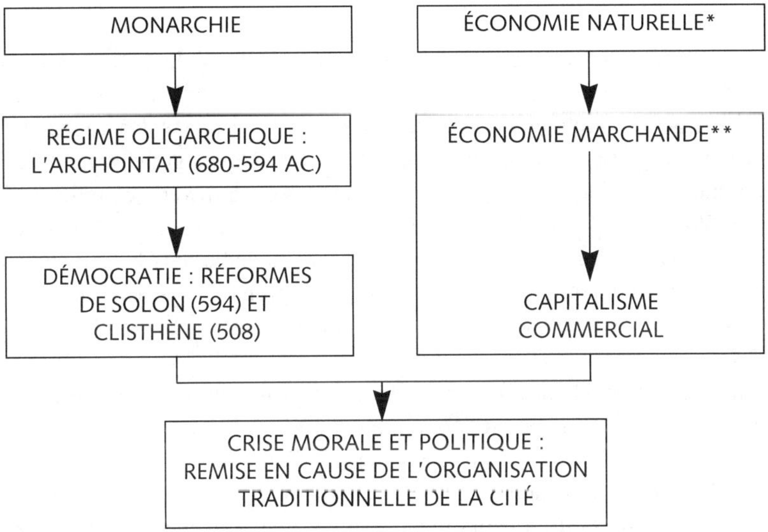

***L'économie naturelle** est une économie dans laquelle la production et la répartition sont organisées directement en quantités physiques (en nature). La régulation de ce type de société, régie par la coutume ou l'autorité, repose largement sur la logique du « status » qui, hérité à la naissance, détermine la place de chaque individu dans la société et les droits et les devoirs de chacun. Cette procédure fonctionne d'autant plus facilement que les lois revêtent un caractère sacré.

****L'économie marchande**, par opposition, repose sur l'échange monétaire. Ce terme général recouvre en fait deux systèmes – ou deux secteurs – différents. Le premier, appelé « économie marchande simple » par Marx, ou « économie de marché » par l'historien Fernand Braudel, composé de petits producteurs indé-

►►►

>>>

pendants (agriculteurs, artisans), se reproduit sensiblement à l'identique, alors que le second, appelé capitalisme, est essentiellement dynamique car il repose sur l'accumulation des profits. Le sens exact du terme « capitalisme » varie toutefois selon les auteurs. Si l'on parle fréquemment de « capitalisme commercial » pour désigner le développement des activités commerciales et financières dans l'Antiquité ou à la fin du Moyen Âge, Marx réserve le terme « capitalisme » à l'organisation sociale fondée sur le salariat et la grande industrie qui se développe à partir de la révolution industrielle à la fin du XVIIIe siècle.

À la monarchie des origines succède, vers 680 av. J.-C., le régime de l'archontat, dans lequel l'administration de la cité est assurée par un collège de neuf magistrats (archontes), essentiellement recrutés dans les rangs de la noblesse. Ce régime oligarchique, qui profite à quelques grandes familles de propriétaires fonciers, laisse progressivement place, à travers les réformes de Solon (594 av. J.-C.) et Clisthène (508 av. J.-C.) à la démocratie. À l'issue de celles-ci l'assemblée du peuple (*ecclesia*), dans laquelle tous les citoyens ont droit de vote, devient l'organisme politique suprême. Cependant le titre de citoyen est toujours refusé aux femmes, étrangers, affranchis et bien sûr aux esclaves.

Athènes subit également de profondes transformations économiques, la faisant évoluer d'une structure d'économie naturelle vers une structure d'économie marchande. Généralisant la découverte lydienne de la monnaie divisionnaire, l'économie athénienne connaît une expansion rapide, revêtant à bien des égards les traits d'un capitalisme commercial. Devenue un gigantesque atelier dans lequel l'esclavage joue un rôle essentiel, elle importe des matières premières (fer de Chypre, cuivre d'Espagne…) et exporte des produits finis (poteries, vin, huile d'olive). Par l'entretien d'une flotte marchande imposante, Athènes contrôle une vaste zone commerciale constituée par le réseau des « cités filles » qu'elle a créé sur le pourtour méditerranéen. Les procédures de prêt, notamment aux armateurs, y sont développées. Les petits commerçants, souvent des étrangers ou des esclaves affranchis, deviennent de riches marchands.

Dans son processus de développement, Athènes se heurte cependant à sa rivale, Sparte, la cité de l'intérieur. La guerre du Péloponnèse qui oppose les deux cités de 431 à 404 av. J.-C. s'achève par la victoire de la seconde. Il s'ensuit à Athènes une crise politique doublée d'une crise sociale. L'expansion commerciale de la cité s'est accompagnée d'un développement des inégalités et des frustrations. La reconcentration des terres (après que les réformes de Solon eurent favorisé la petite propriété foncière) a provoqué l'exode des petits agriculteurs vers la ville où ils ne peuvent trouver du travail, qui est réservé en priorité aux esclaves. Dans le même temps, les « nouveaux riches », marchands et financiers, ne peuvent exercer leur influence sur le plan politique, n'étant pas citoyens.

L'équilibre social est compromis. Les lois de la cité, qui jusqu'à présent avaient un caractère sacré, sont remises en cause. C'est sur ce fond de crise que se développe le débat politique et économique entre philosophes. Faut-il freiner, voire supprimer le phénomène de monétarisation de l'économie, ou au contraire l'encourager ?

1.2 La position sophiste

Favorables à la nouvelle donne économique, les sophistes, qui sont souvent des étrangers enrichis par le commerce mais sans droits politiques, réclament des mesures de libéralisation de l'économie comme la suppression de l'esclavage et la promotion du travail salarié, ou encore le développement des échanges avec l'extérieur. Dénonçant le caractère prétendument sacré des lois (résultant selon eux des conventions humaines), ils demandent que les droits des individus aient désormais la priorité sur les règles contraignantes de la cité. Cette souveraineté des personnes devrait ainsi favoriser l'expansion de l'économie marchande.

Ces conceptions libérales sont d'abord combattues par Socrate (qui contribua à donner au terme « sophisme » la connotation péjorative que nous lui affectons aujourd'hui), puis par son disciple Platon. Observant que l'introduction, et surtout l'accumulation de la monnaie concourent à déliter l'ancienne organisation sociale, celui-ci cherche à définir la meilleure organisation possible de la cité.

1.3 La solution de Platon

Les réflexions politiques et économiques de Platon sont consignées dans certains de ses Dialogues (recherches philosophiques présentées sous forme de discussions entre Socrate et différents interlocuteurs, souvent des sophistes), en particulier *La République* et les *Lois*. Ces réflexions s'insèrent dans une conception du monde où le principe de l'immortalité de l'âme tient une place essentielle (Texte 1). Aussi la vie sociale sur terre doit-elle être organisée de la façon la plus juste qui soit afin d'assurer le salut des âmes. Le travail du philosophe consiste donc à rechercher les lois qui garantiraient le règne de la justice dans la cité. C'est à travers cette recherche que Platon aborde les problèmes économiques.

PLATON La motivation du juste : le salut des âmes

TEXTE 1

Er, fils d'Arménios, originaire de Pamphylie, était mort dans une bataille. Dix jours après, comme on ramassait les morts déjà putréfiés, on le releva, lui, en bon état, on le porta chez lui pour l'ensevelir et, le douzième jour, ayant été mis au bûcher, il revint à la vie. Alors il raconta ce qu'il avait vu là-bas. Aussitôt, dit-il, que son âme était sortie de son corps, il s'était mis en route avec beaucoup d'autres, et ils étaient arrivés dans un endroit merveilleux, où il y avait dans la terre deux ouvertures attenant l'une à l'autre, et dans le ciel, en haut, deux autres qui leur faisaient face. Entre ces doubles ouvertures siégeaient des juges dès qu'ils avaient prononcé leur sentence, ils ordonnaient aux justes de prendre à droite la route qui montait dans le ciel, après leur avoir attaché par-devant un écriteau relatant leur jugement, et aux criminels de prendre à gauche la route descendante, portant eux aussi, mais par derrière, un écriteau où étaient marquées toutes leurs actions. Comme il s'approchait à son tour, les juges lui dirent qu'il aurait à porter aux hommes les nouvelles de ce monde souterrain et ils lui ordonnèrent d'écouter et d'observer ce qui se passait en cet endroit. Or il vit là des âmes qui s'en allaient par l'une et l'autre ouverture du ciel et de la terre, après avoir subi leur jugement, pendant que les deux autres ouvertures livraient passage, l'une à des âmes exténuées et poussiéreuses qui montaient du sein de la terre, l'autre à des âmes qui descendaient du ciel toutes pures ; et toutes ces âmes qui arrivaient successivement semblaient venir d'un long voyage ; elles gagnaient joyeusement la prairie pour y camper, comme dans une fête solennelle ; celles qui se connaissaient se saluaient réciproquement, et celles qui venaient de la terre questionnaient les autres sur ce qui se passait au ciel, et celles qui venaient du ciel sur ce qui se passait sous terre. Les unes racontaient leur aventure en gémissant et pleurant au souvenir des maux de toute sorte qu'elles avaient soufferts et vu souffrir dans leur voyage souterrain, voyage qui dure mille ans ; les autres, qui venaient du ciel, faisaient le récit de plaisirs délicieux et de spectacles d'une beauté infinie. Les nombreux détails de leur récit, Glaucon, demanderaient beaucoup de temps ; mais en voici d'après lui l'essentiel. Quel que fût le nombre des crimes qu'elles avaient commis, et celui des personnes qu'elles avaient lésées, elles expiaient tous leurs méfaits l'un après l'autre, et dix fois chacun d'eux, et chaque fois la punition durait cent ans, ce qui est la durée de la vie humaine, afin que le châtiment fût décuplé pour chaque crime. Par exemple ceux qui avaient causé la mort de beaucoup d'hommes, qui avaient trahi des États et des armées et les avaient jetés dans l'esclavage, qui avaient contribué à quelque autre catastrophe, avaient à subir des douleurs au décuple pour chaque crime. Ceux qui au contraire avaient fait le bien autour d'eux, qui avaient été justes et pieux en obtenaient la récompense dans la même proportion.

Platon, *La République*, livres VIII-X, p. 614-615.

Dans *La République*, il décrit ce qu'il considère comme la cité idéale (alors que dans les *Lois* il indique les moyens de s'en rapprocher). Celle-ci devant être caractérisée par le règne de la justice, il convient de définir ce terme. Doit-on par exemple retenir la définition sophiste selon laquelle est juste ce qui revient au plus fort ? Ce critère, qui sur le plan économique revient à exalter les vertus de la concurrence (position sophiste), ne saurait être retenu aux yeux de Platon, pour qui la justice consiste à attribuer à chacun la fonction sociale qu'il mérite d'après ses qualités morales, intellectuelles ou physiques.

S'inspirant du modèle de Sparte, Platon propose de diviser la société en trois classes (Texte 2). Cette société est hiérarchisée, mais la sélection dans les classes supérieures, au lieu de dépendre de la naissance, est fondée sur les qualités de chacun, et s'effectue au moyen d'examens. Les règles du jeu étant justes et clairement définies, il ne devrait plus y avoir de tensions sociales.

PLATON La Cité idéale : les trois classes d'hommes

TEXTE 2

Je vais essayer de persuader d'abord les magistrats eux-mêmes et les soldats, ensuite les autres citoyens que l'éducation et l'instruction qu'ils ont reçues et dont ils croyaient éprouver et sentir les effets ne sont autre chose qu'un songe, qu'en réalité ils étaient d'abord formés et élevés dans le sein de la terre, eux, leurs armes et tout leur équipement, qu'après les avoir entièrement formés, la terre, leur mère, les a mis au jour, qu'à présent ils doivent regarder la terre qu'ils habitent comme leur mère et leur nourrice, la défendre si on l'attaque, et considérer les autres citoyens comme des frères, sortis comme eux du sein de la terre. [...]

Vous qui faites partie de la cité, vous êtes tous frères, leur dirai-je, continuant cette fiction ; mais le dieu qui vous a formés a mêlé de l'or dans la composition de ceux d'entre vous qui sont capables de commander ; aussi sont-ils les plus précieux ; il a mêlé de l'argent dans la composition des gardiens ; du fer et de l'airain dans celle des laboureurs et des autres artisans. Comme vous sortez tous de la même souche, vous aurez pour l'ordinaire des enfants qui vous ressembleront ; mais il peut se faire que de l'or naisse un rejeton d'argent, et de l'argent un rejeton d'or, et que les mêmes variations se produisent entre les autres métaux. Aussi le dieu enjoint-il aux magistrats tout d'abord et avant tout de surveiller les enfants, et de prêter l'attention la plus curieuse au métal qui entre dans la composition de leur âme ; et si leurs propres enfants ont quelque mélange d'airain ou de fer, d'être sans pitié pour eux, et de rendre à leur nature la justice qui lui est due, en les reléguant parmi les artisans et les laboureurs ; si de leur côté ces derniers ont des fils qui laissent voir de l'or ou de l'argent, de reconnaître leur valeur et de les élever au rang soit de gardiens, soit de guerriers, parce qu'il y a un oracle qui dit que l'État périra, lorsqu'il sera gardé par le fer ou l'airain.

Platon, *op. cit.*, livres I-III, p. 414-415.

C'est la vie des classes supérieures qui retient surtout l'attention de Platon, dont le souci principal est d'éviter qu'elles ne se transforment en une oligarchie. À cet effet il proscrit pour elles la propriété personnelle, en particulier la détention de métaux précieux (signe de la répulsion platonicienne à l'égard de l'économie marchande), et recommande la communauté des femmes et des enfants (Texte 3). On a pu dire que Platon propose dans *La République* un « communisme d'élite ».

PLATON La Cité idéale : le communisme platonicien

TEXTE 3

1) Les gardiens n'auront rien en propre et seront nourris par les autres classes de citoyens

D'abord aucun d'eux n'aura rien qui lui appartienne en propre, sauf les objets de première nécessité ; ensuite aucun n'aura d'habitation ni de cellier où tout le monde puisse entrer. Quant à la nourriture nécessaire à des athlètes guerriers sobres et courageux, ils s'entendront avec leurs concitoyens qui leur fourniront en récompense de leurs services les vivres exactement indispensables pour une année, sans qu'il y ait ni excès ni manque ; ils viendront régulièrement aux repas publics et vivront en communauté comme des soldats en campagne. Pour l'or et l'argent, on leur dira qu'ils ont toujours dans leur âme de l'or et de l'argent divins et qu'ils n'ont pas besoin de l'or et de l'argent des hommes, qu'il est impie de souiller la possession de l'or divin en l'alliant à celle de l'or terrestre, parce que des crimes sans nombre ont eu pour cause l'or monnayé du vulgaire, tandis que l'or de leur âme est pur, qu'eux seuls de tous les citoyens ne doivent pas manier ni toucher l'or et l'argent, ni entrer sous un toit qui en abrite, ni en porter sur eux, ni boire dans l'argent ou l'or, que c'est le seul moyen d'assurer leur salut et celui de l'État. Dès qu'ils auront en propre comme les autres un champ, des maisons, de l'argent, de gardiens qu'ils sont, ils deviendront économes et laboureurs, et de défenseurs de la cité, ses tyrans et ses ennemis ; haïssant et haïs, traquant et traqués, c'est ainsi qu'ils passeront toute leur vie ; ils redouteront davantage et plus souvent les ennemis du dedans que ceux du dehors, et ils courront alors au bord de l'abîme, eux et la cité.

Platon, *op. cit.*, p. 416-417.

2) La communauté des femmes et des enfants

Ces femmes de nos guerriers seront communes toutes à tous ; aucune n'habitera en particulier avec aucun d'eux ; les enfants aussi seront communs, et le père ne connaîtra pas son fils, ni le fils son père. […] Quant aux enfants, à mesure qu'ils naîtront, ils seront remis à un comité constitué pour eux, qui sera composé d'hommes ou de femmes ou des deux sexes, puisque les fonctions publiques sont communes aux hommes et aux femmes. […] Je veux ensuite que ces fonctionnaires portent au bercail les enfants des citoyens d'élite et les remettent à des gouvernantes, qui habiteront à part dans un quartier particulier de la ville ; pour les enfants des hommes inférieurs et pour ceux des autres qui seraient venus au

➤➤➤

>>>

enfants des hommes inférieurs et pour ceux des autres qui seraient venus au monde avec quelque difformité, ils les cacheront, comme il convient, dans un endroit secret et dérobé aux regards [...]. Ils s'occuperont aussi de la nourriture, et conduiront les mères au bercail, quand leur sein sera gonflé, employant toute leur adresse à ce qu'aucune ne reconnaisse son enfant ; si les mères ne peuvent allaiter, ils amèneront d'autres femmes ayant du lait ; et même pour celles qui le peuvent, ils auront soin que l'allaitement ne dure que le temps voulu ; ils les déchargeront d'ailleurs des veilles et des autres soins sur des nourrices et des gouvernantes.

Platon, *ibid.*, livres IV-VII, p. 457 et 460.

Au total, pour reprendre une terminologie contemporaine, il apparaît que la solution défendue par Platon est celle de la « rupture », consistant à construire de toutes pièces les lois engendrant la Cité idéale, fondée (au moins pour les classes supérieures) sur un rejet de la logique marchande au profit d'une logique communautaire et d'un retour à l'économie naturelle. S'ouvre ainsi une longue tradition, celle de l'Utopie, qui émergera épisodiquement au cours des siècles, souvent dans les périodes de crise. Il en ira ainsi du « millénarisme » des Pères de l'Église (IIIe siècle après J.-C.), des constructions de Thomas More (l'inventeur du terme « utopie ») et de Tommaso Campanella au XVIe siècle, des communautés idéales imaginées par Fourier, Cabet et Owen au XIXe siècle.

Bien que très différente dans ses modalités, la solution marxiste s'inscrit également dans cette mouvance puisqu'il s'agira pour ce courant de pensée d'instaurer une société communiste, dans laquelle la gestion de la production et de la répartition des biens se fera directement en nature. L'analogie ne doit cependant pas être poussée trop loin, notamment parce que le courant marxiste appuie son rejet de l'économie de marché sur une analyse, se présentant comme scientifique, de ses mécanismes intimes. Cette approche reste totalement étrangère à l'œuvre de Platon, particulièrement pauvre en matière d'analyse économique.

1.4 La voie aristotélicienne

Esprit universel ouvert aux principales disciplines de son époque telles que la philosophie, la physique et les sciences naturelles, Aristote s'intéresse aussi à la politique et à l'économie. Son appréhension de l'univers est marquée par une préoccupation d'ordre scientifique : recourant systématiquement à l'observation, il cherche à comprendre la nature et la société, à en démonter les mécanismes. Sur le plan économique, il ne se cantonne pas comme Platon à l'aspect normatif, mais tente d'appréhender le fonctionnement réel de l'économie marchande. Créer l'harmonie dans la cité, encourager le détachement vis-à-vis des richesses matérielles sont là deux préoccupations qu'Aristote partage totalement avec Platon. En accord avec son maître sur les objectifs à atteindre, il s'en sépare néanmoins sur leur justification et les moyens d'y parvenir.

Le rejet de l'immortalité de l'âme conduit Aristote à justifier différemment la nécessité d'une cité idéale. Le bonheur doit être atteint sur terre et non dans une vie ultérieure, et l'homme est capable de l'édifier sans l'aide du surnaturel, par la raison. Animal politique, l'homme ne peut vivre seul, aussi le bonheur humain n'est-il concevable que dans le cadre de la cité. La primauté accordée aux activités de la pensée, à la pratique de la vertu dans l'échelle des valeurs, ne s'explique plus comme chez Platon par la recherche du salut de l'âme, mais par la volonté d'améliorer la vie sociale.

L'exercice des activités de l'esprit ne sera possible que si les besoins du corps sont préalablement satisfaits. Il faut ainsi résoudre le problème de l'approvisionnement en biens matériels. Sur quelle base organiser la production et la répartition ? La voie aristotélicienne repose sur trois volets complémentaires : si Aristote accepte le principe de l'économie marchande, il désire néanmoins en contrôler, voire en freiner le développement, et enfin en corriger les excès, notamment en matière d'inégalités.

Deux raisons conduisent Aristote à accepter le principe de l'économie marchande. D'abord son opposition au communisme de Platon : constatant les nombreux conflits engendrés par le régime de la communauté des biens, il est amené à défendre la propriété privée pour des raisons d'efficacité. Ensuite il constate qu'on peut difficilement se passer de la monnaie, moyen commode pour réaliser les échanges, dès que la division du travail atteint un certain degré de complexité. La monétarisation de l'économie ne présente pas trop d'inconvénients à condition qu'on sache en contrôler le développement.

Partant d'une définition générale des activités tournées vers l'acquisition des richesses, la chrématistique, il prend soin d'en distinguer deux formes. La première, consistant à se procurer des biens pour la consommation domestique, lui apparaît tout à fait légitime, et naturelle. Seule la seconde, orientée vers l'accumulation illimitée des richesses, est condamnable. Opposé au commerce et aux activités financières, Aristote s'insurge contre l'idée que la monnaie puisse « faire des petits » (l'intérêt lui apparaît comme « une monnaie née d'une monnaie »), et dénonce les pratiques spéculatives et monopolistes des commerçants (Texte 4). Partageant la répulsion de ses contemporains vis-à-vis du travail manuel qui est supposé dégrader le corps, il condamne l'activité salariée et demande de réserver le travail manuel aux esclaves.

ARISTOTE Les deux formes de chrématistique

TEXTE 4

1) La richesse n'est pas la monnaie

On pose souvent en fait la richesse comme n'étant rien d'autre qu'une abondance de numéraire, parce que c'est à la monnaie qu'ont rapport la chrématistique et sa forme mercantile. À d'autres moments, en revanche, on est d'avis que la monnaie est une pure niaiserie, une chose entièrement conventionnelle et sans rien de naturel, parce que, ceux qui s'en servent venant à lui substituer un autre étalon, elle perd toute valeur, et aussi parce qu'elle n'est d'aucune utilité pour les diverses nécessités de la vie, et que, tout en disposant de moyens monétaires considérables, on pourra souvent manquer de la nourriture la plus indispensable. C'est cependant une étrange richesse que celle dont la possession n'empêche pas de mourir de faim, comme cela arriva au fameux Midas de la Fable, dont la prière, cupide au-delà de toute mesure, avait pour effet de changer en or tout ce qu'on lui présentait !

Aussi cherche-t-on à établir une notion toute différente de la richesse et de l'art de l'acquérir, et cette recherche se justifie. En effet, l'art naturel d'acquérir des richesses et la richesse naturelle sont tout autre chose que ce que nous venons de voir. La chrématistique naturelle relève de l'économie domestique, tandis que le commerce est l'art de créer des richesses, non pas de toute façon, mais seulement par le moyen d'échange de biens. Et c'est cette dernière forme qui, semble-t-il, a rapport à la monnaie, car la monnaie est dans ce cas principe et fin de l'échange.

Aristote, *Politique*, Librairie philosophique Vrin, p. 59-60.

2) Les pratiques monopolistes des commerçants

On devrait bien aussi former un recueil des renseignements que nous possédons à l'état dispersé sur les moyens grâce auxquels certains particuliers ont réussi à faire fortune, car tous ces moyens sont utiles à ceux qui tiennent en honneur la chrématistique. Citons l'exemple de Thalès de Milet. Comme on lui faisait des reproches de sa pauvreté, qu'on regardait comme une preuve de l'inutilité de la philosophie, l'histoire raconte qu'à l'aide d'observations astronomiques, et l'hiver durant encore, il avait prévu une abondante récolte d'olives. Disposant d'une petite somme d'argent, il avait alors versé des arrhes pour utiliser tous les pressoirs à huile de Milet et de Chio, dont la location lui fut consentie à bas prix, personne ne se portant enchérisseur. Quand le moment favorable fut arrivé, il se produisit une demande soudaine et massive de nombreux pressoirs, et il les sous-loua aux conditions qu'il voulut. Ayant ainsi amassé une somme considérable, il prouva par là qu'il est facile aux philosophes de s'enrichir quand ils le veulent, bien que ce ne soit pas l'objet de leur ambition. Thalès donc, à ce qu'on rapporte, donna de cette façon un exemple frappant de sa sagesse, mais [...] le procédé qu'il apporta pour faire fortune a une portée générale, et vaut pour quiconque est en mesure de s'assurer à soi-même un monopole.

Aristote, *ibid.*, p. 69-70.

Mais ces recommandations sont insuffisantes pour assurer l'harmonie sociale. Il faut de plus faire respecter la justice. Abandonnant la définition platonicienne, Aristote retient deux formes de justice. La justice distributive concerne la répartition des richesses et des revenus dans la cité, et consiste à distribuer à chacun selon ses mérites. La justice commutative est, quant à elle, relative aux échanges et aux contrats entre individus. Partant de l'idée que dans l'échange il y a réciprocité, et que donc chacun doit recevoir autant qu'il donne, Aristote est conduit à rechercher un critère objectif pour juger de l'équivalence des échanges. Il s'interroge donc sur la signification des rapports d'échange entre deux marchandises. Sa réponse reste ambiguë, car il trouve tantôt dans le travail, tantôt dans le besoin l'étalon commun de mesure permettant de juger de l'équivalence des échanges (Texte 5).

ARISTOTE Réflexions sur la valeur et la monnaie

TEXTE 5

Or la réciprocité, j'entends celle qui est proportionnelle, est réalisée par l'assemblage en diagonale. Soit par exemple A un architecte, B un cordonnier, G une maison et D une chaussure : il faut faire en sorte que l'architecte reçoive du cordonnier le produit du travail de ce dernier, et lui donne en contrepartie son propre travail. Si donc tout d'abord on a établi l'égalité proportionnelle des produits et qu'ensuite seulement l'échange réciproque ait lieu, la solution sera obtenue ; et faute d'agir ainsi, le marché n'est pas égal et ne tient pas, puisque rien n'empêche que le travail de l'un n'ait une valeur supérieure à celui de l'autre, et c'est là ce qui rend une péréquation préalable indispensable. Il doit donc y avoir entre un architecte et un cordonnier le même rapport qu'entre un nombre déterminé de chaussures et une maison (ou telle quantité de nourriture), faute de quoi il n'y aura ni échange ni communauté d'intérêts ; et ce rapport ne pourra être établi que si entre les biens à échanger il existe une certaine égalité. Il est donc indispensable que tous les biens soient mesurés au moyen d'un unique étalon [...]. Et cet étalon n'est autre, en réalité, que le besoin, qui est le lien universel. [...] Mais la monnaie est devenue une sorte de substitut au besoin, et cela par convention, et c'est d'ailleurs pour cette raison que la monnaie reçoit le nom de *nomisma*, parce qu'elle existe non pas par nature, mais en vertu de la loi (*nomos*), et qu'il est en notre pouvoir de la changer et de la rendre inutilisable. [...] Mais pour les échanges éventuels, dans l'hypothèse où nous n'avons besoin de rien pour le moment, la monnaie est pour nous une sorte de gage, donnant l'assurance que l'échange sera possible si jamais le besoin s'en fait sentir, car on doit pouvoir en remettant l'argent obtenir ce dont on manque. La monnaie, il est vrai, est soumise aux mêmes fluctuations que les autres marchandises (car elle n'a pas toujours un égal pouvoir d'achat) ; elle tend toutefois à une plus grande stabilité. De là vient que toutes les marchandises doivent être préalablement estimées en argent, car de

►►►

>>> toute façon il y aura toujours possibilité d'échange, et par suite communauté d'intérêt entre les hommes. La monnaie, dès lors, jouant le rôle de mesure, rend les choses commensurables entre elles et les amène à l'égalité : car il ne saurait y avoir ni communauté d'intérêts sans échange, ni échange sans égalité, ni enfin égalité sans commensurabilité.
>
> Aristote, *Éthique à Nicomaque*, Librairie philosophique Vrin, p. 240-245 (extrait).

Cette ambiguïté sera interprétée par Marx, qui salue le « génie » d'Aristote, comme l'effet de la structure sociale particulière dans laquelle vit ce dernier : « Ce qui empêchait Aristote de lire dans la forme valeur des marchandises que tous les travaux sont exprimés ici comme travail humain indistinct et par conséquent égaux, c'est que la société grecque reposait sur le travail des esclaves, et avait pour base naturelle l'inégalité des hommes et de leurs forces de travail » (*Le Capital*, livre I, Éditions sociales, tome I, p. 73).

La position d'Aristote, au total, présente quelque analogie avec le point de vue social-démocrate contemporain. D'une part, il accepte le principe de l'économie marchande tout en ayant la volonté d'introduire une certaine transparence dans les échanges et la répartition. D'autre part, il dénonce les excès de ce type d'économie et propose d'en contrôler le développement. Enfin, il sait que ces objectifs ne pourront être atteints que si l'on comprend le fonctionnement réel de l'économie de marché, l'analyse devant précéder le normatif. Cette « social-démocratie » aristotélicienne reste cependant par bien des aspects fort éloignée de la nôtre, ne serait-ce que parce qu'elle repose sur l'esclavage.

2 | La pensée économique de saint Thomas d'Aquin

De façon beaucoup plus directe, c'est à travers l'œuvre de saint Thomas d'Aquin que les enseignements d'Aristote seront, à partir du XIIIe siècle de notre ère, diffusés en Europe. Cette œuvre, qui intervient à un tournant de la société médiévale, se présente comme une réponse à un double défi, à la fois philosophique et économique.

2.1 Les débuts de la féodalité

L'histoire de l'Europe médiévale débute par une phase de troubles et de grande confusion (Ve-Xe siècles), marquée par le morcellement de l'Empire romain à la suite des grandes invasions, l'insécurité permanente, la régression de la civilisation urbaine et de la culture écrite. Le profond recul des échanges commerciaux qui accompagne le déclin des villes ramène pour l'essentiel la société à un stade d'économie naturelle.

Dans cette période où les souverains se montrent le plus souvent incapables d'assurer l'ordre dans leur royaume, le pouvoir politique s'atomise : on assiste progressivement à l'émergence de la féodalité, système fondé sur les liens de dépendance personnelle entre suzerains et vassaux (hommage) et la concession de terres, à titre de tenures, par les premiers aux seconds à charge de certains services (fiefs). Parallèlement le régime domanial se met en place (Texte 6). Si le domaine ne vit pas en complète autarcie, il constitue néanmoins une organisation largement repliée sur elle-même. Les terres du domaine se partagent entre la « réserve » seigneuriale et les tenures ou « manses » concédés aux familles paysannes qui, en échange de la protection militaire du seigneur, sont astreintes à des prestations en travail (corvée) ou en nature (livraison d'une partie de la production des manses).

DUBY La naissance du système domanial

TEXTE 6

Au VIIe siècle, l'existence de grands domaines est attestée dans toutes les provinces qui ne sont pas plongées dans une complète obscurité documentaire. [...] Ces larges rassemblements de terre sont avant tout l'objet d'une exploitation directe. La gestion domaniale repose sur l'emploi d'une troupe esclaves. Pourtant, déjà, et le cas semble de plus en plus fréquent dans les régions les plus évoluées, on découvre des *villae* dont la terre n'est pas tout entière mise en valeur par les serviteurs de la maison ; pour une part, elle est partagée entre des tenures, entre des exploitations satellites concédées à des familles paysannes. [...] Toutefois ces « manses », comme on commence à les nommer au VIIe siècle dans la région parisienne, ne sont plus seulement peuplés d'hommes libres. Certains sont occupés par des esclaves [...]. Il semble que les grands propriétaires aient découvert à cette époque qu'il était profitable de marier certains de leurs esclaves, de les caser dans un manse, de les charger de cultiver les terres attenantes et de nourrir ainsi leur famille. Le procédé déchargeait le maître, réduisant les frais d'entretien de la domesticité ; il stimulait l'ardeur au travail de l'équipe servile et en accroissait la productivité ; il assurait aussi son renouvellement, puisqu'il confiait aux couples d'esclaves le soin d'élever eux-mêmes leurs enfants jusqu'à ce qu'ils fussent en âge de travailler. [...] Au centre de la *villa*, l'équipe des serviteurs s'amenuisa donc, en même temps que se restreignait l'étendue des terres en exploitation directe et que se multipliait le nombre des tenanciers. [...] Se met alors en branle une lente mutation de l'esclavage qui le rapproche peu à peu de la condition des tenanciers libres. C'est un des événements majeurs de l'histoire du travail, et qui fut certainement un facteur décisif du développement économique. Cette muta-

►►►

>>>
tion fit se répandre depuis la fin du VIe siècle un nouveau type de structure domaniale, fondé sur la juxtaposition d'une réserve et de tenures, et sur la participation de celle-ci à la mise en valeur de celle-là. En réalité, nous sommes mal informés sur les devoirs des exploitants à l'égard du maître de leur terre. [...] Dans les provinces les plus romanisées, il se peut qu'ait survécu l'usage de contrats aux termes desquels la terre était concédée pour un temps déterminé en échange seulement de redevances en nature : dans l'Auvergne encore, les tenanciers, dont beaucoup pourtant sont des esclaves, ne doivent guère porter à la *villa* que des denrées prélevées sur leur récolte ; ils sont à peu près dégagés de tout service en travail. Plus au nord en revanche, il semble bien que la concession d'une tenure ait astreint le paysan libre, non seulement à livrer des grains, du bétail ou du vin, mais à mettre ses bras ou ses bêtes de trait au service du domaine pour certaines tâches déterminées, réparer les bâtiments seigneuriaux, construire les clôtures, charrier les récoltes, porter les messages et parfois mettre en culture une portion des champs seigneuriaux.

Georges Duby, *Guerriers et paysans*, Gallimard, 1973, p. 49-52 (extrait).

Dans cette société, l'Église, qui seule en Occident a gardé la tradition de l'écriture après l'effondrement de l'Empire romain, se charge d'occuper l'espace culturel. L'insertion de l'Église dans la société féodale (qui n'est pas uniquement d'ordre culturel puisque l'Église possède de nombreux domaines) est facilitée par l'œuvre de saint Augustin (354-430). Celui-ci, dans son ouvrage *La Cité de Dieu*, montre que depuis le péché originel coexistent deux sortes de cités : la « cité terrestre » au sein de laquelle les hommes dépendent les uns des autres et mènent une existence pécheresse, et la « cité de Dieu » dans laquelle ils se retrouvent dans la communauté de la foi et ne dépendent plus que de Dieu. Seule la seconde cité est importante pour les chrétiens, estime saint Augustin qui utilise cette conclusion pour réfuter les thèses « millénaristes » défendues, entre le IIe et le IVe siècle, par certains Pères de l'Église. Alors que ces premiers utopistes de l'ère chrétienne tiraient d'une prophétie contenue dans l'Apocalypse selon saint Jean (selon laquelle la chute de Babylone doit être suivie de mille ans de bonheur) la conclusion qu'il fallait organiser une société communiste, saint Augustin rejette cette interprétation qui selon lui confond les points de vue de la cité terrestre et de la cité céleste, et considère que les chrétiens doivent se soumettre aux institutions existantes.

L'œuvre de saint Augustin, qui prône un certain désengagement vis-à-vis des problèmes politiques et sociaux, donnera par la suite naissance à la doctrine de « l'augustinisme politique », selon laquelle il existe un partage des tâches entre le pouvoir temporel (l'État) et le pouvoir spirituel (l'Église), avec une supériorité du second sur le premier car, selon saint Augustin, « tout pouvoir vient de

Dieu ». Grégoire le Grand (540-604) tient le pouvoir temporel pour un simple auxiliaire de l'Église, l'aidant à assurer le salut des âmes par la répression du péché, et Isidore de Séville (v. 570-636) affirme que ce pouvoir « ne serait pas nécessaire s'il n'imposait par la terreur et la discipline ce que les prêtres sont impuissants à faire prévaloir par la parole » (cité dans Jean Touchard, *Histoire des idées politiques*, PUF, 1975, tome I, p. 123).

2.2 Un double défi

La doctrine de saint Augustin permettait de réaliser l'intégration de l'Église et de la société féodale dans la première phase du Moyen Âge, caractérisé par une économie pour l'essentiel non marchande. Mais à cette période de repli et de stagnation succède, à partir du XIe siècle, une ère de reprise économique et de mutation politique, qui prendra toute son ampleur aux XIIe et XIIIe siècles.

Tandis que le démantèlement de l'empire de Charlemagne, peu après la mort de celui-ci, et les invasions répétées des Normands au IXe siècle avaient entraîné un émiettement extrême du pouvoir politique (chaque fief devenant une sorte de petite nation), on assiste alors à un mouvement inverse de restauration du pouvoir royal, notamment en France sous l'impulsion des Capétiens. Ces transformations politiques accompagnent des progrès économiques importants. Sous l'effet notamment du perfectionnement des techniques de labourage, la production agricole s'accroît, et avec elle la population. Le développement du mouvement communal, sur lequel s'appuie Philippe le Bel (1268-1314) pour asseoir l'autorité royale, accélère la renaissance des villes, tandis que les croisades (prise de Jérusalem en 1099) font la richesse des cités italiennes telles que Venise, Gêne, Pise. De nouveau le commerce méditerranéen se développe, et l'économie commence à se remonétariser (Texte 7).

DUBY Les ressorts de la croissance à partir du XIe siècle TEXTE 7

L'impulsion de la croissance interne dont l'économie européenne est alors lieu doit être située en dernière analyse dans la pression qu'exerça le pouvoir seigneurial sur les forces productives. Cette pression toujours plus intense résultait du désir que partageaient les gens d'Église et les gens de guerre de réaliser plus pleinement un idéal de consommation, pour le service de Dieu ou pour leur gloire personnelle. Au XIe et au XIIe siècle, les limites de ce désir reculèrent sans cesse, à mesure que se prolongeaient les entreprises de la chrétienté latine en direction des pays méditerranéens. [...]. Pour satisfaire à des goûts de plus en plus exigeants, il importait de ravir toujours davantage. Il était possible encore, sur les lisières belliqueuses de la chrétienté, de le faire par la violence. Mais une espèce ➤➤➤

>>>

de paix et d'ordre s'était installée dans l'Europe féodale, et qui restreignait de plus en plus, à mesure que s'affermissaient les structures du pouvoir, l'aire de la turbulence militaire. Ce qui importa, dès lors, ce fut d'accroître les revenus de l'exploitation seigneuriale. [...] Le désir d'augmenter le rapport de l'exploitation seigneuriale suscita peu à peu dans l'esprit des seigneurs et de leurs agents l'intention d'« améliorer » (*meliorare*, ce mot latin revient fréquemment dans les écrits économiques du temps) le rendement des paysans qui leur étaient soumis. De ce mouvement, quelques signes indirects se discernaient dès l'an mille. Mais ces indices deviennent beaucoup plus évidents dans les textes à partir de 1075. [...] Ainsi, dans les trois dernières décennies du XIe siècle, voit-on s'ouvrir des chantiers d'églises neuves beaucoup plus nombreux et beaucoup plus amples. Ainsi voit-on la chevalerie d'Occident se lancer de toutes parts dans des opérations agressives plus profondes, dont le point culminant est, en 1095, le lancement de la première croisade. Ainsi voit-on fleurir de nouvelles congrégations monastiques qui recrutent d'innombrables adeptes dans les diverses classes de la société ; un souci d'ascétisme les anime, une condamnation de la richesse ; de ces exigences plus rigoureuses seule peut rendre compte, dans un milieu économique moins stagnant, la prise de conscience d'un désir jugé pervers d'ascension économique, et par conséquent des possibilités de celle-ci ; par là de la découverte des premières contagions de l'esprit de profit. Ainsi voit-on, pendant cette période, les échanges se diffuser dans les campagnes. C'est alors, par exemple, que les chartes rédigées dans la région mâconnaise commencent à préciser la valeur respective des différentes pièces de monnaies, ce qui prouve à la fois une pénétration plus profonde de l'instrument monétaire dans le monde rural, la diversification de la frappe, enfin la perception d'une notion nouvelle, celle du change. Au même moment les maîtres du pouvoir banal s'avisent de profiter du passage plus fréquent des trafiquants qui transportent des marchandises plus précieuses ; se multiplient dès lors les allusions à cette forme d'exaction, alors en pleine expansion, qu'est le péage.

Georges Duby, *op. cit.*, p. 200-203.

Il devient nécessaire pour l'Église d'actualiser sa doctrine officielle, les écrits de saint Augustin ne correspondant plus aux nouvelles conditions politiques et économiques. Ce travail est d'autant plus urgent à réaliser que la redécouverte des écrits d'Aristote provoque parallèlement une crise intellectuelle. La traduction en latin de la *Politique*, accompagnée des commentaires et interprétations du philosophe arabe Averroes (1126-1198), offre une approche nouvelle des problèmes politiques, plaçant la réflexion sur le terrain rationnel et scientifique. S'ouvre ainsi une perspective que l'Église ne contrôle plus, se pose un double défi qu'elle doit relever. Ce sera l'œuvre de saint Thomas d'Aquin (1228-1274).

2.3 Le thomisme

Ce dominicain né en Italie, après des études menées notamment à Naples où se développe la connaissance des philosophes arabes dépositaires de la pensée d'Aristote, et à Paris où il est l'élève d'Albert le Grand, devient maître en théologie. Il enseigne successivement à l'Université de Paris (véritable centre de la pensée européenne au XIIIe siècle), à Rome et à Naples. Entre autres œuvres, il rédige à la demande du pape une *Somme théologique* qui tente de concilier la doctrine de l'Église et la philosophie d'Aristote. Initialement condamnée par l'évêque Tempier, cette œuvre finit par s'imposer (Thomas d'Aquin est canonisé en 1323).

Partant d'une réinterprétation de la doctrine du péché originel, le père de la *Somme théologique* en vient à accepter la partition de l'univers en deux mondes bien distincts : le monde surnaturel, et le monde naturel que les hommes sont condamnés à habiter lors de leur passage terrestre. Le premier est le monde privilégié de la foi, le second celui de la raison. À cette scission de l'univers correspond une division de la connaissance en une « théologie surnaturelle » et une « théologie naturelle ». Saint Thomas est ainsi conduit, d'un côté, à défendre le principe aristotélicien d'une analyse rationnelle de la vie terrestre, de l'autre à mettre ce principe sous l'autorité de la foi (ici il se sépare d'Aristote) puisque le monde naturel reste subordonné au monde surnaturel. Prolongée au domaine politique, cette analyse aboutit au maintien de la primauté de l'Église : le salut des âmes ne s'effectue plus comme chez Platon par la mise en place de la cité idéale, mais dans le cadre de la vie religieuse régie par l'Église.

Sur le plan économique, si quelques évolutions sont réalisées par rapport à la pensée antique, notamment la condamnation de l'esclavage et la réhabilitation du travail manuel, on retrouve chez saint Thomas la plupart des analyses et concepts d'Aristote. Le principe de l'économie marchande étant admis, il s'agit comme chez ce dernier d'en contrôler l'expansion et surtout – selon les critères du christianisme cette fois – d'en « moraliser » le fonctionnement.

Favorable à la propriété privée, non pas en vertu d'une règle de droit naturel, mais pour des raisons d'efficacité, saint Thomas distingue également les *artes possessivae* (la chrématistique naturelle) des *artes pecuniativae* (la chrématistique non naturelle). Le commerce reste suspect même s'il est admis. Les pratiques monopolistes sont condamnées ainsi que le prêt à intérêt et le change des monnaies (derrière lequel se cachaient souvent des opérations de prêt à intérêt). Saint Thomas affine l'analyse d'Aristote en distinguant le cas des biens consomptibles (non durables), parmi lesquels curieusement il range la monnaie, du cas des biens durables (maisons par exemple), dont les propriétaires peuvent céder, moyennant rémunération, l'usage pour une période donnée sans les vendre (Texte 8).

SAINT THOMAS D'AQUIN La question du prêt à intérêt

TEXTE 8

Recevoir un intérêt pour de l'argent prêté est de soi injuste car c'est faire payer ce qui n'existe pas ; ce qui constitue évidemment une inégalité contraire à la justice. Pour s'en convaincre, il faut se rappeler que l'usage de certains objets se confond avec leur consommation ; ainsi nous consommons le vin pour notre boisson et le blé pour notre nourriture. Dans les échanges de cette nature on ne devra donc pas compter l'usage de l'objet à part de sa réalité même ; mais du fait même que l'on en concède l'usage à autrui, on lui concède l'objet. Voilà pourquoi, pour les objets de ce genre, le prêt transfère la propriété. Si donc quelqu'un voulait vendre d'une part du vin, et d'autre part son usage, il vendrait deux fois la même chose, ou même vendrait ce qui n'existe pas. Il commettrait donc évidemment une injustice. Pour la même raison, l'on pécherait contre la justice si, prêtant du vin ou du blé, on exigeait deux compensations, l'une à titre de restitution équivalente à la chose elle-même, l'autre pour prix de son usage (*usus*) ; d'où le nom d'usure (*usura*).

En revanche, il est des objets dont l'usage ne se confond pas avec leur consommation. Ainsi l'usage d'une maison consiste à l'habiter, non à la détruire ; on pourra donc faire une cession distincte de l'usage et de la propriété ; vendre une maison, par exemple, dont on se réserve la jouissance pour une certaine période ; ou au contraire céder l'usage de cette maison, mais en garder la nue-propriété. Voilà pourquoi on a le droit de faire payer l'usufruit d'une maison et de redemander ensuite la maison prêtée, comme cela se pratique dans les baux et les locations d'immeubles.

Quant à l'argent monnayé, Aristote remarque qu'il a été principalement inventé pour faciliter les échanges ; donc son usage (*usus*) propre et principal est d'être consommé, c'est-à-dire dépensé, puisque tel est son emploi dans les achats et les ventes. En conséquence, il est injuste en soi de se faire payer pour l'usage de l'argent prêté ; c'est en quoi consiste l'usure (*usura*)...

Les lois humaines laissent certains péchés impunis à cause de l'imperfection des hommes ; car elles priveraient la société de nombreux avantages, si elles réprimaient rigoureusement tous les péchés en y appliquant des peines. C'est pourquoi la loi humaine tolère le prêt à intérêt, non qu'elle l'estime conforme à la justice, mais pour ne pas nuire au plus grand nombre.

Saint Thomas d'Aquin, *Somme théologique*, Éditions du Cerf, tome III, p. 491-492.

Il faut de plus faire en sorte que les actes d'échange et le partage des revenus restent justes. Reprenant les notions de justice commutative et de justice distributive, saint Thomas développe la doctrine du juste prix (Texte 9), du juste salaire et du juste profit. Par exemple le prix demandé par l'artisan doit simplement lui assurer une existence matérielle convenable, c'est-à-dire couvrir à la fois ses dépenses de matières premières, d'outillage et l'achat des biens de consommation nécessaires à l'entretien de sa famille et de ses compagnons. De même le juste salaire est le salaire considéré comme normal dans la collectivité.

Les exigences de chacun doivent rester modérées et, dans les échanges intérieurs et extérieurs, il convient d'appliquer le principe d'équivalence afin d'éviter toute spoliation du vendeur ou de l'acheteur.

SAINT THOMAS D'AQUIN Le juste prix

TEXTE 9

L'achat et la vente semblent avoir été institués pour l'intérêt commun des deux parties, chacune d'elles ayant besoin de ce que l'autre possède, comme le montre Aristote. Or, ce qui est institué pour l'intérêt commun ne doit pas être plus onéreux à l'un qu'à l'autre. Il faut donc établir le contrat de manière à observer l'égalité entre eux. Par ailleurs la quantité ou valeur d'un bien qui sert à l'homme se mesure d'après le prix qu'on en donne ; c'est à cet effet, dit Aristote, qu'on a inventé la monnaie. Par conséquent, si le prix dépasse en valeur la quantité de marchandise fournie, ou si inversement la marchandise vaut plus que son prix, l'égalité de la justice est détruite. Et voilà pourquoi vendre une marchandise plus cher ou l'acheter moins cher qu'elle ne vaut est de soi injuste et illicite.

En second lieu, l'achat et la vente peuvent en certaines circonstances tourner à l'avantage d'une partie au détriment de l'autre ; par exemple lorsque quelqu'un a grandement besoin d'une chose et que le vendeur soit lésé s'il ne l'a plus. Dans ce cas le juste prix devra être établi non seulement d'après la valeur de la chose vendue, mais d'après le préjudice que le vendeur subit du fait de la vente. On pourra alors vendre une chose au-dessus de sa valeur en soi, bien qu'elle ne soit pas vendue plus qu'elle ne vaut pour celui qui la possède. Mais si l'acheteur tire un grand avantage de ce qu'il reçoit du vendeur, et que ce dernier ne subisse aucun préjudice en s'en défaisant, il ne doit pas le vendre au-dessus de sa valeur. Parce que l'avantage dont bénéficie l'acheteur n'est pas au détriment du vendeur, mais résulte de la situation de l'acheteur ; or on ne peut jamais vendre à un autre ce qui ne vous appartient pas, bien qu'on puisse lui vendre le dommage que l'on subit. […]

La loi humaine régit une société dont beaucoup de membres n'ont guère de vertu ; or elle n'a pas été faite seulement pour les gens vertueux. La loi ne peut donc réprimer tout ce qui est contraire à la vertu, elle se contente de réprimer ce qui tendrait à détruire la vie en commun, on peut dire qu'elle tient tout le reste pour permis, non qu'elle l'approuve, mais elle ne le punit pas. C'est ainsi que la loi, n'infligeant pas de peine à ce sujet, permet au vendeur de majorer le prix de sa marchandise et à l'acheteur de l'acheter moins cher, pourvu qu'il n'y ait pas de fraude et qu'on ne dépasse pas certaines limites. Mais rien de ce qui est contraire à la vertu ne reste impuni au regard de la loi divine. Or, la loi divine considère comme un acte illicite le fait de ne pas observer l'égalité de la justice dans l'achat et dans la vente. Celui qui a reçu davantage sera donc tenu d'offrir une compensation à celui qui a été lésé, si toutefois le préjudice est notable. Si j'ajoute cette précision, c'est que le juste prix d'une chose n'est pas toujours déterminé avec exactitude, mais s'établit plutôt à l'estime, de sorte qu'une légère augmentation ou une légère diminution de prix ne semble pas pouvoir porter atteinte à l'égalité de la justice.

Saint Thomas d'Aquin, *op. cit.*, p. 485.

Sur la question du prix comme sur celle de l'intérêt, la position de saint Thomas est finalement nuancée. Il admet en effet, pour des raisons pratiques, que la loi humaine s'écarte quelque peu de la loi divine.

2.4 Un fragile équilibre ville-campagne

Si l'on peut juger qu'ils manquent de précision (pas plus qu'Aristote, saint Thomas ne fournit de critère objectif permettant d'apprécier l'équivalence des échanges), les préceptes de modération et d'équilibres formulés par saint Thomas n'en jouent pas moins un rôle important dans une société qui reste dominée par un rapport fragile entre la ville et la campagne.

En simplifiant on peut dire que l'économie médiévale, à l'époque de saint Thomas, est divisée en deux secteurs (Repère 3) : la ville, spécialisée dans la production artisanale et la campagne, spécialisée dans la production agricole. Les deux secteurs échangent leurs surplus, ce qui implique en particulier que la taille de la ville, qui a besoin de matières premières agricoles pour ses productions et de biens de subsistance pour sa population, dépend étroitement du surplus que peut générer l'agriculture environnante. Or les possibilités d'augmenter la taille de ce surplus sont limitées et, compte tenu du faible développement des transports, la surface agricole susceptible d'alimenter la ville est réduite.

REPÈRE • 3

Une représentation simplifiée de l'économie médiévale

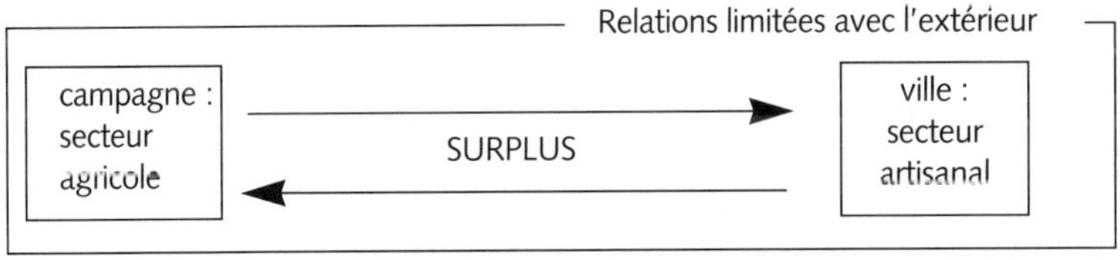

Maintien de la proportion d'équilibre grâce au système des corporations et au thomisme

L'équilibre des relations ville-campagne est fragile. Celles-ci sont en effet traversées de contradictions, que souligne le rapprochement de ces deux passages d'un livre de Fernand Braudel :

1) « Un historien économiste, à qui les calculs sont familiers, estime que dès le XIe siècle un centre de 3 000 habitants devait, pour vivre, disposer d'une dizaine de terroirs villageois, soit en gros 8,5 km², vu le faible rendement de

►►►

➤➤➤

l'agriculture » (F. Braudel, *Civilisation matérielle, économie et capitalisme*, Armand Colin, tome I, p. 428).

2) « Un paysan qui s'arrache à sa terre et gagne la ville y est aussitôt un autre homme : il est libre, c'est-à-dire qu'il a abandonné les servitudes connues, détestées pour en accepter d'autres dont il ne devine pas toujours à l'avance la teneur. Mais peu importe ! Que son seigneur le réclame, il peut s'en moquer si la ville l'a adopté » (*ibid.*, p. 456).

L'équilibre ville-campagne est d'autant plus fragile que des forces importantes concourent à le perturber. En premier lieu, le contexte social de la campagne et celui de la ville sont très différents : d'un côté des rapports féodaux avec leur cortège de contraintes, de l'autre la possibilité de vivre et de travailler « librement », ce qui explique l'existence d'un exode des paysans vers la ville affranchie de la tutelle seigneuriale. En second lieu, les bénéfices dégagés par les artisans, s'ils sont réinvestis dans la production, sont susceptibles de muer ceux-ci en capitalistes et de déclencher un processus de développement du secteur manufacturier urbain exigeant l'embauche de main-d'œuvre supplémentaire. Une telle demande de main-d'œuvre, accroissant les tendances à l'exode rural déjà mentionnées, romprait l'équilibre fragile sur lequel repose la société médiévale.

Pour protéger son équilibre, cette société a imaginé un certain nombre de garde-fous, dont le système des corporations. Ce système canalise les rapports ville-campagne en limitant l'entrée dans les villes, en évitant systématiquement la transformation de l'artisan en capitaliste (accession difficile à la « maîtrise » par la production d'un chef-d'œuvre, limitation du nombre d'apprentis, etc.), ou encore en instaurant un monopole d'achat sur les productions agricoles des terroirs avoisinants.

En évitant l'excroissance désordonnée du secteur artisanal, le système des corporations apparaît ainsi nécessaire à l'équilibre de la société médiévale. Dans ce contexte, les recommandations thomistes concernant le rejet de la chrématistique non naturelle, le respect du principe d'équivalence dans les échanges, etc., apparaissent les bienvenues : en donnant aux règles de la vie sociale un caractère religieux, le thomisme participe lui aussi au maintien de l'équilibre ville-campagne.

2 L'âge des marchands

SOMMAIRE

1 | Une société de transition

2 | Les idées mercantilistes

La réflexion économique au cours de la période allant, approximativement, du milieu du XVIe siècle au milieu du XVIIIe siècle est habituellement désignée sous le terme générique de mercantilisme. Plus qu'à une école de pensée au sens strict, ce vocable correspond à un regroupement d'auteurs ayant pour principal point commun d'écrire pendant la phase de transition séparant l'économie médiévale de la révolution industrielle.

1 | Une société de transition

Après la phase d'essor qui va du XIe au début du XIVe siècle, la fin du Moyen Âge est marquée par un véritable effondrement démographique, causé par l'épidémie de peste noire qui frappe l'Europe en 1359, et aggravé par la situation de guerre qui prévaut pendant un siècle (guerre de Cent Ans). C'est dans la seconde moitié du XVe siècle que la population recommence à progresser, et avec elle l'activité économique. Ce mouvement est accéléré par d'importantes découvertes et de profonds changements politiques, sociaux, culturels. Sur le plan économique, la période qui s'ouvre, transition d'environ trois siècles entre la société médiévale et la société industrielle, peut sans doute être qualifiée d'âge des marchands (Texte 10).

1.1 Essor économique

La fin du XVe siècle est l'époque des grandes découvertes, favorisées par les progrès de l'art de la navigation : le Portugais Diaz contourne le cap de Bonne-

Espérance en 1487, le Génois Colomb, à la solde de l'Espagne, découvre le « Nouveau Monde » en 1492. L'Europe, repliée sur elle-même pendant le Moyen Âge, se lance à la conquête du monde.

BRAUDEL L'essor économique à partir du milieu du XVe siècle

TEXTE 10

Le XVe siècle, surtout après 1450, voit une reprise générale de l'économie, au bénéfice des villes qui, favorisées par la montée des prix « industriels », alors que les prix agricoles stagnent ou baissent, démarrent plus vite que les campagnes. Aucune erreur possible : à ce moment-là, le rôle moteur est celui des boutiques d'artisans ou, mieux encore, des marchés urbains. Ce sont ces marchés qui dictent leur loi. La reprise se marque ainsi au plancher de la vie économique.

Au siècle suivant, quand la machine relancée se complique du fait même de sa vitesse recouvrée (le XIIIe siècle et le XIVe, avant la peste noire, avaient été des époques de franche accélération) et du fait de l'élargissement de l'économie atlantique, le mouvement moteur se situe à la hauteur des foires internationales : foires d'Anvers, de Berg-op-Zoom, de Francfort, de Medina del Campo, un instant centre de l'Occident ; plus encore par la suite des foires dites de « Besançon », extrêmement sophistiquées, réduites aux trafic de l'argent et du crédit et instrument, pendant une quarantaine d'années au moins, de 1579 à 1621, de la domination des Génois, maîtres incontestés des mouvements monétaires internationaux. [...] L'essor de ce siècle si actif, ce serait, en dernière analyse, l'exubérance d'un dernier étage, d'une superstructure et, du coup, la prolifération de cette superstructure que gonflent alors les arrivées de métaux précieux d'Amérique et, plus encore, un système de changes et rechanges qui fait circuler rapidement une masse de papier et de crédit.

Fernand Braudel, *La Dynamique du capitalisme*, Arthaud, 1985, p. 28-29.

Celle-ci se manifeste, dès le début du XVIe siècle, par la colonisation de l'Amérique, d'abord par les Espagnols et les Portugais, bientôt suivis des Français, Anglais, Hollandais. Les courants d'échanges se modifient et prennent de l'ampleur : les Portugais ouvrent une nouvelle route des épices contournant l'Afrique, tandis que se développe le commerce transatlantique, qui amène en Europe des produits nouveaux (tabac, tomates, maïs, pommes de terre...), mais aussi l'or et l'argent des mines du Pérou et du Mexique ; le développement des plantations de canne à sucre aux « Isles » (les Antilles) et au Brésil donne naissance au « commerce triangulaire » Europe-Afrique-Amérique, fondé sur la traite des esclaves qui dépeuple l'Afrique occidentale et enrichit les ports européens de la façade atlantique. On a pu dire que le centre de gravité du commerce mondial se déplace de la Méditerranée vers l'Atlantique.

Le commerce n'explique pas à lui seul le nouveau dynamisme économique, qui repose également sur des progrès agricoles et industriels. Le remplacement des jachères par un cycle continu de rotation des cultures est introduit dès le XVIe siècle aux Pays-Bas (mais ne s'étendra pas à d'autres pays avant le XVIIIe siècle). L'invention de l'imprimerie au XVe siècle suscite une nouvelle industrie très dynamique. Les techniques d'exploitation minière se perfectionnent. Sous l'effet du développement de l'industrie lainière, l'accroissement de l'élevage des moutons s'accompagne, en Angleterre, d'une première vague d'« enclosures » (mouvement de clôture des terrains communaux par les grands propriétaires), dont Thomas More dénonce, dans son *Utopie*, les conséquences sociales (Texte 11).

MORE Le premier mouvement d'enclosures en Angleterre

TEXTE 11

La noblesse et la valetaille ne sont pas les seules causes des brigandages qui vous désolent ; il en est une autre exclusivement particulière à votre île.
– Et quelle est-elle ? dit le cardinal.
– Les troupeaux innombrables de moutons qui courent aujourd'hui toute l'Angleterre. Ces bêtes, si douces, si sobres partout ailleurs, sont chez vous tellement voraces et féroces qu'elles mangent même les hommes, et dépeuplent les campagnes, les maisons et les villages.

En effet, sur tous les points du royaume, où l'on recueille la laine la plus fine et la plus précieuse, accourent, pour se disputer le terrain, les nobles, les riches, et même de très saints abbés. Ces pauvres gens n'ont pas assez de leurs rentes, de leurs bénéfices, des revenus de leurs terres ; ils ne sont pas contents de vivre au sein de l'oisiveté et des plaisirs, à charge au public et sans profit pour l'État. Ils enlèvent de vastes terrains à la culture, les convertissent en pâturages, abattent les maisons, les villages, et n'y laissent que le temple, pour servir d'étable à leurs moutons. Ils changent en déserts les lieux les plus habités et les mieux cultivés. Ils craignent sans doute qu'il n'y ait pas assez de parcs et de forêts, et que le sol ne manque aux animaux sauvages.

Ainsi un avare affamé enferme des milliers d'arpents dans un même enclos ; et d'honnêtes cultivateurs sont chassés de leurs maisons, les uns par fraude, les autres par la violence, les plus heureux par une suite de vexations et de tracasseries qui les forcent à vendre leurs propriétés. Et ces familles plus nombreuses que riches (car l'agriculture a besoin de beaucoup de bras), émigrent à travers les campagnes, maris et femmes, veuves et orphelins, pères et mères avec de petits enfants. Les malheureux fuient en pleurant le toit qui les a vus naître, le sol qui les a nourris, et ils ne trouvent pas où se réfugier. Alors, ils vendent à vil prix ce qu'ils ont pu emporter de leurs effets, marchandises dont la valeur est déjà bien peu de chose. Cette faible ressource épuisée, que leur reste-t-il ? Le vol, et puis la pendaison dans les formes.

➤➤➤

>>>

Aiment-ils mieux traîner leur misère en mendiant ? On ne tarde pas à les jeter en prison comme vagabonds et gens sans aveu. Cependant, quel est leur crime ? C'est de ne trouver personne qui veuille accepter leurs services, quoiqu'ils les offrent avec le plus vif empressement. Et d'ailleurs, comment les employer ? Ils ne savent que travailler à la terre ; il n'y a donc rien à faire pour eux, là où il n y a plus ni semailles ni moissons. Un seul pâtre ou vacher suffit maintenant à faire brouter cette terre, dont la culture exigeait autrefois des centaines de bras.

Thomas More, *L'Utopie* (1516), livre I, Éditions Sociales, 1966, p. 81-82.

Les paysans, chassés de la terre par les vagues successives d'enclosures du XVIe au XVIIIe siècle, constitueront le réservoir de main-d'œuvre dans lequel pourront puiser les manufactures pour leur développement. Jusqu'au XVIIIe siècle toutefois, ce développement est freiné par les limitations techniques qui continuent à peser sur la production. Le problème de l'insuffisance des surplus dégagés par l'agriculture, en particulier, n'est pas résolu.

1.2 Marchands et monarques

Le développement du commerce et des techniques financières, l'abondance monétaire provoquée par l'afflux des métaux précieux américains accroissent la monétarisation de l'économie européenne. Ils favorisent en même temps la montée en puissance de la classe des marchands (terme qui à l'époque englobe généralement les manufacturiers, armateurs, banquiers), dont la dynastie des Fugger, en Autriche, constitue l'exemple le plus célèbre au XVIe siècle (Texte 12). Cette montée en puissance doit être mise en relation avec les transformations politiques dont elle est contemporaine.

JEANNIN Une dynastie marchande : les Fugger — TEXTE 12

Jusqu'à Jacob le Riche aucune particularité ne distingue les Fugger dans la bourgeoisie marchande d'Augsbourg. Aux origines, un personnage modeste, un tisserand simplement aisé, commerçant en même temps qu'artisan, et qui meurt en 1409. Des deux branches qui lui doivent leur naissance, l'une atteint au XVe siècle une enviable prospérité ; mais c'est la seconde, celle des Fugger von der Lilie (depuis 1473, des lys figurent dans ses armes bourgeoises), qui s'illustrera au XVIe siècle […]

En 1473, Ulrich pour la première fois prête de l'argent à l'empereur Maximilien, mais c'est Jacob qui, en 1487, conclut avec l'archiduc Sigismond, le Habsbourg du Tyrol, un contrat qui servira à beaucoup d'autres en garantie d'un prêt important ;

>>>

>>>
Jacob obtient la part qui revient à l'archiduc sur la production d'argent de ses mines. Quelques années après avoir mis les pieds au Tyrol, les Fugger pénètrent par les mêmes méthodes en Hongrie, associés d'abord aux Thurzo de Cracovie.

L'écoulement de l'argent et plus encore du cuivre, l'exploitation de mines, de forges et de fonderies sont un fondement essentiel de leur fortune ; la banque en constitue un autre. Le réseau de leurs établissements s'étend sur toute l'Europe centrale, aux Pays-Bas, en Italie. [...]. Les transferts d'argent envoyés à la Curie par les ecclésiastiques d'une grande partie des régions situées au nord des Alpes passent par l'intermédiaire des Fugger. Pour donner une idée, ou même de simples échantillons, de leurs activités multiples, il faudrait énumérer des mines en vingt endroits, penser à la joaillerie et aux tissus de luxe qu'ils fournissent encore à diverses cours, dire leur participation au commerce portugais des épices. Ils prennent parfois en charge des ateliers monétaires, comme à Rome sous le pontificat de Jules II et de Léon X. Sur leurs grandes seigneuries de la région d'Ulm, après 1530, ils font tisser de grandes quantités de futaines – tissu mêlé de coton – vendues sur les marchés néerlandais et italiens. [...]

C'est entre 1495 et 1525 que les Fugger s'affirment comme la plus grosse firme commerciale et bancaire de toute l'Europe, grâce à la maîtrise que déploie Jacob le Riche, notamment en qualité de principal bailleur de fonds des Habsbourg. Son intervention dans l'élection impériale de Charles Quint, en 1519, est décisive : sur le total de 850 000 florins que coûtent les voix des électeurs, les Fugger en fournissent pour leur compte plus de 540 000. Peu de temps avant, c'étaient les agents des Fugger qui encaissaient le prix des indulgences dont la prédication fut l'occasion de la révolte luthérienne : une moitié du montant leur en revenait, pour rembourser le prêt consenti à Albert de Brandedourg quand celui-ci avait dû payer son siège archiépiscopal de Mayence. L'image du grand banquier tenant sous sa dépendance financière les deux moitiés du monde, le Pape et l'Empereur, est à peine forcée.

Pierre Jeannin, *Les Marchands au XVIe siècle*, Seuil, 1967, p. 4 9 (extrait).

L'émergence à travers l'Europe d'un nouveau type de régime politique se précise à la fin du Moyen Âge. Le régime féodal, marqué par l'émiettement du pouvoir et la prépondérance de l'aristocratie terrienne, fait progressivement place à l'État centralisateur. Celui-ci prend à l'époque la forme de la monarchie absolue, qu'illustrent, dans la première moitié du XVIe siècle, les noms de François Ier en France, d'Henri VIII en Angleterre, de Charles-Quint en Espagne. Le monarque, cherchant à affirmer sa prééminence, entre souvent en conflit avec la noblesse (voir par exemple, dans la seconde moitié du XVe siècle en France, la lutte de Louis XI contre Charles le Téméraire). Dans cette lutte il rencontre l'appui de la classe montante des marchands, qui participe au financement de la politique royale, devenue fort coûteuse notamment parce qu'elle repose maintenant sur l'entretien d'une armée permanente ; en même temps, cette classe investit progressivement les structures de l'État.

1.3 Bouleversements culturels et religieux

Née en Italie au XVe siècle, la Renaissance se propage en Europe au siècle suivant. Ce vaste mouvement intellectuel et artistique est nourri d'œuvres antiques jusqu'alors ignorées ou oubliées (Platon, Homère, Épicure, les Stoïciens…), et parvenues en Occident par l'intermédiaire de réfugiés byzantins après la prise de Constantinople par les Turcs en 1453. Les « humanistes » de la Renaissance (Érasme, More, Rabelais…) sont à la fois des lettrés qui se consacrent à l'étude des auteurs antiques, et les propagateurs d'une conception du monde exaltant la dignité de l'homme et la liberté intellectuelle. Cette liberté intellectuelle est revendiquée tout particulièrement sur le terrain de l'investigation scientifique, où des découvertes comme celles de Copernic (1473-1543) concernant le mouvement des planètes (confirmées un peu plus tard par les expérimentations de Kepler et Galilée) accréditent l'idée que l'univers est soumis à des lois que l'homme peut connaître par l'usage de la raison et le recours à l'expérimentation.

Même s'ils ne rompent pas avec l'Église, la critique que font les humanistes de l'obscurantisme et du dogmatisme (plaisamment illustrée par la satire rabelaisienne des « Sorbonagres ») n'en remet pas moins en cause son autorité morale et intellectuelle. Plus radicale bien entendu est la contestation qui, à partir de la dénonciation d'abus comme le trafic des indulgences, débouche sur la Réforme illustrée principalement par les noms de Luther (1483-1546) et Calvin (1509-1564).

Ces évolutions multiples se traduisent par l'éclatement de la conception médiévale d'une chrétienté unifiée sous la houlette de l'Église. La chrétienté est divisée entre partisans et adversaires de la Réforme, tandis que les États affirment leur indépendance. L'influence de l'Église sur la société civile diminue : en France, par exemple, l'ordonnance de Villers-Cotterêts (1539) abolit les juridictions ecclésiastiques, en même temps qu'elle remplace l'usage du latin par celui du français dans les jugements des tribunaux. Sur le plan économique, la tentative thomiste de contrôler le fonctionnement du marché par un ensemble de règles (juste prix, etc.) censées canaliser les comportements individuels est également mise à mal par le développement du commerce, de la finance et de la manufacture.

2 | Les idées mercantilistes

2.1 Une pensée multiple et évolutive

Non seulement il n'existe pas d'école de pensée mercantiliste au sens strict, mais la notion même de mercantilisme a été introduite, après coup, par des économistes qui généralement nourrissaient des intentions polémiques à l'égard de ceux qu'ils regroupaient sous cette étiquette. C'est Adam Smith qui, en 1776, introduit le terme « système mercantile » pour dénoncer ce qu'il considère comme les dangereuses confusions de la majorité de ses prédécesseurs (Repère 4).

REPÈRE • 4

Quelques figures du mercantilisme

Jean Bodin (1530-1596) : né à Angers, Jean Bodin est le type même de l'érudit de la Renaissance. Juriste de formation, il exerce le métier d'avocat, puis de magistrat. Il s'intéresse à l'histoire, à la philosophie, à la politique et à l'économie. Outre sa *Réponse aux paradoxes de Monsieur de Malestroit* (1568), il est l'auteur de *La République* (1576), dans laquelle il se fait le théoricien de la monarchie absolue.

Thomas Mun (1571-1641) : homme d'affaires anglais, membre du conseil de la Compagnie des Indes orientales, Mun publie en 1621 un *Discours sur le commerce entre l'Angleterre et les Indes orientales* pour défendre sa compagnie, accusée de contribuer à l'hémorragie des espèces hors du royaume par ses importations de cotonnades venant des Indes. Considéré comme l'ouvrage classique du mercantilisme anglais, son second livre, *Le Trésor de l'Angleterre par le commerce extérieur*, est édité après sa mort par son fils (1664).

Antoine de Montchrestien (1576-1621) : auteur dramatique et économiste français, Montchrestien mène une vie plutôt mouvementée. Réfugié six ans en Angleterre à la suite d'un duel, il revient en France en 1611, épouse une veuve fortunée et crée une manufacture d'outils et d'ustensiles à Châtillon-sur-Loire. En 1616 il publie son *Traité d'économie politique* et est fait baron. Accusé de faux-monnayage, il est mêlé à une insurrection de huguenots contre le roi, et tué peu après.

William Petty (1623-1687) : médecin général de l'armée anglaise, puis conseiller de Cromwell et de Charles II, Petty s'intéresse à l'économie, aux statistiques, à la démographie. Considéré par Marx comme le fondateur de l'économie classique pour son analyse de la valeur, Petty se rattache au courant mercantiliste par son analyse de la monnaie et du taux d'intérêt. Il est notamment l'auteur d'un *Traité des taxes et des contributions* (1662), de l'*Anatomie politique de l'Irlande* (1667), de l'*Arithmétique politique* (1671).

John Locke (1632-1704) : médecin et philosophe anglais, Locke, après cinq ans passés en Hollande, rentre en Angleterre à la suite de la révolution de 1688 qui établit dans ce pays la monarchie parlementaire. Il devient alors commissaire royal au commerce et aux colonies. Sa théorie du droit naturel, exposée dans le *Traité du gouvernement civil* (1690), l'oppose à l'apologie de l'absolutisme contenue dans le *Léviathan de Hobbes* (1651). Sur le plan économique, il est l'auteur de *Considérations sur les conséquences de l'abaissement de l'intérêt et de l'élévation de la valeur de la monnaie* (1691), dans lesquelles il déve-

➤➤➤

►►►
loppe une analyse de type mercantiliste sur le rôle du commerce extérieur et l'intérêt, en même temps qu'il se montre partisan de la théorie quantitative de la monnaie. Pour cette raison, Keynes écrit de lui qu'il a « un pied dans le monde mercantiliste et un pied dans le monde classique ».

Ces derniers sont en réalité assez différents les uns des autres selon le pays et l'époque où ils écrivent. La période du « système mercantile » de Smith correspond aux trois siècles qui séparent la société médiévale du capitalisme industriel. Loin de constituer un système figé, la réflexion économique évolue au fil de cette transition.

S'il y a sans doute, dans ces conditions, quelque abus à parler d'une doctrine mercantiliste, il n'en reste pas moins que les auteurs désignés par ce terme manifestent certaines préoccupations et attitudes communes, qui les distinguent assez nettement, tant de la doctrine thomiste du Moyen Âge que de l'économie classique qui prendra son essor à la fin du XVIIIe siècle. Ce sont ces préoccupations et attitudes que l'on s'attachera à présenter ici, sans prétendre donner une vue exhaustive des analyses produites, pendant trois siècles, par les auteurs dits mercantilistes.

2.2 Une pensée sécularisée

La première de ces préoccupations marque nettement le tournant que prend la réflexion économique dès la Renaissance, et qui n'est autre que la sécularisation de la pensée économique (un tournant similaire se constate à la même époque dans le domaine de la pensée politique, avec l'ouvrage *Le Prince* écrit par l'Italien Nicolas Machiavel en 1513).

Alors que les auteurs du Moyen Âge traitaient des questions économiques essentiellement sous l'angle de la morale divine, les mercantilistes abandonnent ce point de vue pour aborder les questions économiques sous deux angles principaux : celui de l'enrichissement des marchands et celui de la puissance de l'État. Ce faisant, ils jettent les bases d'une nouvelle discipline, l'économie politique : alors que l'économie désigne étymologiquement la science de l'organisation de la maison et que la politique traite de la vie de la cité, les deux termes sont pour la première fois accouplés par le Français Antoine de Montchrestien en 1619 (Texte 13).

Cette nouvelle discipline est envisagée par les mercantilistes de façon essentiellement pragmatique. Ces auteurs cherchent avant tout à proposer des moyens efficaces pour accroître la puissance politique du royaume en développant sa puissance économique, et leurs œuvres prennent fréquemment la forme de recueils de « recettes » suggérées au souverain (ainsi le *Traité d'économie politique* de Montchrestien, dédié au roi, le jeune Louis XIII, et à la reine-mère Marie de Médicis).

MONCHRESTIEN L'éloge du marchand

TEXTE 13

Comme les philosophes disent que la fin est la cause des causes, le commerce est en quelque façon le but principal des divers arts, dont la pluspart ne travaillent que pour autruy par son moyen ; d'où il s'ensuit qu'il a quelque chose de plus exquis, en matière d'honneur et de profit, que les arts mesme. [...]

Toute société, pour en parler généralement, semble estre composée de gouvernement et de commerce. Le premier est absolument nécessaire, et le second secondairement d'où l'on peut conclure que les marchands sont plus qu'utiles en l'Estat, et que leur soin questuaire [activité lucrative, ndc] qui s'exerce dans le travail et dans l'industrie, fait et cause une bonne part du bien public. Que, pour cette raison, on leur doive aussi permettre l'amour et la queste du profit, je croy que tout le monde l'accordera, considérant que, sans la convoitise d'avoir et le désir de gagner, qui les précipitent à tous hazards, ils perdroient la résolution de s'exposer à tant d'incommoditez sur la terre et à tant de naufrages sur la mer.

Ceux-là se trompent qui mesurent la félicité d'un Estat par la seule vertu simplement considérée, et pensent que ceste vie, ainsi tracassée à l'appétit du gain, luy soit du tout contraire. Nous ne sommes plus au temps où l'on se nourrissoit du glan tombé des chesnes secous, que les fruits que la terre produisoit et l'eau pure estoient de grands délices. Bien plus de choses sont maintenant requises à l'entretien de la vie. [...] C'est pourquoy toutes ces belles contemplations de la plupart des philosophes ne sont qu'en idée, et pour une république où l'on n'auroit que faire de labourer n d'agir. L'Aristote mesme, qui semble, en voulant établir une république heureuse et parfaite de tout point, estre tombé en cette conclusion qu'elle pourroit se passer de marchands, a la fin pourtant n'a peu nier qu'ils n'y soient aussi nécessaires que les laboureurs, les soldats et les juges. [...]

On peut dire à présent que nous ne vivons pas tant par le commerce des élémens que par l'or et l'argent ; ce sont deux grands et fidelles amis. Ils suppléent aux nécessitez de tous hommes. Ils les honorent parmi toutes gens. Celuy qui premier a dit que l'argent est le nerf de la guerre n a point parlé mal à propos, car, bien que ce ne soit pas le seul, les bons soldats estans absolument requis avec luy, l'expérience de plusieurs nous apprend que c'est tousjours le principal. L'or s'est connu maintes fois plus puissant que le fer. C'est pourquoy en tout grand Estat qui peut assaillir ou estre assailly on a toujours approuvé et trouvé tant que l'on a peu les moyens d'en amasser. Il est impossible de faire la guerre sans hommes, de fournir à leur solde sans tributs, de lever des tributs sans commerce. Aussi l'exercice du trafic, qui fait une grande part de l'action politique, s'est toujours pratiqué entre tous les peuples qui ont esté fleurissans de gloire et de puissance, et maintenant plus diligemment que jamais par ceux qui cherchent leur force et agrandissement.

Antoine de Montchrestien, *Traité d'économie politique* (1619), Paris, 1889, p. 137.

2.3 Justification du rôle des marchands

Tenues en suspicion par l'Église et méprisées par l'aristocratie terrienne, les activités commerciales et manufacturières sont mises à l'honneur par les mercantilistes. Ceux-ci cherchent à démontrer qu'il existe une profonde convergence d'intérêts entre le souverain et les marchands du royaume. En d'autres termes, la puissance politique du premier passe par l'enrichissement des seconds (*cf.* Texte 13).

À l'appui de cette thèse, les mercantilistes développent une analyse monétaire qui, parfois à juste titre mais souvent de façon abusive, leur a valu par la suite l'accusation de « bullionisme » (amour du lingot, de l'anglais *bullion*) ou de « chrysohédonisme » (attitude plaçant le bonheur dans l'or), expressions désignant la confusion de la richesse et de l'or.

Le point de départ de cette analyse est l'idée selon laquelle la puissance du souverain repose sur une large disponibilité de métaux précieux (or et argent). Ceux-ci permettent en effet de payer les dépenses royales, en particulier d'entretenir une forte armée. Comme la perception de l'impôt permettant d'alimenter les caisses du Trésor royal est d'autant plus aisée que la circulation monétaire (pièces d'or et d'argent) est abondante dans le royaume, il importe donc d'assurer cette abondance.

Mais l'Europe est pauvre en mines d'or et d'argent, et sa source principale d'approvisionnement en métaux précieux, constituée à partir du XVIe siècle par les mines d'Amérique, est monopolisée par l'Espagne (principale puissance européenne à l'époque de Charles-Quint). Il importe donc, pour les autres États, de la capter par divers moyens. À côté de la contrebande et de l'activité des corsaires qui interceptent les galions espagnols, les mercantilistes remarquent qu'un moyen efficace est d'avoir une balance commerciale excédentaire, c'est-à-dire de faire en sorte que la valeur des exportations l'emporte sur celle des importations (Texte 14). En effet, les transactions internationales étant payées en pièces d'or ou d'argent, un excédent commercial implique que les flux d'entrée de métaux précieux l'emportent sur les flux de sortie, et donc que le stock d'or et d'argent en circulation dans le pays s'accroît. Pour obtenir ce résultat, il convient donc de favoriser l'activité des marchands du royaume (Repère 5).

LOCKE La doctrine de la balance commerciale — TEXTE 14

Un royaume devient riche ou pauvre comme un fermier le devient, et pas autrement. Supposons que toute l'île de Portland soit une ferme ; et que le propriétaire, en plus de ce qui est utile a sa maison, porte au marché, à Weymouth et Dorchester, etc., pour une valeur annuelle de mille livres : bétail, blé, beurre, fromage, laine ou drap, plomb et étain, toutes marchandises produites et travaillées

➤➤➤

>>>
dans sa ferme de Portland ; et qu'en contrepartie il rapporte chez lui sel, vin, huile, épices, toile et soieries, pour une valeur de neuf cents livres, et les cent livres restant en monnaie. Il est évident qu'il s'enrichit chaque année de cent livres et ainsi, au bout de dix ans, il est clair qu'il aura obtenu mille livres. [...]

Il meurt et son fils lui succède : jeune gentilhomme élégant, qui ne peut dîner sans champagne et sans bourgogne, ni dormir autrement que dans un lit damassé ; dont l'épouse doit porter une longue traîne de brocart et les enfants être toujours vêtus d'habits de la dernière coupe et de la dernière étoffe françaises. Devenu propriétaire, il entretient une maison très affairée : les marchés sont fréquentés chaque semaine, et les marchandises de sa ferme y sont portées et vendues comme auparavant, mais ce qui en est rapporté en est quelque peu différent ; la façon élégante de manger, de boire, le mobilier et l'habillement pour lui-même nécessitent plus de sucre et d'épices, de vin et de fruits, de soieries et de rubans qu'à l'époque de son père ; de telle sorte qu'au lieu de neuf cents livres annuelles il rapporte maintenant chez lui des marchandises consommables pour une valeur annuelle de onze cents livres ; qu'en résulte-t-il ? Il vit dans la magnificence, mais cela dissipe inévitablement l'argent amassé par son père et il est chaque année plus pauvre de cent livres. À ses dépenses supérieures à son revenu s'ajoutent la débauche, l'oisiveté et les querelles de ses domestiques, qui font que ses fabrications sont perturbées et ses affaires négligées, ainsi qu'un désordre général et une confusion générale dans toute sa ferme : cela lui fera dégringoler précipitamment la pente et le fonds que l'industrie, la frugalité et le bon ordre de son père avaient constitué sera promptement épuisé et lui même rapidement jeté en prison. Une ferme et un royaume sous ce rapport ne diffèrent que par l'étendue. Nous pouvons commercer et être actifs, et en devenir pauvres, à moins de modérer nos dépenses ; si de plus nous sommes oisifs, négligents, malhonnêtes, malveillants et si nous gênons sous quelque prétexte que ce soit ceux qui sont sérieux et industrieux dans leurs affaires, nous nous ruinerons encore plus rapidement... L'argent n'entre en Angleterre par aucun autre moyen que d'y dépenser moins en marchandises étrangères que ce que nous portons au marché peut payer.

John Locke, *Considérations sur les conséquences de la baisse de l'intérêt et la hausse de la valeur de la monnaie* (1691), trad. établie par Paulette Taïeb.

2.4 Interventionnisme et nationalisme économiques

Les « recettes » préconisées par les mercantilistes sont de type nettement interventionniste. Favorables à l'activité des marchands, les mercantilistes n'en sont pas pour autant des partisans du libéralisme économique, thème qui ne se développera véritablement qu'au XVIIIe siècle. L'État doit selon eux, par de multiples réglementations et par des incitations diverses, intervenir dans l'activité économique du pays pour la stimuler et l'orienter dans la direction appropriée (Texte 15). Les principales mesures qu'ils proposent sont les suivantes :

REPÈRE • 5

Convergence des intérêts du roi et des marchands selon les mercantilistes

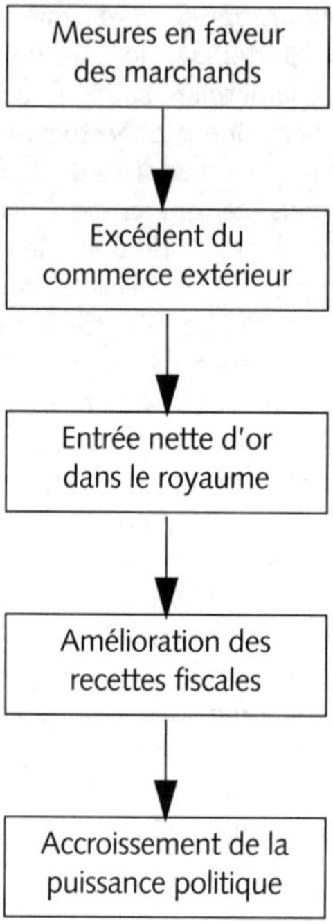

Le mercantilisme en pratique

TEXTE 15

1) Angleterre : rapport au conseil privé de la commission sur la draperie, 22 juin 1622.

Ayant reçu des instructions pour examiner les véritables raisons du déclin de nos ventes de drap à l'étranger, et les meilleurs remèdes à cette situation, nous nous sommes appliqués à observer vos commandements et avons tenu de nombreuses conférences à ce sujet. Les remèdes que nous proposons humblement sont les suivants : pour empêcher la fabrication à l'étranger, qu'il soit interdit sous les peines les plus sévères d'exporter d'Angleterre, d'Irlande ou d'Écosse de la laine des

➤➤➤

>>>

toisons, de la terre à fouler et des cendres de bois ; pour empêcher la fabrication et les teintures frauduleuses et de mauvaise qualité, qu'un règlement clair soit édicté ; que dans chaque comté une corporation soit constituée des personnes les plus aisées et les plus compétentes pour contrôler la bonne et loyale fabrication de teinture et apprêt des draps et autres étoffes ; que pour alléger les droits pesant sur nos draps exportés, Sa Majesté soit humblement priée de négocier avec l'archiduchesse des Pays-Bas et les états généraux. En ce qui concerne la rareté des espèces dans le royaume, que l'on prenne garde d'empêcher le transport de nos monnaies et que les contrevenants soient sévèrement punis. Mais surtout qu'il soit remédié au déficit de notre commerce extérieur, car si les importations de vanité et de luxe l'emportent sur les exportations de nos produits, les réserves de notre royaume seront gaspillées car il faudra exporter des espèces pour rétablir l'équilibre.

2) France : privilège accordé au Sieur Guichard pour la manufacture de basins de Saint-Quentin. Versailles, février 1671.

Pierre Guichard, marchand de notre ville de Saint-Quentin ayant établi dans ladite ville une manufacture de basins [étoffes de lin et de coton, ndc] et autres ouvrages de coton et fil, il nous a très humblement fait remontrer que cette fabrique n'ayant jamais été établie dans notre royaume, il a été obligé de faire de grands frais pour attirer des ouvriers des pays étrangers ; et comme cette manufacture est d'un intérêt considérable au public, l'exposant nous a très humblement fait supplier de lui accorder la permission de continuer à faire seul dans la province de Picardie lesdits basins et autres ouvrages de coton et de lin. Nous avons à iceluy permis et accordé de faire travailler dans notre ville et dix lieux aux environs toutes sortes de basins et autres ouvrages de fil de coton et de lin avec défense à toute autre personne de l'y troubler, inquiéter ou imiter ou contrefaire lesdits basins pendant dix années. Et pour faire connaître à l'exposant combien l'établissement de ladite manufacture nous est agréable et lui donner moyen de la soutenir et de l'augmenter, nous avons à iceluy fait don de la somme de douze mille livres.

Textes cités dans Pierre Deyon, *Le Mercantilisme*, Flammarion, 1969, p. 93-97 (extraits).

– restriction aux importations et incitation aux exportations de produits manufacturés ;
– au contraire, restriction (voire prohibition) des exportations de produits agricoles et autres produits bruts, dans le double but de réserver les matières premières aux manufactures nationales, et de restreindre leurs coûts de main-d'œuvre en maintenant à un bas niveau le prix des subsistances (lequel est supposé influer sur les salaires) ;
– mesures favorisant les commerçants et armateurs nationaux dans le commerce extérieur du pays, afin de développer les recettes aujourd'hui appelées « invisibles » (le développement de la flotte a également un objectif directement militaire) ;

– incitation au développement des industries à « forte valeur ajoutée », qui prendra en France avec Colbert la forme d'une réglementation stricte destinée à renforcer la qualité des produits.

Ces mesures témoignent du caractère profondément nationaliste de la pensée mercantiliste. Ce nationalisme est souvent fortement teinté d'agressivité, le commerce extérieur étant conçu comme une continuation de la guerre par d'autres moyens : l'objectif de cette « guerre d'argent » (Colbert) est de dégager un excédent commercial sur les puissances rivales, de sorte que les gains des uns sont à la mesure des pertes des autres. L'idée que le développement du commerce international puisse être mutuellement profitable est étrangère aux mercantilistes.

2.5 Les premiers pas de la macroéconomie

Préoccupés par le solde du commerce extérieur, les mercantilistes sont amenés à proposer des mesures concernant l'activité économique interne du royaume. Or il est difficile de définir des mesures efficaces sans une certaine intelligence des relations caractérisant le fonctionnement de l'économie nationale. C'est pourquoi les mercantilistes cherchent à préciser les liaisons existant entre des variables telles que la masse monétaire, la demande externe et interne, le niveau des prix, l'intérêt, l'emploi… Ce faisant ils jettent les premières bases d'une discipline qui sera désignée beaucoup plus tard sous le nom de macroéconomie.

Leur souci d'efficacité conduit les mercantilistes à entreprendre des diagnostics précis fondés sur des dénombrements (sans doute peut-on trouver là l'influence du nouveau contexte scientifique, mais aussi celle de la pratique des marchands : s'ils ne sont pas forcément versés dans les humanités, leur force principale est de savoir compter). Ce souci de dénombrement s'applique tant aux hommes qu'à l'argent, qui constituent pour beaucoup de mercantilistes les deux sources essentielles de la puissance. On le retrouve par exemple, dès le XVIe siècle, dans la fine analyse du mouvement à long terme des prix par Bodin, et, au siècle suivant, dans la balance des comptes établie par Mun, dans l'*Arithmétique politique* de Petty, ou dans la méthode de recensement proposée par Vauban au roi en vue de l'établissement d'une dîme royale.

2.6 Du « bullionisme » à la théorie quantitative de la monnaie

L'afflux des métaux précieux américains au XVIe siècle produit dans un premier temps une forte augmentation du pouvoir d'achat en Espagne. Les foires espagnoles voient alors affluer les marchands de l'Europe entière. Un tel contexte favorise évidemment les tendances au « bullionisme », que semblent confirmer les tentatives – infructueuses – de l'administration espagnole pour empêcher l'or de sortir du royaume (interdiction de son exportation).

Les auteurs espagnols du XVIe siècle sont fréquemment accusés d'avoir versé dans cette forme de « mercantilisme primaire ». Si les titres de certains de leurs écrits, tels le *Mémoire au roi pour empêcher les sorties d'or* (Ortiz, 1558) vont à première vue dans le sens de cette interprétation, divers commentateurs insistent sur le caractère complexe et moderne de leur analyse, qui ne se laisse pas réduire à l'image d'Épinal de « l'amour du lingot ». L'historien Pierre Vilar montre notamment que le jésuite Martin De Azpilcueta, douze ans avant Jean Bodin à qui est usuellement attribuée la paternité de la découverte, pressent assez nettement ce qu'on appellera par la suite la théorie quantitative de la monnaie (P. Vilar, *Or et monnaie dans l'histoire*, Flammarion, 1974, p. 201).

Cette théorie part d'un constat : le mouvement ascendant des prix qui, par-delà les oscillations conjoncturelles, caractérise l'économie européenne au XVIe siècle. Cet « étrange enchérissement de toutes choses » avait, en 1566, été interprété en France par le sire de Malestroit comme la conséquence des mutations monétaires dont les souverains étaient coutumiers pour régler leurs dettes (diminution du poids d'or des pièces, diminution de la valeur de la monnaie de compte par rapport à la monnaie de règlement). Dans la *Réponse aux paradoxes de Monsieur de Malestroit touchant le fait des monnaies et l'enchérissement de toutes choses* qu'il publie en 1568 (Texte 16), Jean Bodin, s'appuyant sur une analyse statistique remarquable pour l'époque, démontre que l'explication de Malestroit ne peut être que partielle. Il avance alors l'hypothèse que l'explication fondamentale de ce que nous appelons aujourd'hui l'inflation réside dans l'accroissement de la masse monétaire (quantité de monnaie en circulation dans l'économie), elle-même provoquée par l'afflux d'or et d'argent d'Amérique. Ce faisant, il produit, sinon le premier, du moins un des premiers énoncés de la théorie quantitative de la monnaie.

BODIN La théorie quantitative de la monnaie — TEXTE 16

Je trouve que la charté que nous voyons vient pour trois causes. La principale et presque seule (que personne jusqu'icy n'a touchée) est l'abondance d'or et d'argent, qui est aujourd'hui en ce royaume plus grande qu'elle n'a esté il y a quatre cents ans. Je ne passe point plus oultre, aussi l'extraict des registres de la Cour et de la chambre que j'ay, ne passe point quatre cents ans. Le surplus, il le faut cueillir de vieilles histoires avec peu d'asseurance. La seconde occasion de charté vient en partie des monopoles. La troisième est la disette, qui est causée tant par la traitte que par le degast. La dernière est le plaisir des roys et grans seigneurs, qui hausse le prix des choses qu'ils aiment. La principale cause qui encherict toutes choses en quelque lieu que ce soit, est l'abondance de ce qui donne estimation et pris aux choses. Plutarque et Pline tesmoignent, qu'après la ►►►

conqueste du royaume de Macédoine sus le roi Perses, le capitaine Paul Aemyl apporta tant d'or et d'argent en Rome, que le peuple fut afranchi de payer taille, et le pris des terres en la Romaigne haussa des deux tiers en un moment. Ce n'estoit donc pas la disette des terres, qui ne peuvent croistre ni diminuer, ny le monopole, qui ne peut avoir lieu en tel cas : mais c'estoit l'abondance d'or et d'argent qui cause le mespris d'iceluy, et la charté des choses prisées… Et quand l'Espagnol se fist seigneur des terres neufves, les coignées et cousteaux estoyent plus cher vendus que les pierres et perles précieuses, car il n'y avoit cousteaux que de bois et de pierre, et force perles. C'est donc l'abondance qui cause le mespris.

Jean Bodin, *Réponse aux paradoxes de M. de Malestroit touchant l'enchérissement de toutes choses* (1568), Armand Colin, 1932, p. 9.

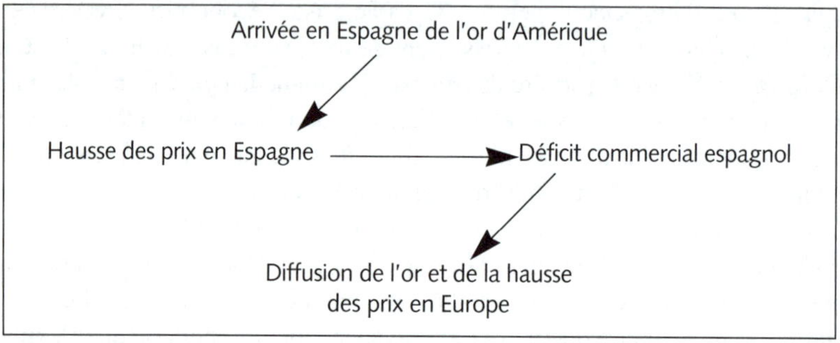

Cette théorie éloigne définitivement la réflexion économique du « bullionisme ». Elle permet en effet de comprendre l'échec des tentatives espagnoles pour empêcher l'or de sortir du royaume : l'or qui arrive par les galions à Séville, explique Bodin, stimule la demande de consommation dans ce pays et y fait monter les prix ; cette hausse des prix stimule à son tour les importations, alors que les Espagnols, trompés par le mirage de l'abondance monétaire, délaissent de plus en plus les activités productives. Il s'ensuit un déficit du commerce extérieur de l'Espagne, qui se traduit par des sorties d'or (dont la diffusion en Europe internationalise le mouvement de hausse des prix).

2.7 Monnaie, intérêt, activité

La théorie quantitative de la monnaie connaîtra un curieux destin : élaborée par des auteurs usuellement considérés comme mercantilistes, elle sera par la suite utilisée comme machine de guerre contre le mercantilisme par les libéraux. Cette théorie contient en effet en germe l'idée qu'il existe une tendance spontanée au rééquilibrage du commerce extérieur, et que donc l'arsenal des mesures protectionnistes préconisées par les mercantilistes n'a pas de raison d'être (nous reviendrons sur cette question au chapitre 3).

Ces derniers, pour la plupart, n'arrivent pas à une telle conclusion, car ils développent concurremment l'idée que l'abondance monétaire, de même que l'abondance des hommes, stimule l'activité économique du pays. Si l'abondance des hommes permet de maintenir à un bas niveau les salaires, l'abondance monétaire permet de maintenir à un bas niveau le taux d'intérêt, qui n'est autre que le loyer de l'argent. De même que le bas niveau des salaires agit favorablement sur les coûts de production des manufactures, le bas niveau du taux d'intérêt permet de financer à coût réduit les investissements industriels et commerciaux. Cette liaison entre masse monétaire, taux d'intérêt et volume d'activité est établie notamment par l'Anglais William Petty dans son *Arithmétique politique*, parue en 1690 (le Texte 17 en donne la version de John Law, le banquier écossais établi en France sous la Régence, dont le fameux « système » financier fit faillite en 1720).

LAW Les effets bénéfiques de l'abondance monétaire — TEXTE 17

Le commerce et le nombre des peuples, qui sont la richesse et puissance d'un État, dépendent de la quantité et conduite des monnaies […]. Supposant que 500 millions en espèces suffiraient pour employer les peuples en France, sur le pied que les manufactures et le commerce y sont à présent, l'on croira peut être qu'il ne serait pas nécessaire d'avoir plus d'espèces ; mais on raisonne mal, car plus d'espèces emploieraient un plus grand nombre de peuples, rendraient le commerce plus florissant, engageraient les négociants et ouvriers étrangers à venir s'établir en France, et bonifieraient les revenus du roi, des propriétaires des terres, maisons, etc. Au contraire, la quantité des espèces étant diminuée, l'industrie, les manufactures et le commerce diminueraient à proportion. Les peuples, ne trouvant point d'emplois chez eux, sortent du pays ; le prix ou intérêt de l'argent, augmentant à mesure qu'il devient rare, est cause que les négociants retirent leurs fonds du commerce, alors trop dangereux, pour les placer à rente ; les revenus du prince et des propriétaires des terres ne peuvent pas être payés, les fermiers ne pouvant vendre le produit qu'à très bas prix.

John Law, *Premier Mémoire sur les banques* (1716).

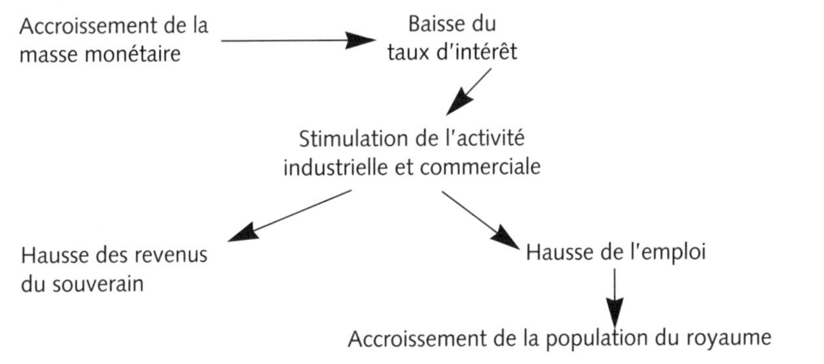

Reprenant à son compte la théorie quantitative de la monnaie, l'économie classique qui se développera à partir de la fin du XVIIIe siècle rejettera par contre fermement l'idée que les variations de la masse monétaire peuvent agir sur l'activité économique par l'intermédiaire du taux d'intérêt. Cette idée sera cependant réhabilitée, au XXe siècle, par John Maynard Keynes : dans sa *Théorie générale de l'emploi, de l'intérêt et de la monnaie* (1936), cet auteur rendra hommage aux vieux auteurs mercantilistes pour ce qu'il considère comme une intuition féconde.

3 L'émergence du libéralisme

Dès la fin du XVIIe siècle les thèses mercantilistes sont contestées, et une nouvelle doctrine émerge progressivement. Au moment où s'affirme la notion de droit naturel, cette nouvelle doctrine avance l'idée que l'économie est régie par des mécanismes naturels et que, pour son bon fonctionnement il ne doit pas être mis d'obstacle au jeu de ces mécanismes. On assiste en outre à un « recentrage » de l'analyse économique, qui cesse de privilégier la balance du commerce extérieur pour étudier en priorité les interdépendances existant au sein de l'économie nationale. À cette occasion sont produites d'importantes analyses du « circuit » macroéconomique.

S'il y a là un changement d'attitude par rapport aux croyances et préoccupations antérieures, il serait excessif de l'envisager comme une rupture. En effet, les idées libérales font souvent leur chemin chez des auteurs qui par divers aspects se rattachent encore au mercantilisme, et celui-ci, dont on a souligné au chapitre précédent l'hétérogénéité et le caractère évolutif, avait déjà fourni des contributions non négligeables à l'analyse des mécanismes économiques internes.

Alors que la notion de droit naturel se développe d'abord en Angleterre, c'est en France qu'on assiste de la façon la plus nette à l'émergence de la nouvelle doctrine économique. Cette émergence, qui s'explique au moins en partie par la situation de l'économie française à la fin du règne de Louis XIV, sera étudiée à travers les analyses de quatre auteurs marquants de la période 1690-1780 : Boisguillebert, Cantillon, Quesnay et Turgot (Repère 6).

REPÈRE•6

Quelques figures d'économistes français

Pierre Le Pesant de Boisguillebert, ou Boisguilbert (1646-1714) : né à Rouen dans une famille de noblesse récente, Boisguillebert, après des études de droit, s'intéresse à la littérature ancienne puis entre dans la magistrature. En 1690 il obtient la charge de lieutenant général du bailliage de Rouen. Il écrit en 1697 le *Détail de la France*, puis en 1707 le *Factum de la France*, ouvrage interdit par arrêté du Conseil du roi (comme le *Projet de dîme royale* de son parent Vauban, écrit la même année), qui lui vaut d'être exilé en Auvergne. Ses autres écrits économiques sont publiés en 1712 sous le titre de *Testament politique du maréchal de Vauban*.

Richard Cantillon (1680-1733 ou 1734) : d'origine irlandaise, Cantillon s'établit en France où il exerce le métier de banquier. Rival de Law, il est néanmoins l'un des principaux bénéficiaires du « système » financier que celui-ci met en place sous la Régence, et qui s'écroule en 1720. Cantillon est assassiné à Londres. Son *Essai sur la nature du commerce en général* est publié après sa mort en 1755.

François Quesnay (1694-1774) : né dans une famille de petits propriétaires fonciers, autodidacte, Quesnay devient chirurgien de l'hôtel-Dieu de Mantes, puis médecin du roi. Anobli, il achète une propriété dans le Nivernais dont il s'occupe avec soin. Il collabore à l'Encyclopédie, dans laquelle il écrit en 1756 l'article « Fermiers », puis en 1757 l'article « Grains ». En 1758, il fait paraître la première version de son *Tableau économique* (« Zizac »), dont la seconde version est publiée en 1766 dans le *Journal de l'agriculture, de l'industrie et des finances*. Quesnay est le fondateur et le chef de l'école des Physiocrates (dite également « Secte des économistes »), dont les membres principaux sont Mirabeau (le père du tribun révolutionnaire), Le Mercier de la Rivière, Dupont de Nemours, Le Trosne, l'abbé Beaudeau. La théorie physiocratique influença profondément la pensée et l'action de Turgot, contrôleur général des finances de 1774 à 1776. On retrouve également son influence chez Condorcet et, en partie, chez Adam Smith.

Anne-Robert-Jacques Turgot (1727-1781) : issu de la noblesse normande, Turgot fit des études de théologie et devint prieur à la Sorbonne. Ayant abandonné la carrière ecclésiastique, il parvint à mener de front une carrière de « grand commis de l'État » et la réalisation d'une œuvre intellectuelle importante. Intendant du Limousin depuis 1761, il fut nommé, en 1774, contrôleur général des Finances par Louis XVI qui venait de succéder à Louis XV. À ce poste il mit en œuvre une politique réformatrice très proche du programme physiocratique (liberté du commerce des grains, abolition des corporations, projet de réforme fiscale). Cette politique suscita de vives réactions et des troubles (« guerre des farines »). La cour, qui voyait en l'action de Turgot une menace pour ses privilèges, obtint son renvoi en 1776. Turgot fréquenta le milieu des philosophes et contribua au mouvement des Lumières (*Tableau philosophique des progrès successifs de l'esprit humain*, 1750 ; *Lettres sur la tolérance*, 1754). Il collabora à l'Encyclopédie (articles *Foires* et *Fondation*, 1757). Parmi ses écrits économiques, il convient de citer ses *Réflexions sur la formation et la distribution des richesses* (1766), ses *Observations sur le mémoire de Saint-Péravy* (1768) et son projet d'article intitulé *Valeurs et monnaies* (1769).

1 | La doctrine du droit naturel

1.1 Le contrat social chez Hobbes et chez Locke

La période mercantiliste est, sur le plan politique, celle de l'absolutisme royal. Les États-nations qui se développent sur les ruines de la société féodale s'incarnent dans la personne du monarque, qui dispose des pouvoirs les plus étendus sur la société civile. Rompant avec la doctrine traditionnelle de la monarchie de droit divin, le philosophe anglais Thomas Hobbes (1588-1679) fournit, au XVIIe siècle, une justification purement laïque de ce système politique. Dans son *Leviathan* (1652), il explique que, pour mettre fin à la guerre de tous contre tous qu'est l'état de nature, les hommes ont, par contrat, remis le pouvoir à l'un d'entre eux. Celui-ci dispose alors par définition d'un pouvoir absolu, puisqu'il crée le droit, qui n'avait pas d'existence dans l'état de nature. Le XVIIe siècle est en Angleterre une période extrêmement troublée, qui voit se succéder deux révolutions (1640 et 1688). La seconde révolution marque l'avènement d'un nouveau régime politique : la monarchie parlementaire, dont le théoricien est le philosophe John Locke. Cet auteur, par ses idées économiques (*cf.* chapitre précédent) se rattache tout comme Hobbes très largement au mercantilisme. Mais il propose, contre Hobbes, une théorie du pouvoir limité du souverain. Cette théorie est fondée sur la notion de droit naturel.

Selon Locke, dans l'état de nature les hommes jouissent d'un certain nombre de droits, qui sont donc antérieurs à la société politique. Le contrat social qui fonde la société politique ne peut avoir pour effet d'abolir ces droits naturels, mais seulement de les codifier et de les faire respecter efficacement. Le souverain ne peut donc agir à sa guise, le droit positif qu'il élabore devant respecter le droit naturel, qui est imprescriptible.

1.2 La propriété privée, un droit naturel

Outre le problème de la liberté religieuse, les luttes politiques au XVIIe siècle en Angleterre sont centrées sur la question du consentement à l'impôt : les partisans du parlementarisme veulent instaurer un contrôle de la Chambre des Communes sur le pouvoir fiscal du souverain. Dans cette optique, le droit de propriété, que Locke range parmi les droits naturels (Texte 18), est une arme contre l'absolutisme : puisque l'impôt est un prélèvement sur la propriété individuelle, il ne peut être légitimement levé sans le consentement des représentants des contribuables.

LOCKE De la propriété

TEXTE 18

Bien que la terre et toutes les créatures inférieures appartiennent en commun à tous les hommes, chacun garde la propriété de sa propre personne. Sur celle-ci, nul n'a droit que lui-même. Le travail de son corps et l'ouvrage de ses mains, pouvons-nous dire, sont vraiment à lui. Toutes les fois qu'il fait sortir un objet de l'état où la Nature l'a mis et l'a laissé, il y mêle son travail, il y joint quelque chose qui lui appartient et de ce fait, il se l'approprie. [...]

À présent que la propriété ne porte plus, au premier chef, sur les fruits de la terre et les bêtes qui vivent, mais sur la terre elle-même, en tant que celle-ci inclut et comporte tout le reste, il me paraît clair que cette propriété, elle aussi, s'acquiert comme la précédente. La superficie de terre qu'un homme travaille, plante, améliore, cultive et dont il peut utiliser les produits, voilà sa propriété. Par son travail, peut-on dire, il l'enclôt et la sépare des terres communes. [...]

La nature a bien réglé la mesure de la propriété, à l'échelle du travail des hommes et des commodités de la vie. Nul ne pouvait, par son travail, réduire tout en sa puissance ou se l'approprier, ni consommer, pour sa jouissance, plus qu'une portion exiguë ; il était donc impossible à tout homme d'empiéter sur les droits d'autrui, ou de devenir propriétaire pour son compte au préjudice de son voisin. Le même principe de propriété, c'est-à-dire que chacun doit avoir tout ce dont il peut se servir, serait resté valable partout sans causer de gêne à personne, car le monde contient assez de terre pour suffire au double de sa population, si l'invention de la monnaie et la convention tacite qui lui reconnaît une valeur n'avaient pas établi, par voie de consentement, des possessions plus vastes et le droit de les garder.

Comme l'or et l'argent, qui sont de peu d'utilité pour la vie humaine, si on les compare à la nourriture, au vêtement et aux moyens de transport, tirent leur valeur du seul consentement des gens, il est clair que la possession de la terre comporte des disproportions et des inégalités. [...] Là, en effet, par consentement mutuel, les hommes ont élaboré et adopté un procédé qui permet à chacun, légitimement et sans causer de tort, de posséder plus qu'il ne peut utiliser lui-même ; car pour le surplus, il reçoit de l'or et de l'argent, qu'on peut thésauriser sans nuire à personne ; car de tels matériaux ne se gâtent ni ne se détériorent entre les mains de leur possesseur.

John Locke, *Deuxième Traité du gouvernement civil* (1690),
Librairie Vrin, 1967, p. 90-103 (extrait).

Mais la théorie de Locke concernant la propriété est également une réponse aux sectes religieuses (*diggers, levellers*) qui, dans la tradition du « millénarisme » des premiers siècles de l'Église (*cf.* chapitre 1) et de l'*Utopie* de Thomas More au XVIe siècle, s'appuient sur l'Évangile pour réclamer l'instauration d'une société communiste. Locke affirme en effet que, si Dieu a bien donné la terre aux hommes en commun, chaque homme est propriétaire de sa propre personne, donc des produits de son travail, et par suite de la terre qu'il cultive pour satisfaire ses propres besoins. Il entreprend en outre de justifier l'inégalité des fortunes qu'il explique par l'usage de la monnaie, à laquelle les hommes ont par convention décidé de recourir dans leurs échanges.

Justification de l'ordre existant, la doctrine de Locke contient aussi en germe les bases du libéralisme économique : le fait de reconnaître le caractère naturel du droit de propriété implique la liberté des échanges.

2 | L'anti-colbertisme de Boisguillebert

C'est cependant en France que l'on voit se développer, à partir de la fin du XVIIe siècle et pendant les deux premiers tiers du siècle suivant, les contributions les plus importantes à la doctrine du libéralisme économique (qu'il faut éviter de confondre avec le libéralisme politique : Quesnay, par exemple, est en politique un partisan du « despotisme éclairé »). Sans doute ce phénomène est-il en rapport avec la situation critique que connaît à la fin du règne de Louis XIV l'économie française et qui, à tort ou à raison, est attribuée aux méfaits du colbertisme, version française de l'interventionnisme mercantiliste. À une conjoncture européenne déprimée (marquée notamment par la diminution des arrivées de métaux précieux et un mouvement de baisse des prix), se surajoutent en France des problèmes liés à la politique de Louis XIV : derrière la crise des finances royales se manifeste une profonde crise de l'agriculture (Texte 19).

MOLINIER L'économie française à la fin du XVIIe siècle TEXTE 19

Depuis la mort de Colbert [1683], la situation des finances royales n'a fait qu'aller en empirant et la crise financière, cette maladie gouvernementale chronique, prend aux environs de 1700 une allure d'autant plus inquiétante que l'économie française traverse alors une grave dépression.

Désireux d'attirer l'or de l'étranger, Colbert avait axé sa politique économique sur un développement de notre production manufacturière et grâce à ses encouragements, l'industrie et le commerce avaient pris sous son ministère un rapide essor. Les mesures protectionnistes de Colbert, qui s'étaient accompagnées d'une politique de bas prix pour les produits agricoles et d'une réglementation stricte de leur circulation, avaient favorisé l'industrie et le commerce au détriment de l'agriculture. La politique de Colbert se situait dans le cadre de la lutte pour la suprématie commerciale que la France avait engagée avec ses deux grandes rivales : la Hollande et l'Angleterre. Elle ne pouvait réussir qu'autant que l'agriculture pouvait supporter les charges qui lui étaient imposées, et que dans la mesure où les guerres entreprises contre nos rivaux réussissaient à nous ouvrir le marché extérieur. Or, dès après la guerre de Hollande [1672-1678] qui se solde par un échec sur le plan économique, il apparaît que la France a perdu la partie.

►►►

►►►

Le marché extérieur nous échappe tandis que les conditions météorologiques défavorables, jointes à des charges trop lourdes, mettent l'agriculture dans une situation critique. Dès lors la révocation de l'édit de Nantes [1685], qui entame notre potentiel industriel et commercial (par l'exode massif d'hommes et de capitaux que cette révocation entraîne), une nouvelle guerre qui engloutit les subventions destinées aux manufactures, ne feront que consommer la faillite de l'œuvre de Colbert. Mais les successeurs de Colbert n'adoptent comme politique que celle qui consiste à se préoccuper de couvrir par tous les moyens le déficit croissant du trésor royal. Les défauts du système général d'administration vont alors entretenir et aggraver le marasme des principaux secteurs.

C'est tout d'abord la pratique des « affaires extraordinaires », expédients d'une extrême variété destinés à remédier à l'insuffisance des ressources ordinaires : emprunts, loteries, aliénations du domaine, vente de privilèges, mutations monétaires, etc., et surtout vente de charges et offices nouvellement créés. Ces « affaires extraordinaires » font l'importance et la prospérité de la classe tant décriée des « gens de finance », qui jouent le rôle d'agents d'affaires et de banquiers du pouvoir royal. Et alors que la fin du XVIIe siècle est une période de pénurie monétaire que ne peut compenser l'embryonnaire crédit de l'époque, les affaires extraordinaires qui permettent des fortunes rapides drainent vers le secteur financier au détriment de l'agriculture et de l'industrie des liquidités précieuses.

Jean Molinier, *Les Métamorphoses d'une théorie économique, le revenu national chez Boisguillebert, Quesnay et J.-B. Say*, Armand Colin, 1958, p. 15-16.

Ces circonstances contribuent à donner à la pensée libérale qui commence à se former alors en France une tonalité nettement pro-agricole, qui apparaît déjà chez Boisguillebert et culminera au milieu du XVIIIe siècle avec la physiocratie. Il s'agit avant tout, pour les auteurs qui se placent dans ce courant, de rééquilibrer les priorités en faveur de ce qui constitue l'activité économique fondamentale du pays.

2.1 Le circuit économique de Boisguillebert

Boisguillebert, dans son *Détail de la France* (1697), cherche à mesurer l'ampleur de la récession que connaît l'économie française à la fin du XVIIe siècle, puis à en cerner les causes, ce qui l'amène à préciser la notion de richesse. Rejetant l'assimilation de celle-ci à la monnaie, il la définit comme l'ensemble des biens permettant de satisfaire les besoins humains, et distingue à cette occasion les « richesses nécessaires » des « richesses commodes et superflues ». Les premières, qui permettent de satisfaire les besoins essentiels de la vie, conditionnent les secondes, qui ne peuvent exister « qu'à proportion que l'excès du nécessaire met en pouvoir de se procurer ce qui ne l'est pas ». Les richesses nécessaires sont pour Boisguillebert les produits de l'agriculture, ou « fruits de la terre », alors que les autres richesses sont constituées par les « biens d'industrie », catégorie dans laquelle il range les produits manufacturés et les services.

L'agriculture apparaît ainsi comme l'activité de base, dont dépendent toutes les autres activités. D'où le diagnostic porté par Boisguillebert sur les difficultés financières de l'État : si l'argent ne rentre pas, c'est parce que l'économie se porte mal, et la décadence de l'agriculture est à la racine de ce mal. Cette décadence, Boisguillebert l'explique par une insuffisance de la consommation : entravée par des obstacles aux échanges et par des taxes de plus en plus lourdes, la consommation ne permet pas aux produits agricoles de se vendre correctement, les prix baissent et les agriculteurs sont ruinés. Il s'ensuit alors un phénomène d'interaction entre les deux secteurs qui amplifie la crise (Texte 20), car la baisse des revenus des agriculteurs se répercute sur leurs achats de biens d'industrie, ce qui à son tour diminue les revenus des producteurs de ces biens, donc leur consommation de produits agricoles, donc de nouveau les revenus des agriculteurs, etc. Boisguillebert pose ici clairement les bases de la théorie du « multiplicateur » qui sera développée au XXe siècle par Richard Kahn (1931) et reprise par Keynes.

BOISGUILLEBERT L'ébauche du multiplicateur

TEXTE 20

Il est aise de voir que pour faire beaucoup de revenu dans un pays riche en denrées, il n'est pas nécessaire qu'il y ait beaucoup d'argent, mais seulement beaucoup de consommation, un million faisant plus d'effet de cette sorte que dix millions lorsqu'il n y a point de consommation ; parce que ce million se renouvelle mille fois, et fera pour autant de revenu à chaque pas, tandis que les dix millions restés dans un coffre ne sont pas plus utiles à l'État que si c'étaient des pierres ; et ce qui fait le plus de mal au menu peuple de la France, est que c'est le menu peuple sur qui le désordre des Tailles et l'excès du prix des liqueurs en détail agissent davantage, parce que c'est lui qui a le moins de défense et qui fait le moins de provisions, et cependant c'est lui en même temps qui fait le plus de consommation, parce qu'il est en plus grand nombre. En effet, un journalier n'a pas plutôt reçu le prix de sa journée, qu'il va boire une pinte de vin, étant à un prix raisonnable ; le cabaretier en vendant son vin en rachète du fermier ou du vigneron ; le vigneron en paye son maître, qui fait travailler l'ouvrier, et satisfait sa passion ou à bâtir, ou à acheter des charges, ou à consommer de quelque manière que ce puisse être, à proportion qu'il est payé de ceux qui font valoir ses fonds. Que si ce même vin, qui valait 4 sous la mesure, vient tout d'un coup, par une augmentation d'impôt, à en valoir 10, ainsi que nous l'avons vu arriver de

➤➤➤

>>>

nos jours, le journalier, voyant que ce qui lui resterait de sa journée ne pourrait suffire pour nourrir sa femme et ses enfants, se réduit à boire de l'eau comme ils font presque tous dans les villes considérables, et fait cesser par là la circulation que lui fournissait sa journée, et est réduit à l'aumône, non sans blesser les intérêts du roi, qui avait sa part à tous les pas de cette circulation anéantie. Il en va de même des autres denrées, n'y en ayant aucune dont l'anéantissement de consommation causé par les désordres marqués ci-dessus ne fasse d'abord cesser dix ou douze sortes de métiers, qui roulaient tous sur ce premier principe, et ne rejaillisse ensuite sur le roi, et sur tout le reste des professions du corps de l'État ; et alors, bien que l'argent demeure, il cesse, faute de circulation, de fortifier aucun revenu, et est comme s'il était mort à l'égard du pays. En sorte que, s'il y a 500 millions de rente moins en France qu'il n'y avait il y a trente ans, ce n'est pas qu'il y ait moins d'argent, mais c'est qu'y ayant pour beaucoup moins de denrées excrues [produites], vendues et consommées, cela a communiqué le même mal à toutes les autres sortes de biens qui tirent leur être des fruits de la terre.

Pierre Le Pesant de Boisguillebert, *Le Détail de la France* (1697), chapitre XIX (extrait).

Mais la société ne se compose pas seulement de producteurs de biens agricoles ou de « biens d'industrie ». À côté de ces deux groupes, que Boisguillebert réunit sous l'étiquette de « laboureurs et marchands », existe une catégorie sociale qu'il appelle le « beau monde » et qui regroupe le souverain, les propriétaires fonciers et « ceux qui n'ont d'autre fonction que de recevoir » (clergé percevant la dîme, traitants vivant aux crochets de l'État...). Les laboureurs et marchands tirent de la vente de leurs produits des « revenus d'industrie » (terminologie équivoque puisque ces revenus rémunèrent aussi bien les agriculteurs que les producteurs de « biens d'industrie »), alors que le beau monde perçoit sous forme d'impôts ou de fermages les « revenus des fonds » (revenus de la terre). Improductif, le beau monde n'en joue pas moins un rôle économique important, car la dépense des revenus des fonds permet d'amorcer le fonctionnement du circuit économique (Repère 7) : pour Boisguillebert, cette dépense, sous forme d'achats aux laboureurs et aux marchands, met en mouvement l'activité productive et par là donne naissance aux revenus d'industrie. La baisse des revenus des fonds qui résulte de la décadence de l'agriculture aggrave donc la crise.

REPÈRE • 7

La macroéconomie de Boisguillebert

1) Une nouvelle stratégie de développement

MERCANTILISTES	**BOISGUILLEBERT**
Développement de la demande extérieure (exportations de produits manufacturés)	Développement de la demande intérieure (produits agricoles)
↓	↓
Développement de la production	Développement de la production

2) Le circuit économique (d'après Jean Molinier, *op. cit.*)

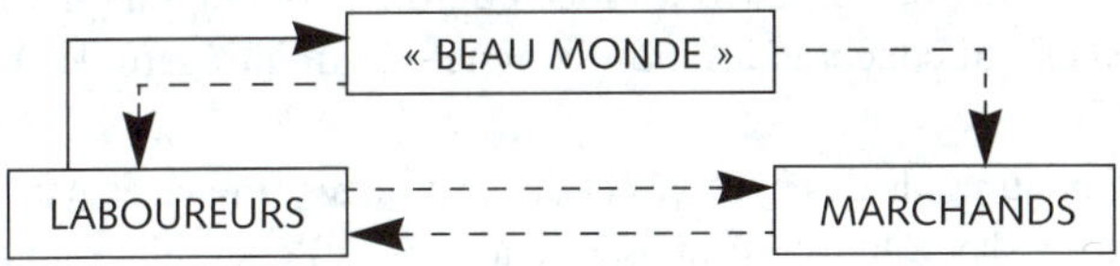

Légende :

« Beau monde » — Titulaires des revenus des fonds (souverain, propriétaires, et « ceux qui n'ont d'autre fonction que de recevoir »)

Laboureurs et marchands — Producteurs des richesses, titulaires des revenus d'industrie

Revenus des fonds

Revenus d'industrie

2.2 Les solutions préconisées pour sortir de la crise

Les solutions que propose Boisguillebert pour le rétablissement des finances royales découlent de son analyse du circuit économique. À cette occasion il formule un premier énoncé des principes du libéralisme économique.

La crise étant due selon lui à une insuffisance de consommation, il importe de relancer celle-ci, en particulier dans le domaine agricole, afin de ramener la prospérité dans ce qui constitue le secteur de base de l'économie. Pour cela

Boisguillebert propose deux remèdes, une réforme fiscale et la liberté du commerce.

La réforme fiscale, dont s'inspirera Vauban dans son projet de dîme royale (1707), consiste à diminuer les « aides » (taxes sur les ventes au détail), et à réformer la taille en élargissant son assiette (elle devrait être payée par tous) tout en uniformisant son taux. Grâce à l'élargissement de l'assiette, ce taux pourrait rester modéré, et l'impôt cesserait ainsi de ruiner les agriculteurs.

La liberté du commerce, en particulier des grains, permettrait quant à elle d'élargir les débouchés offerts à l'agriculture, et par là de relever et de régulariser les prix de ses productions : les excédents dans une province pourraient être écoulés dans une autre province, ou même à l'étranger. La liberté du commerce des grains, qui deviendra au XVIIIe siècle le leitmotiv de tous les libéraux en France (le fameux « laissez faire, laissez passer »), est très explicitement associée par Boisguillebert à l'idée de nature : « On n'a qu'à laisser agir la nature, en ce qui concerne les blés, comme on fait à l'égard des fontaines », écrit-il en 1707.

Se heurtant au poids des préjugés et des privilèges (menacés par le projet de réforme fiscale), les solutions proposées par Boisguillebert n'auront aucun effet immédiat, si ce n'est la disgrâce et l'exil pour leur auteur.

3 | Cantillon et les contradictions du mercantilisme

Si l'œuvre de Cantillon se résume à un seul ouvrage publié en 1755 (vingt ans après la mort de son auteur), elle constitue un bon exemple de la transition entre le mercantilisme et les nouvelles idées économiques.

3.1 Circuit économique et formation des prix

Proche de celle de Boisguillebert, l'analyse du circuit économique que propose Cantillon introduit une distinction entre la catégorie des « gens à gages certains » (salariés) et celle des « gens à gages incertains » (entrepreneurs). Ainsi est introduit dans l'analyse économique le personnage de l'entrepreneur, dont le comportement est associé à la notion de risque, et qui reçoit une rémunération spécifique, le profit. En outre Cantillon innove en complétant son analyse du circuit par une tentative d'explication de la formation des prix. Celle-ci repose sur la distinction entre valeur intrinsèque et prix du marché (Texte 21).

CANTILLON Valeur intrinsèque et prix du marché

TEXTE 21

Un arpent de terre produit plus de blé, ou nourrit plus de moutons qu'un autre arpent ; le travail d'un homme est plus cher que celui d'un autre homme, suivant l'art et les occurrences, comme on l'a déjà expliqué. Si deux arpents de terre sont de même bonté, l'un entretiendra autant de moutons et produira la même quantité de laine que l'autre arpent, supposant le travail le même ; et la laine produite par l'un se vendra au même prix que celle qui est produite par l'autre.

Si l'on travaille la laine d'un côté en habit de gros drap, et la laine de l'autre en habit de drap fin ; comme ce dernier habit demandera un plus grand travail, et un travail plus cher que celui de gros drap, il sera quelquefois dix fois plus cher, quoique l'un et l'autre habits contiennent la même quantité de laine, et de la même bonté. La quantité du produit de la terre, et la quantité aussi bien que la qualité du travail, entreront nécessairement dans le prix.

Par ces inductions et exemples, je crois qu'on comprendra que le prix ou la valeur intrinsèque d'une chose est la mesure de la quantité de terre et du travail qui entre dans sa production, eu égard à la bonté ou produit de la terre, et à la qualité du travail.

Mais il arrive souvent que plusieurs choses qui ont actuellement cette valeur intrinsèque ne se vendent pas au marché suivant cette valeur : cela dépendra des mœurs et fantaisies des hommes, et de la consommation qu'ils feront. […]

Si les fermiers dans un État sèment plus de blé qu'à l'ordinaire, c'est-à-dire beaucoup plus de blé qu'il n'en faut pour la consommation de l'année, la valeur intrinsèque et réelle du blé correspondra à la terre et au travail qui entrent dans sa production ; mais comme il y en a en trop grande abondance, et plus de vendeurs que d'acheteurs, le prix du blé au marché tombera nécessairement au-dessous du prix ou valeur intrinsèque. Si au contraire les fermiers sèment moins de blé qu'il ne faut pour la consommation, il y aura plus d'acheteurs que de vendeurs, et le prix du blé au marché haussera au-dessus de sa valeur intrinsèque.

Il n'y a jamais de variation dans la valeur intrinsèque des choses ; mais l'impossibilité de proportionner la production des marchandises et denrées à leur consommation dans un État cause une variation journalière, et un flux et reflux perpétuel dans les prix du marché. […]

La terre est la matière, et le travail la forme de toutes les marchandises ; et comme ceux qui travaillent doivent nécessairement subsister du produit de la terre, il semble qu'on pourrait trouver un rapport de la valeur du travail à celui de la terre.

Richard Cantillon, *Essai sur la nature du commerce en général* (1755), chapitre X (extrait).

Reprenant une analyse déjà développée au XVIIe siècle par Petty et par Locke, Cantillon définit la valeur intrinsèque d'une chose par la quantité de terre et la quantité de travail qui sont nécessaires à sa production (et affirme curieusement que cette valeur intrinsèque est invariable). Il cherche ensuite à établir une certaine équivalence entre le travail et la terre, fondée sur le constat qu'il faut une surface donnée de terre pour nourrir un travailleur ; ce qui l'amène à réduire le travail en unités de terre (Petty se livrait quant à lui à l'opération inverse), et à expliquer la valeur intrinsèque des choses par la quantité de terre nécessitée par leur production. Mais les marchandises, poursuit Cantillon, ne sont pas nécessairement vendues à leur valeur intrinsèque : le prix du marché dépend en effet de l'offre et de la demande.

Toutefois écrit-il, « dans les sociétés bien réglées, les prix du marché des denrées et marchandises dont la consommation est assez constante et uniforme ne s'écartent pas beaucoup de la valeur intrinsèque ». Cette analyse préfigure directement celle de la « gravitation » du prix de marché autour du prix naturel que développera en 1776 Adam Smith (*infra*, chapitre 5), et qui sera un des fondements de la théorie classique des prix.

3.2 Le rééquilibrage de la balance commerciale

Cantillon combine les deux axes de sa recherche (circuit économique et prix) dans son analyse du commerce extérieur. Quoiqu'il considère, dans le droit-fil de la pensée mercantiliste, qu'une balance commerciale excédentaire est favorable à l'économie d'un pays, il se montre sceptique sur la possibilité d'assurer durablement la prospérité du pays par ce moyen.

En effet, reprenant l'analyse développée notamment par Bodin au XVIe siècle (*cf.* chapitre 2), Cantillon montre que l'abondance monétaire procurée par l'excédent du commerce extérieur fait monter les prix à l'intérieur du pays, ce

REPÈRE • 8

Le rééquilibrage automatique de la balance commerciale

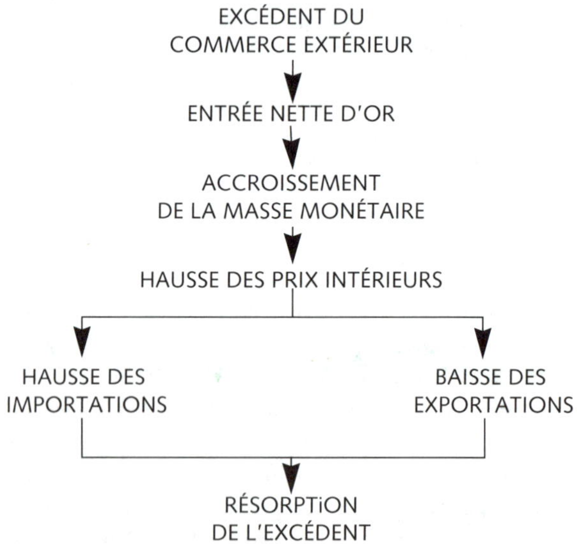

qui tend à favoriser la concurrence étrangère et à dégrader le solde de la balance commerciale (Repère 8). La théorie quantitative de la monnaie entre donc clairement, chez cet auteur, en contradiction avec le dogme mercantiliste de l'excédent de la balance commerciale. Cette contradiction sera, quelques années plus tard, exploitée par le philosophe et économiste anglais David Hume (1711-1776) – souvent présenté comme le père de la théorie du rééquilibrage automatique du commerce extérieur – et, à sa suite, par les économistes classiques.

4 | Quesnay et la physiocratie

Le terme physiocratie, forgé par Dupont de Nemours, résulte de la fusion de deux mots grecs : *physis*, la nature et *kratos*, la puissance. Il est à lui seul tout un programme. Nettement délimitée dans le temps (les années 1750-1770) et dans l'espace (la France), la physiocratie est, à la différence du mercantilisme, une école de pensée fortement structurée, avec ses dogmes, ses textes sacrés, son prophète et ses ministres du culte.

4.1 Ordre naturel, libéralisme et primauté de l'agriculture

Les idées de Quesnay, le fondateur et chef incontesté de la physiocratie, se situent d'une certaine façon au confluent de celles de Locke et de Boisguillebert. Au premier il reprend la notion de droit naturel, qu'il utilise comme son prédécesseur pour justifier la propriété privée (par contre il ne semble pas partager les vues politiques de Locke). La notion de droit naturel se combine chez Quesnay avec celle d'ordre naturel, « ordre voulu par Dieu, intangible et connaissable » (H. Denis), qui éclaire l'entreprise intellectuelle des physiocrates, en particulier la construction du fameux *Tableau économique* (voir ci-après).

À Boisguillebert, Quesnay reprend son approche en termes de circuit et son anti-colbertisme. Il est par-dessus tout un passionné d'agronomie, qui milite notamment, force chiffres à l'appui, pour le remplacement du bœuf par le cheval dans les trains de labour, et est persuadé que la prospérité du royaume repose sur celle de l'agriculture. Celle-ci ne doit donc ni être écrasée par l'impôt, ni être mise dans l'impossibilité d'écouler normalement ses productions par des barrières administratives : le libéralisme économique des physiocrates, comme celui de Boisguillebert, est étroitement lié à l'idée de primauté de l'agriculture.

Mécontent de l'état de l'agriculture française, qu'il juge délaissée par les gouvernants au profit des manufactures et de la finance, Quesnay apparaît obsédé par le problème du « bon prix » du grain : il se lamente des prix insuffisants auxquels les cultivateurs vendent leurs récoltes, ce qui les empêche de dégager les ressources nécessaires au financement de l'amélioration des cultures (le cheval, par exemple, est un investissement que nombre de cultivateurs ne peuvent financer). Nous savons pourtant aujourd'hui que le minimum des prix agricoles est atteint vers 1720-1730 et qu'à partir de cette période ils se remettent à progresser, ainsi que la production et la population. Mais sans doute était-il difficile pour Quesnay, trop près de l'événement, de percevoir ce phénomène.

L'idée de primauté de l'agriculture se transforme chez le fondateur de la physiocratie en un véritable dogme : Quesnay – à la différence de Boisguillebert – limite la production nationale à celle du secteur agricole, ce qui le conduit à appeler « classe productive » la catégorie des agriculteurs et « classe stérile » la catégorie des artisans, manufacturiers et marchands (Texte 22). Ce dogme repose sur l'idée que l'agriculture multiplie la matière (on plante un grain de blé, on récolte un épi), alors que les activités manufacturières ne font que la transformer (le blé est transformé en farine, et la farine en pain).

QUESNAY La productivité exclusive de l'agriculture — TEXTE 22

La nation est réduite à trois classes de citoyens : la classe productive, la classe des propriétaires et la classe stérile. La classe productive est celle qui fait renaître par la culture du territoire les richesses annuelles de la nation, qui fait les avances des dépenses des travaux de l'agriculture, et qui paye annuellement les revenus des propriétaires des terres.

On renferme dans la dépendance de cette classe tous les travaux et toutes les dépenses qui s'y font jusqu'à la vente des productions à la première main ; c'est par cette vente qu'on connaît la valeur de la reproduction annuelle des richesses de la nation.

La classe des propriétaires comprend le souverain, les possesseurs des terres et les décimateurs. Cette classe subsiste par le revenu ou produit net de la culture, qui lui est payé annuellement par la classe productive, après que celle-ci a prélevé, sur la reproduction qu'elle fait renaître annuellement, les richesses nécessaires pour se rembourser de ses avances annuelles et pour entretenir ses richesses d'exploitation.

La classe stérile est composée de tous les citoyens employés à d'autres services et à d'autres travaux que ceux de l'agriculture, et dont les dépenses sont payées par la classe productive et par la classe des propriétaires, qui eux-mêmes tirent leurs revenus de la classe productive.

François Quesnay, *Analyse de la formule arithmétique du tableau économique* (1766), extrait.

➤➤➤

>>>

Maxime 1 : « Les travaux d'industrie ne multiplient pas les richesses ».

Les travaux de l'agriculture dédommagent des frais, payent la main-d'œuvre de la culture, procurent des gains aux laboureurs : et de plus ils produisent les revenus des biens-fonds. Ceux qui achètent les ouvrages d'industrie payent les frais, la main-d'œuvre et le gain des marchands ; mais ces ouvrages ne produisent aucun revenu au-delà. [...]

Comparez le gain des ouvriers qui fabriquent les ouvrages d'industrie à celui des ouvriers que le laboureur emploie à la culture de la terre, vous trouverez que le gain de part et d'autre se borne à a subsistance de ces ouvriers ; que ce gain n'est pas une augmentation de richesses, et que la valeur des ouvrages d'industrie est proportionnée à la valeur même de la subsistance que les ouvriers et les marchands consomment. Ainsi l'artisan détruit autant en subsistance qu'il produit par son travail.

Il n'y a donc pas de multiplication de richesses dans la production des ouvrages d'industric, puisque la valeur de ces ouvrages n'augmente que du prix de la subsistance que les ouvriers consomment.

François Quesnay, *Maximes de gouvernement économique* (1757), extrait.

La thèse physiocratique de la productivité exclusive de l'agriculture n'aura pas de postérité. Sans doute ne pouvait-elle en avoir dans un monde où, à partir de la fin du XVIIIe siècle, l'industrie allait se révéler comme le secteur dynamique par excellence. Mais on doit remarquer que, sur le plan logique, cette thèse était ruinée dès les années 1770 par les travaux du fondateur de la chimie moderne, Lavoisier (1743-1794), dont la loi de la conservation de la masse montre que « rien ne se perd, rien ne se crée ». Il devient alors clair que l'agriculture, pas plus que l'industrie, ne multiplie la matière : elle se borne à la transformer, et la notion économique de production doit être rattachée à un autre critère.

4.2 Le *Tableau économique*

Si, aujourd'hui encore, les travaux des physiocrates suscitent un grand intérêt chez les économistes, on peut penser que ce n'est pas principalement pour les déformations dogmatiques qu'ils font subir aux idées de leurs prédécesseurs, mais plutôt pour leur représentation remarquable du circuit macroéconomique. Celle-ci a directement inspiré, au XIXe siècle, les « schémas de la reproduction » de Marx (*infra*, chapitre 9), et est souvent considérée comme l'origine des systèmes de comptabilité nationale qui se sont développés après la Seconde Guerre mondiale.

Cette représentation trouve son expression formalisée dans le célèbre *Tableau économique* dont Quesnay publie en 1758 une première version, baptisée à l'époque « Zizac » (zigzag) pour son allure faite de lignes brisées qui s'entrecroisent. Le circuit économique, qui fait abstraction du commerce extérieur, y est représenté comme un jeu d'interactions entre trois classes : la classe des propriétaires (qui inclut le souverain et les « décimateurs », c'est-à-dire le clergé), la classe productive et la classe stérile. Le « Zizac » montre clairement la filiation qui unit Quesnay à Boisguillebert : la dépense des propriétaires, qui se partage entre cultivateurs et artisans, engendre par les achats réciproques entre ces deux classes un phénomène multiplicateur.

C'est toutefois la seconde version du *Tableau*, publiée en 1766, qui est la plus connue (Repère 9). Par rapport à l'analyse de Boisguillebert, le *Tableau* de

REPÈRE • 9

La « formule du *Tableau économique* »

	Avances annuelles de la classe productive	Revenu pour les propriétaires des terres, le souverain et les décimateurs	Avances de la classe stérile
Sommes qui servent à payer le revenu et les intérêts des avances primitives	2 milliards	2 milliards	1 milliard
	1 milliard		1 milliard
	1 milliard		1 milliard
	1 milliard		
			Total : 2 milliards dont la moitié est retenue par cette classe pour les avances de l'année suivante
Dépense des avances annuelles	2 milliards		
	5 milliards		

Quesnay, *Journal de l'Agriculture*, juin 1766.

Commentaire :

Quesnay représente les flux monétaires par des lignes inclinées dans le sens où circule la monnaie. Les avances annuelles de la classe productive étant en nature, la ligne allant de cette classe à la classe stérile devrait donc partir, non de ces avances, mais du milliard qui figure en dessous.

La production agricole (ou reproduction totale) s'élève à 5 milliards de livres. Les agriculteurs en gardent 2 milliards pour reconstituer leurs avances annuelles, vendent 1 milliard aux propriétaires et 2 milliards à la classe stérile. La recette de 3 milliards ainsi obtenue permet d'acheter pour 1 milliard de biens destinés à compenser l'usure du matériel (« intérêts des avances primitives »), et de payer le revenu aux propriétaires (2 milliards).

La classe des propriétaires dépense son revenu de l'année précédente (2 milliards) en achats à la classe productive (1 milliard). Ce revenu est reconstitué en fin d'année par le versement effectué par la classe productive.

La classe stérile dépense son avance monétaire (1 milliard) en achat de produits agricoles, qu'elle transforme en produits manufacturés et vend aux propriétaires. Avec le milliard ainsi récupéré, elle recommence l'opération, les produits manufacturés étant cette fois vendus à la classe productive. Elle retrouve donc en fin d'année son avance initiale.

Quesnay présente l'avantage de s'intéresser à la production, qu'il formalise comme un processus de « reproduction d'avances ». Cette notion d'avances, qui constitue l'origine directe de la notion classique de capital, est décisive dans l'histoire de la pensée économique.

4.3 Avances et reprises

Pour produire, remarque Quesnay, il faut au préalable « avancer » des ressources matérielles, qui ont dû elles-mêmes être produites, s'usent lors de leur utilisation et doivent donc être reproduites pour que le processus de production puisse continuer. Ces ressources se composent de moyens de production durables, que Quesnay appelle « avances primitives » (« capital fixe » chez les classiques), et de moyens de production non durables, appelés sous l'influence du cycle agricole « avances annuelles » (le futur « capital circulant » des classiques). Il est important de remarquer que Quesnay range dans cette dernière catégorie, non seulement les matières premières, mais aussi les produits consommés par les travailleurs, mis ainsi sur le même plan que le fourrage consommé par le bétail (ce qui distingue la consommation des avances annuelles du concept moderne de consommation intermédiaire).

Les « reprises » représentent la reconstitution des avances consommées dans la production. Elles recouvrent à la fois le renouvellement du capital circulant, et l'amortissement du capital fixe, que malheureusement Quesnay baptise « intérêts des avances primitives », introduisant ainsi une confusion entre deux réalités bien différentes. À côté des avances primitives et annuelles, est évoquée l'existence d'« avances foncières » consistant en travaux de bonification des terres, et supposées inusables. Mais ces avances n'interviennent pas dans le *Tableau*.

4.4 Le produit net

La classe stérile effectue, comme la classe productive, des avances et des reprises. Toutefois, dans le *Tableau*, les avances de la classe stérile sont formées exclusivement de capital circulant, alors que celles de la classe productive comprennent également des avances primitives (celles-ci valant 10 milliards et leur durée moyenne de vie étant 10 ans, les pseudo-intérêts de ces avances – qui seuls apparaissent dans le *Tableau* – s'élèvent à 1 milliard). Les avances de la classe stérile consistent en une somme d'argent destinée à l'achat de produits agricoles (matières premières et subsistances), tandis que les avances annuelles de la classe productive consistent en biens agricoles produits l'année précédente (semence, subsistances). Les avances primitives des agriculteurs sont par contre composées de biens manufacturés (matériel agricole) de sorte que les « intérêts » de ces avances prennent une forme monétaire, afin de permettre des achats à la classe stérile destinés à remplacer le matériel usé.

Mais l'essentiel de la différence entre les deux classes n'est pas là. L'activité de la classe stérile lui permet simplement de reconstituer ses avances. À première vue il n'en est pas ainsi, puisque son chiffre d'affaires s'élève à 2 milliards, alors que ses avances et reprises ne sont que de 1 milliard. En réalité les avances de cette classe « tournent » deux fois dans l'année (*cf.* Repère 8), de sorte qu'au bout du compte les membres de la classe stérile ont récupéré leur milliard initial, mais n'ont engendré aucun surplus.

Il en va différemment de la classe productive. Celle-ci est supposée produire des biens agricoles d'une valeur de 5 milliards, alors que ses reprises s'élèvent à 3 milliards (reconstitution des avances annuelles et « intérêts » des avances primitives). La différence entre production et reprises constitue un véritable surplus, que Quesnay appelle produit net et qui est versé (en argent) à la classe des propriétaires dont il constitue le revenu. Ainsi donc la « comptabilité nationale » de Quesnay, menée en termes monétaires, semble rejoindre son analyse physique de la production : l'activité agricole, qui seule engendre un surplus physique, est également la seule qui puisse fournir un revenu monétaire, une fois reconstituées les avances. L'activité manufacturière, qui se contente de changer la forme des produits fournis par l'agriculture, est « transparente » sur le plan monétaire : la valeur de ce qu'elle fabrique est égale à la valeur de ce qu'elle consomme.

4.5 Un modèle dynamique

Le *Tableau économique* décrit un état stationnaire : les recettes des producteurs, une fois payé le revenu, permettent tout juste de reconstituer les avances, de sorte que, d'une année à l'autre, la production recommence à l'identique.

La situation ainsi décrite ne doit pas masquer le caractère fondamentalement dynamique de la méthode de représentation adoptée : par opposition à un modèle statique qui ne prend en compte qu'une seule période, un modèle économique est dit dynamique lorsqu'il relie des variables appartenant à des périodes différentes, ce qui lui permet de formaliser le cheminement de l'économie au cours du temps. Cette caractéristique se retrouve dans le *Tableau* de Quesnay : les reprises de la période t permettent de reconstituer les avances qui engendreront la production de la période t+1, et le revenu perçu par les propriétaires en fin de période t sera dépensé en t+1. On peut donc dire que le *Tableau économique* est le modèle dynamique d'un état stationnaire.

Quesnay ne prétend nullement que cet état stationnaire corresponde à la réalité. Son modèle est théorique, puisqu'il représente, selon ses propres termes, « un grand royaume dont le territoire [serait] porté à son plus haut degré de culture », situation qui est selon lui très loin de correspondre à celle de l'économie française de l'époque : ce que décrit le *Tableau*, c'est l'optimum vers lequel il faut tendre.

Pour cela, il faut accroître la production, ce qui passe par une augmentation des avances de période en période. On retrouve ici la préoccupation pour le « bon prix » du grain : celui-ci doit être suffisant, non seulement pour permettre les reprises (faute de quoi la production est condamnée à diminuer), mais encore, tant que l'optimum n'est pas atteint, pour permettre un accroissement des avances par rapport à la période précédente. L'établissement de ce « bon prix » passe, chez Quesnay comme chez Boisguillebert, par la liberté de circulation des grains.

Il faut en outre que le mécanisme des reprises ne soit pas entravé par une fiscalité excessive : l'impôt ne peut être assis que sur le produit net, sinon il empêche la reconstitution des avances, et condamne la production au déclin. Le fondateur de la physiocratie considère enfin que l'orientation des dépenses des propriétaires peut influer sur l'évolution économique. Pour stimuler la croissance, ces dépenses devraient selon lui s'effectuer en priorité auprès de la classe productive.

4.6 Les problèmes posés par l'interprétation du *Tableau*

Le *Tableau économique* est construit par Quesnay à des fins essentiellement pédagogiques. Son objet est de montrer ce qu'est le fonctionnement d'une économie soumise à l'ordre naturel, et les méfaits qui découlent du non-respect de celui-ci. Cet ordre naturel est tout à fait libéral : les gouvernants ont pour seule tâche d'assurer la liberté des échanges, et mettre en place un système fiscal simple portant exclusivement sur le produit net. Indispensable pour assurer le « débit », et donc le bon prix des grains, le commerce extérieur ne mérite pas toute l'attention que lui ont portée les mercantilistes : il doit simplement, comme le commerce intérieur, être libre (ces recommandations ont connu une brève tentative d'application avec Turgot, au tout début du règne de Louis XVI).

Présenté par son auteur comme l'illustration des effets de la « liberté simple et naturelle », le *Tableau économique* n'en pose pas moins des problèmes d'interprétation. Par certains aspects, on peut le considérer comme un modèle d'économie capitaliste, dans la mesure où le fonctionnement de ce type d'économie implique la rotation de capitaux rapportant, à chaque période, un certain profit (qui prendrait ici la forme du « revenu » perçu par la classe des propriétaires).

Mais, outre le fait que l'économie décrite par Quesnay est essentiellement agraire, cette interprétation pose un problème, car ceux qui font les avances (les fermiers) ne sont pas ceux qui récupèrent le revenu (les propriétaires). Le revenu des propriétaires est en réalité une rente foncière et non un profit, de sorte que le *Tableau* décrirait un curieux capitalisme sans profit. Ici nous nous heurtons à l'ambiguïté de certains concepts utilisés par Quesnay qui, notamment, confond amortissement et intérêt (lequel constitue une partie du profit).

Même si l'on évite ce genre de confusion, il semble difficile de progresser dans l'analyse du capitalisme tant qu'on mélange dans une même classe employeurs et salariés, comme le fait Quesnay.

L'abandon de la distinction entre classe « productive » et classe « stérile », lié lui-même à l'abandon de la thèse de la productivité exclusive de l'agriculture, semble dès lors une condition nécessaire au développement d'une véritable analyse de l'économie capitaliste, qui nécessite en revanche que l'on distingue employeurs et salariés. Ce passage (déjà esquissé par divers auteurs, dont Cantillon) sera réalisé par les économistes classiques.

5 | Turgot, un économiste original et fécond

Deux éléments concourent à minimiser l'apport personnel de Turgot à l'histoire des idées économiques : sa sympathie affichée pour les thèses de l'école physiocratique, et le fait que ses activités administratives et politiques ne lui aient pas laissé le loisir de synthétiser les résultats de ses recherches dans un ouvrage véritablement achevé. Comme le note Schumpeter, les *Réflexions sur la formation et la distribution des richesses* qu'écrit Turgot en 1766 ne constituent qu'un « squelette » et, en outre, certaines de ses analyses les plus innovantes doivent être recherchées dans d'autres textes.

Il en est ainsi, notamment, de l'audacieuse théorie de la valeur qu'ébauche Turgot dans un projet d'article intitulé « Valeurs et monnaies », daté de 1769 et laissé à l'état de manuscrit par l'auteur. Dans ce texte (reproduit dans Turgot, *Écrits économiques*, Calmann-Lévy, 1970), l'auteur construit tout d'abord le modèle d'un producteur-consommateur isolé. Ce modèle le conduit à définir la « valeur estimative » de deux biens pour l'individu considéré, à la fois comme le rapport des « degrés d'estime » qu'il attribue à leur consommation et comme le rapport des « portions de ses facultés » qu'il doit consacrer à leur obtention. Turgot imagine ensuite la rencontre de deux individus, dotés chacun d'une certaine provision d'un bien recherché par l'autre. Il s'attache alors à montrer que la négociation qui s'ouvre entre les deux individus aboutit à la fixation d'un taux d'échange entre les deux biens (qu'il appelle « valeur appréciative ») se situant dans la fourchette des « valeurs estimatives » individuelles. Si la tentative de Turgot reste techniquement très imparfaite, on n'a aucun mal à y trouver l'intuition de plusieurs concepts et théorèmes économiques modernes, tels que l'égalisation, à l'équilibre, du taux marginal de substitution psychologique et du taux marginal de transformation technique entre deux biens, ou la fixation des prix en situation de monopole bilatéral (on peut également y voir une anticipation de la théorie des valeurs internationales de Ricardo-Mill – *cf. infra*, chapitre 6).

5.1 Les rendements décroissants des avances appliquées à la terre

La contribution théorique la plus célèbre de Turgot réside dans son énoncé, en 1768, de ce qui sera communément appelé par la suite la « loi des rendements décroissants » (Texte 23). Le contenu de cette contribution est très simple : au-

TURGOT La loi des rendements décroissants TEXTE 23

Les dépenses de la culture consistent à donner aux terres les préparations les plus propres à les rendre fécondes. Or il s'en faut de beaucoup que le succès de ces préparations, dont dépend la production, soit proportionné à la dépense. [...] La production suppose des avances ; mais des avances égales dans des terres d'inégale fécondité donnent des productions très différentes, et c'en est assez pour faire sentir que les productions ne peuvent être proportionnelles aux avances ; elles ne le sont même pas, placées dans le même terrain, et l'on ne peut jamais supposer que des avances doubles donnent un produit double. La terre a certainement une fécondité bornée, et en la supposant labourée, fumée, marnée, fossoyée, arrosée, sarclée autant qu'elle peut l'être, il est évident que toute dépense ultérieure serait nuisible. Dans ce cas, les avances seraient augmentées sans que le produit le fût. [...] En accordant à l'auteur du Mémoire que, dans l'état de la bonne culture ordinaire, les avances rapportent 250 p. 100, il est plus que probable qu'en augmentant par degré les avances, depuis ce point où elles rapportent 250 p. 100 jusqu'à celui où elles ne rapporteraient rien, chaque augmentation serait de moins en moins fructueuse. Il en serait, dans ce cas, de la fertilité de la terre comme d'un ressort qu'on s'efforce de bander en le chargeant successivement de poids égaux. Si ce poids est léger et si le ressort n'est pas très flexible, l'action des premières charges pourra être presque nulle. Quand le poids est assez fort pour vaincre la première résistance, on verra le ressort céder d'une manière sensible et se plier ; mais quand il aura plié jusqu'à un certain point, il résistera davantage à la force qui le comprime, et tel poids qui l'aurait fait plier d'un pouce ne le ferait plus plier que d'une demi-ligne. L'effet diminuera ainsi de plus en plus. Cette comparaison n'est pas d'une exactitude entière ; mais elle suffit pour faire entendre mon idée et comment, lorsque la terre approche beaucoup de rapporter tout ce qu'elle peut produire, une très forte dépense peut n'augmenter que très peu la production. [...] La semence, jetée sur une terre naturellement fertile, mais sans aucune préparation, serait une avance presque entièrement perdue. Si on y joint un seul labour, le produit sera plus fort ; un second, un troisième labour pourront peut-être, non pas doubler et tripler, mais quadrupler et décupler le produit qui augmentera ainsi dans une proportion beaucoup plus grande que les avances n'accroissent, et cela, jusqu'à un certain point où le produit sera le plus grand possible, comparé aux avances. Passé ce point, si on augmente encore les avances, les produits augmenteront encore, mais moins, et toujours de moins en moins jusqu'à ce que, la fécondité de la nature étant épuisée et l'art n'y pouvant rien ajouter, un surcroît d'avances n'ajouterait absolument rien au produit.

Turgot, *Observations sur le mémoire de M. de Saint-Péravy en faveur de l'impôt indirect* (1768), extrait.

delà d'un certain seuil, toute augmentation des avances productives sur une terre donnée se traduit par des suppléments de produit de plus en plus faibles par unité d'avances supplémentaire (en termes plus modernes, on peut parler de productivité marginale décroissante de l'effort de culture sur une terre donnée). Ce phénomène s'inscrit pour Turgot dans la nature des choses : si l'on peut fréquemment accroître la production agricole en travaillant davantage la terre, le caractère limité des capacités productives intrinsèques de cette dernière s'oppose à une augmentation indéfinie des rendements par unité de surface en cas d'intensification de la culture.

Turgot considère que, jusqu'à un certain seuil, les avances ont une productivité marginale croissante. En réalité ce phénomène, comme le montrera Sraffa en 1925, ne peut se manifester que s'il y a des indivisibilités techniques dans l'emploi de certains facteurs de production, comme par exemple l'impossibilité d'utiliser une machine agricole sur une parcelle trop exiguë (Sraffa, « Sur les relations entre coûts et quantités produites », *Annali di Economia,* 1925, tome II, n°1).

Nonobstant sa simplicité, la thèse de Turgot concernant les rendements décroissants s'avérera particulièrement féconde : on la retrouve à l'œuvre aussi bien dans l'analyse malthusienne du problème démographique (*infra*, chapitre 5), que dans la théorie ricardienne de la rente différentielle intensive (*ibid.*), ou dans la théorie néoclassique de la répartition, où elle sera généralisée à l'ensemble des facteurs de production (*cf.* tome II de cet ouvrage). Elle constitue également le substrat analytique principal de la représentation classique de la croissance comme un processus borné dans le temps (*infra*, chapitre 6) : reposant sur l'exploitation de ressources naturelles limitées, la croissance doit tôt ou tard rencontrer le phénomène des rendements décroissants, et à partir de là s'essouffler progressivement.

5.2 Monnaie et intérêt

Les analyses monétaires de la période mercantiliste (*supra*, chapitre 2) ont développé concurremment deux approches du « prix de l'argent ». Selon une première approche, cette notion recouvre la quantité de marchandises qu'on peut obtenir en échange d'une unité de monnaie, et désigne donc en fait l'inverse du niveau général des prix. Selon une seconde approche, le « prix de l'argent » représente le loyer qu'il faut payer pour pouvoir disposer d'une certaine quantité de monnaie pendant un certain temps, c'est-à-dire l'intérêt.

Dans ses *Réflexions sur la formation et la distribution des richesses*, publiées par Dupont de Nemours en 1769-1770, Turgot se livre tout d'abord à un exercice de clarification des concepts, en mettant cette dualité en évidence (Texte 24). Il propose en outre une analyse des déterminants de chacun des deux

« prix de l'argent » préfigurant nettement celle que développera Irving Fisher au XXe siècle, et qui constituera une pièce maîtresse de la théorie macroéconomique « classique », au sens donné par Keynes à ce terme (*cf.* tome II de cet ouvrage).

TURGOT Les deux évaluations de l'argent dans le commerce TEXTE 24

Dans les achats et les ventes, un certain poids d'argent représente une certaine quantité de valeurs ou de marchandises de chaque espèce ; par exemple, une once d'argent équivaut à une certaine quantité de blé ou à un certain nombre de journées d'homme. Dans le prêt et dans le commerce de l'argent, un capital est l'équivalent d'une rente égale à une portion déterminée de ce capital, et réciproquement une rente annuelle représente un capital égal au montant de cette rente répété un certain nombre de fois suivant que l'intérêt est à un denier plus ou moins haut. […] Ces deux différentes appréciations ont beaucoup moins de rapport et dépendent beaucoup moins l'une de l'autre qu'on ne serait tenté de le croire au premier coup d'œil. L'argent pourrait être très commun dans le commerce ordinaire, y avoir très peu de valeur, répondre à une très petite quantité de denrées, et l'intérêt de l'argent pourrait être en même temps très haut. […]

En effet, je suppose pour un moment que tous les riches d'une nation, au lieu d'épargner sur leurs revenus ou sur leurs profits annuels, en dépensent la totalité, que, non contents de dépenser tout leur revenu, ils dépensent leur capital ; qu'un homme qui a cent mille francs en argent, au lieu de les employer de manière profitable ou de les prêter, les consume en détail en folles dépenses : il est visible que, d'un côté, il y aura plus d'argent employé aux achats courants, à la satisfaction des besoins ou de la fantaisie de chaque particulier, et que, par conséquent, il baissera de prix ; de l'autre côté, il y aura certainement beaucoup moins d'argent à prêter, et comme beaucoup de gens se ruineront, il y aura vraisemblablement aussi plus d'emprunteurs. L'intérêt de l'argent augmentera donc, tandis que l'argent deviendra plus commun au marché et y baissera de prix, et précisément par la même cause. […]

Le prix de l'argent au marché n'est relatif qu'à la quantité de ce métal employée dans les échanges courants ; mais le taux de l'intérêt est relatif à la quantité de valeurs accumulées et mises en réserve pour former des capitaux. Il est indifférent que ces valeurs soient en métal ou en autres effets, pourvu que ces effets soient faciles à convertir en argent. […] Ce n'est donc pas la quantité d'argent existant comme métal qui fait hausser ou baisser l'intérêt de l'argent, ou qui met dans le commerce plus d'argent offert à prêter ; c'est uniquement la somme de capitaux existante dans le commerce, c'est-à-dire la somme actuelle des valeurs mobilières de toute espèce, accumulées, épargnées successivement sur les revenus et les profits pour être employées à procurer au possesseur de nouveaux revenus et de nouveau profits. Ce sont ces épargnes accumulées qui sont offertes aux emprunteurs, et plus il y en a, plus l'intérêt de l'argent est bas, à moins que le nombre des emprunteurs soit augmenté à proportion.

Turgot, *Réflexions sur la formation et la distribution des richesses* (1766), LXXVI à LXXIX (extrait).

En ce qui concerne le prix de l'argent relativement aux autres marchandises, Turgot adhère à la théorie quantitative de la monnaie : dans la lignée de Bodin (*cf.* chapitre précédent), il voit dans le niveau général des prix une fonction croissante de la quantité de monnaie en circulation. En revanche, contrairement à ce qu'affirment des auteurs comme Petty et Law (*ibid.*), le taux de l'intérêt ne dépend pas à ses yeux de la masse monétaire, mais de l'offre et de la demande de fonds prêtables, ou encore – schématiquement – des comportements d'épargne et d'investissement. Comme Petty et Law, Turgot perçoit bien l'utilité d'un taux d'intérêt faible pour le développement économique ; mais cela ne peut résulter, selon lui, que d'un développement de « l'esprit d'économie » (la propension à l'épargne), et non de la création monétaire, dont les effets sont essentiellement inflationnistes. On tient ici le fondement de ce qui constituera, aux XIXe et XXe siècles, l'orthodoxie libérale en matière financière. Et il est remarquable de constater que, plus de trente ans avant l'énoncé par Say de sa célèbre « loi des débouchés », la théorie de l'intérêt développée par Turgot répond par avance à l'objection qu'adressera Malthus à Say (*infra*, chapitre 6). L'efficacité de cette réponse peut se mesurer au fait qu'il faudra attendre la théorie keynésienne de l'intérêt, fondée sur le concept de préférence pour la liquidité, pour que l'objection de Malthus trouve une nouvelle force.

PARTIE 2

L'ÉCONOMIE CLASSIQUE

4 L'économie d'un nouveau monde

L'économie classique selon Marx...

Si Adam Smith est l'auteur de l'appellation « système mercantile », c'est à Karl Marx que l'on doit l'expression d'économie « classique ». Sans doute vaut-il la peine de lire la définition qu'il en propose, dans une note de bas de page au tout début du *Capital* (Texte 25).

Une appellation non contrôlée

TEXTE 25

1) L'économie classique selon Karl Marx

Je fais remarquer une fois pour toutes que j'entends par économie politique classique toute économie qui, à partir de William Petty, cherche à pénétrer l'ensemble réel et intime des rapports de production dans la société bourgeoise, par opposition à l'économie vulgaire qui se contente des apparences, rumine sans cesse pour son propre besoin et pour la vulgarisation des plus grossiers phénomènes les matériaux déjà élaborés par ses prédécesseurs, et se borne à ériger pédantesquement en système et à proclamer comme vérités éternelles les illusions dont le bourgeois aime à peupler son monde à lui, le meilleur des mondes possibles.

Karl Marx, *Le Capital*, livre I (1867), Éditions Sociales, 1971, p. 83 n.

➤➤➤

>>>

2) L'économie classique selon John Maynard Keynes

La dénomination d'« économistes classiques » a été inventée par Marx pour désigner Ricardo, James Mill et leur prédécesseurs, c'est-à-dire les auteurs dont l'économie ricardienne a été le point culminant. Au risque d'un solécisme, nous nous sommes accoutumés à ranger dans « l'école classique » les successeurs de Ricardo, c'est-à-dire les économistes qui ont adopté et amélioré sa théorie y compris notamment Stuart Mill, Marshall, Edgeworth et le professeur Pigou.

John Maynard Keynes, *Théorie générale de l'emploi, de l'intérêt et de la monnaie* (1936), Payot, 1969, p. 29 n.

On aura compris, à la lecture de ce morceau d'anthologie, que Marx apprécie certains économistes et d'autres non : s'il qualifie les uns de « classiques », il réserve aux autres le qualificatif aimable de « vulgaires ». La classification ainsi établie par l'auteur du célèbre « Prolétaires de tous les pays, unissez-vous ! » ne vise nullement à faire le tri entre partisans et adversaires du capitalisme : pas plus que leurs confrères « vulgaires », les classiques ne songent à renverser ce système. Mais, selon Marx, alors que les premiers se bornent à en faire l'apologie, les seconds produisent des instruments d'analyse qui, une fois dégagés de leur gangue idéologique, permettent d'en faire l'étude scientifique.

Le premier de ces instruments est une théorie expliquant comment se détermine la valeur des marchandises : l'économie classique vue par Marx est celle qui cherche à analyser cette valeur en partant du travail, par opposition à l'économie dite vulgaire qui s'appuie essentiellement sur la notion d'utilité. C'est en ce sens que Marx fait remonter l'économie classique à William Petty (1623-1687), qui fut l'un des premiers à avancer que les prix des marchandises sont déterminés par le travail nécessaire à leur production (voir chapitre précédent).

Si Petty est le grand ancêtre, les principaux représentants de l'économie classique sont, selon Marx, deux auteurs britanniques du XVIIIe et du début du XIXe siècle : Adam Smith et David Ricardo, dont le disciple, John Stuart Mill, est taxé « d'éclectisme édulcoré », pour sa tentative de tempérer les rigueurs du libéralisme par l'intervention publique et le développement des coopératives.

...et selon Keynes

Dans sa *Théorie générale* (1936), Keynes range sous l'appellation « classique », à côté de Ricardo et Stuart Mill, tous les auteurs formant, à partir de la fin du XIXe siècle, le courant appelé habituellement néoclassique

(Texte 25). Or ces derniers, dans la filiation des économistes « vulgaires » de Marx, relient la valeur des marchandises à leur utilité. Pour faire comprendre ce qu'il entend par « classique », Keynes met en avant le nom de Jean-Baptiste Say, économiste « vulgaire » du début du XIXe siècle, célèbre pour avoir affirmé que « l'offre crée sa propre demande » (voir chapitre 6). Cette affirmation, connue sous le nom de « loi des débouchés », fut reprise par Ricardo et, plus tard, par les néoclassiques. Elle constitue le critère d'appartenance à l'économie classique au sens de Keynes, ce qui explique la réunion sous cette appellation d'auteurs ayant des vues divergentes sur la question de la valeur. On comprend aussi pourquoi Keynes, comme Marx mais pour un motif différent, exclut Malthus des classiques : cet auteur, contemporain de Ricardo et Say, rejette à la fois la théorie de la valeur-travail et la loi des débouchés.

REPÈRE • 10

Quelques figures d'économistes

Adam Smith (1723-1790) : philosophe et économiste écossais, auteur de la *Théorie des sentiments moraux* (1759) et de *Recherches sur la nature et les causes de la richesse des nations* (1776). Se destinant au départ à la carrière ecclésiastique, il découvrit au cours de ses études à l'université d'Oxford la philosophie sceptique de Hume. Il fut nommé en 1751 professeur de philosophie à l'université de Glasgow. Lors d'un voyage en France de 1764 à 1766, il rencontra les physiocrates, dont le contact stimula son intérêt pour les questions économiques. En 1778 il fut nommé commissaire des douanes à Édimbourg.

David Ricardo (1772-1823) : agent de change à la Bourse de Londres, Ricardo se fit connaître à partir de 1810 par plusieurs écrits sur des questions monétaires et sur la rente foncière. Son ouvrage majeur, les *Principes de l'économie politique et de l'impôt*, est publié en 1817. Il se retira des affaires, fortune faite, en 1814. En 1819 il devint membre de la Chambre des Communes, où il se rangea du côté des partisans de l'abolition des lois protectionnistes sur le blé.

Thomas Robert Malthus (1766-1834) : pasteur et économiste anglais, auteur de l'*Essai sur le principe de population* (1798), d'une *Enquête sur la nature et le progrès de la rente* (1815), et de *Principes d'économie politique* (1820). Rendu célèbre par son *Essai*, il fut nommé en 1804 professeur d'histoire et d'économie politique à l'East India College. Il combattit pour l'abolition des lois sur les pauvres et, par la suite, pour le maintien des lois sur le blé (ce qui lui valut la réputation d'avocat des intérêts des propriétaires fonciers). Il fut l'ami de Ricardo, avec qui cependant il était en désaccord sur de nombreux points.

➤➤➤

>>>
Jean-Baptiste Say (1767-1832) : industriel et économiste français, auteur d'un *Traité d'économie politique* (1803), d'un *Catéchisme d'économie politique* (1815), et d'un *Cours complet d'économie politique pratique* (1830). Employé dans une compagnie d'assurances, puis gérant d'une usine de filature de coton, il enseigna après la chute de Napoléon (auquel l'opposaient ses convictions libérales) l'économie politique au Conservatoire des Arts et Métiers, puis au Collège de France. Say se présente comme le disciple d'Adam Smith.
John Stuart Mill (1806-1873) : philosophe et économiste anglais, il écrivit de nombreux ouvrages, dont un *Système de logique inductive et déductive* (1843) et des *Principes d'économie politique* (1848). Employé à la Compagnie des Indes orientales de 1823 à 1858, il fut membre du parlement de 1865 à 1868. Formé par son père le philosophe et économiste James Mill, John Stuart Mill adhère au système philosophique de l'utilitarisme développé par Bentham et aux principes du libéralisme économique, qu'il nuance par un certain réformisme social. Il milite en faveur de la démocratie, de l'abolition de l'esclavage et de l'émancipation des femmes. Ses *Principes* constituent, jusqu'à l'avènement de l'école néoclassique à la fin du XIXe siècle, l'ouvrage de référence fondamental chez les économistes.

S'il n'y a pas de consensus sur ce qu'est l'économie classique, sans doute est-ce parce que ceux qui ont cherché à la définir ont des idées non concordantes sur ce que sont les problèmes essentiels de leur discipline : pour Marx la question centrale est celle de la valeur, car elle commande l'analyse des rapports sociaux dans le système capitaliste ; en revanche pour Keynes, qui cherche à expliquer le phénomène du chômage massif et persistant des années 1930, la question essentielle est celle de la demande effective.

Nous retiendrons ici l'approche de Marx plutôt que celle de Keynes, ce qui nous permettra de distinguer nettement le courant classique du courant néoclassique, étudié ultérieurement. Toutefois, si les classifications sont utiles lorsqu'elles apportent un peu de lisibilité à un processus historique foisonnant, leur utilisation dogmatique risque de produire l'effet inverse : l'économie politique de la fin du XVIIIe et du début du XIXe siècle est dominée par un débat riche et complexe, dont il importe de rendre compte sans être arrêté par les étiquettes qui furent, par la suite, accolées à ses protagonistes.

1 | Un monde en mutation

La période de formation et de domination de la théorie classique est marquée par un ensemble de profondes transformations économiques et sociales auquel fut par la suite donné le nom de « révolution industrielle ». Sans doute y a-t-il plus qu'une coïncidence dans le fait que l'économie classique se soit développée essentiellement en Grande-Bretagne, premier pays touché par ce processus, dans la seconde moitié du XVIIIe siècle.

1.1 Croissance économique

Parti d'Angleterre, le phénomène gagne progressivement l'Europe continentale, l'Amérique du Nord, le Japon (Repère 11). La prépondérance industrielle anglaise, écrasante au milieu du XIXe siècle, est ensuite remise en cause par la montée en puissance d'autres pays (Allemagne, États-Unis).

REPÈRE • 11

La chronologie des « décollages » selon Rostow

Dans un ouvrage célèbre paru en 1960 et intitulé *Les Étapes de la croissance économique* (trad. française Seuil, 1963), l'économiste américain Rostow explique que la révolution industrielle est marquée par une phase décisive qu'il appelle « décollage ». Il s'agit d'un épisode historique relativement bref (deux ou trois décennies), pendant lequel « la société finit par renverser les obstacles et les barrages qui s'opposaient à sa croissance régulière ». Le trait le plus caractéristique de cette phase est, aux yeux de Rostow, l'élévation du taux d'investissement (c'est-à-dire de la part de la production nationale consacrée à l'investissement), qui franchit la barre des 10 %. Rostow propose la chronologie suivante pour le décollage économique d'un certain nombre de pays européens, des États-Unis et du Japon.

Grande-Bretagne	1780-1800
France	1830-1860
Belgique	1833-1860
États-Unis	1843-1860
Allemagne	1850-1873
Suède	1868-1890
Japon	1878-1900
Russie	1890-1900

Très contestée globalement pour sa vision schématique et linéaire du développement économique (tous les pays sont supposés franchir, à des dates différentes, des « étapes » identiques), l'analyse de Rostow a, plus ponctuellement, été critiquée par divers historiens en ce qui concerne la notion même de « décollage ». Certains travaux mettent en cause, notamment, la pertinence de ce concept dans le cas de la France. Il n'en reste pas moins que le tableau ci-dessus fournit une indication approximative de l'ordre dans lequel la révolution industrielle a concerné différents pays.

Sur un plan quantitatif, la période se caractérise d'abord par une croissance soutenue de la production industrielle, en particulier textile et métallurgique, qui « tire » la croissance de l'ensemble de l'économie (Repère 12, tableaux 1 et 2). Les chiffres concernant cette croissance, reconstitués à partir de sources fragmentaires, constituent, au mieux, des ordres de grandeur probables. En outre ils ne rendent pas compte du caractère extrêmement irrégulier de la croissance, jalonnée au XIXe siècle de crises généralement brèves mais violentes.

REPÈRE • 12

Quelques indicateurs quantitatifs du phénomène de la révolution industrielle

Tableau 1

Grande-Bretagne	1750	1800	1850
Importations de coton brut	1	24	267
Production de fer	20-26	235	2 250

Source : J .C. Asselain, *Histoire économique*, Presses de la FNSP/Dalloz, 1985.

Nota : les importations de coton brut sont ici un indicateur indirect de l'activité de l'industrie cotonnière britannique, dont elles constituent la consommation intermédiaire essentielle.

Tableau 2

Ensemble Europe de l'Ouest, États-Unis, Japon	1700	1800	1900
Produit national brut	100	147	937
Production industrielle	100	157	1 600
Production sidérurgique	100	400	20 500

(indices-volume, base 100 en 1700).

Source : P. Bairoch, *Le Tiers Monde dans l'impasse*, Gallimard, 2e édition 1983.

Tableau 3

Répartition de la population active entre les 3 secteurs (ensemble Europe de l'Ouest, États-Unis, Japon)	1700	1800	1900
Agriculture	77 %	73 %	48 %
Industrie	12 %	16 %	29 %
Service	11 %	12 %	23 %

Source : P. Bairoch, *op. cit.*

Ces réserves étant faites, il semble que la croissance économique en Europe occidentale, aux États-Unis et au Japon ait été en moyenne, au XIXe siècle, de l'ordre de 2 % par an (ce qui, compte tenu de la croissance démographique, correspond à un taux moyen de croissance du revenu par habitant de l'ordre de 1 % par an). Médiocre à première vue, la performance retracée par ces taux est en réalité remarquable puisque, sur un siècle, elle implique une multiplication du produit national par un facteur compris entre 6 et 7 (en termes de revenu par habitant, on obtient presque un triplement). Jamais sans doute une société n'avait connu, sur une aussi longue période, un accroissement de sa production à un tel rythme.

1.2 Transformations sociales

Dans les pays touchés par la révolution industrielle, la croissance s'accompagne d'importantes transformations sociales. La répartition de la population active évolue en profondeur (Repère 12, tableau 3) et l'urbanisation progresse rapidement : peu après 1850, pour la première fois la population urbaine dépasse la population rurale en Angleterre.

Avec la mécanisation, le travail en usine se développe, et souvent se déqualifie. Ce mouvement s'accompagne d'un recours massif au travail des femmes et des enfants, parfois dès l'âge de 5 ans. Les conditions de travail sont généralement très dures et la durée moyenne du travail oscille entre 12 et 15 heures par jour jusqu'en 1860. Les salaires, souvent proches du minimum vital, ne marquent guère de tendance à l'amélioration avant les années 1850. Jusqu'à la fin du XIXe siècle la législation sociale est rare et largement inappliquée : ainsi la loi anglaise de 1819 interdisant le travail des enfants de moins de 9 ans dans les manufactures de coton, la loi française de 1841 interdisant le travail en usine des enfants de moins de 8 ans ne connaissent guère de traduction concrète.

Dans ces circonstances, les conditions de vie des ouvriers pendant la révolution industrielle sont des plus précaires. Malnutrition, exiguïté et insalubrité des logements, maladies chroniques et récurrentes, misère morale sont autant de phénomènes qui ont été fréquemment décrits par les écrivains de l'époque (Dickens en Angleterre par exemple), mais aussi par certaines enquêtes, comme en France le célèbre rapport du docteur Villermé (1840).

Soumis à ces conditions très dures, les ouvriers ne disposent généralement pas du droit de mener une action collective pour défendre leurs intérêts : en France par exemple, la loi Le Chapelier de 1791 interdit toute forme de coalition et il faut attendre 1864 pour que soit reconnu le droit de grève. La résistance ouvrière se traduit périodiquement par des révoltes violentes (mouvement « luddite » en 1811-1813 en Angleterre, révolte des Canuts lyonnais en 1831...), mais aussi par l'émergence progressive d'organisations (illégales dans un premier temps) visant à défendre les intérêts des salariés. Ces organisations se structureront en grandes confédérations syndicales à la fin du XIXe siècle.

1.3 D'où vient la révolution industrielle ?

La cause la plus immédiate de toutes ces transformations est constituée par une série d'innovations qui viennent, par vagues successives, bouleverser les conditions techniques de la production industrielle. Mais ces innovations n'ont pu produire tous leurs effets que parce que, préalablement, les conditions techniques de la production agricole avaient connu des progrès décisifs (Repère 13). En effet, sans l'augmentation de la productivité agricole qui en est résultée, il eût été impossible de nourrir la main-d'œuvre ouvrière nombreuse que réclamait le développement industriel.

REPÈRE • 13

Progrès techniques agricoles et industriels

La révolution industrielle a été précédée d'importants progrès techniques dans l'agriculture, qui se sont manifestés notamment en Angleterre dans la première moitié du XVIIIe siècle, et ont entraîné dans ce pays approximativement un doublement du volume de production par actif agricole entre le début et la fin du siècle (P. Bairoch, *op. cit.*, p.43). Un de ces progrès a consisté à remplacer les jachères par la culture de plantes fourragères :

INTRODUCTION DES PLANTES FOURRAGÈRES

↓

AUGMENTATION DU BÉTAIL

↓

AUGMENTATION DU FUMIER (ENGRAIS)

↓

AUGMENTATION DE LA PRODUCTION AGRICOLE

La révolution industrielle et ses prolongements sont marqués par une succession de vagues d'innovations techniques dans l'industrie. Au XVIIIe siècle, une grande vague d'innovations dans la métallurgie, l'industrie cotonnière, la production d'énergie :

– passage de la fonte au bois à la fonte au coke (découvert en 1709 par Darby) ;
– mécanisation de la filature (« spinning jenny » de Hargreaves en 1767, « waterframe » de Arkwright en 1768, « mule-jenny » de Crompton en 1779) et du tissage (« navette volante » de Kay en 1733, métier à tisser mécanique de Cartwright en 1785) ;
– machine à vapeur de Watt (1774).

►►►

►►►

Au XIXe siècle, de nouvelles innovations dans la métallurgie, et une vague d'innovations majeures dans les transports :

– convertisseur Bessemer en 1856 et four Martin en 1864 ;
– procédé de déphosphoration de Thomas et Gilchrist en 1877 ;
– invention du chemin de fer (Stephenson, 1814) ;
– navigation à vapeur (Fulton, 1806), dont les avantages sur la navigation à voile deviendront décisifs avec la généralisation de l'hélice après 1860.

La fin du XIXe siècle et le début du XXe siècle connaîtront une troisième grande vague d'innovations, liées principalement à l'énergie électrique et à la chimie. L'économiste Joseph Schumpeter (1883-1950) utilise ces vagues d'innovations successives pour interpréter les cycles longs de l'activité économique (cycles d'environ un demi-siècle, dits « cycles de Kondratieff ») qui marquèrent le XIXe siècle et le début du XXe siècle.

Mais le fait de disposer de connaissances techniques permettant de produire plus ne suffit pas à rendre effectif le processus de croissance économique. Encore faut-il qu'existe une incitation suffisamment puissante à accroître et moderniser la production, et que le développement de celle-ci ne soit pas entravé par des facteurs institutionnels et idéologiques. En bref, certaines conditions sociales doivent être réunies. En Europe, ces conditions sont progressivement apparues au cours des trois siècles séparant le Moyen Âge de la révolution industrielle (voir chapitres 2 et 3).

2 | Une nouvelle approche de l'économie politique

Contemporaine de la révolution industrielle, la théorie classique se présente comme une nouvelle approche de l'économie politique. Certes de nombreux éléments de cette approche se rencontrent déjà chez des auteurs antérieurs (voir chapitre précédent). Pourtant les classiques innovent : en sélectionnant, approfondissant, et regroupant en un système cohérent des analyses souvent élaborées par d'autres, ils entreprennent la construction d'une véritable science de l'économie, dont l'objet réel est de rendre intelligible le monde nouveau.

2.1 L'analyse de la « richesse des nations »

Cette analyse, évoquée dans le titre même de l'ouvrage d'Adam Smith, constitue le point de départ de sa critique de ce que, le premier, il appelle « système mercantile ». Cette critique reprend largement celle des physiocrates, qui avaient déjà reproché (le plus souvent à tort) aux mercantilistes de confondre monnaie et richesse. Mais qu'est-ce que la richesse ?

Smith se sépare ici des physiocrates, dont il juge la conception trop restrictive (Texte 26.1) ; il considère que la richesse d'une nation est constituée de « toutes les choses nécessaires et commodes à la vie » que permet d'obtenir le travail annuel de cette nation. Ce qui l'amène à étendre la notion d'activité productive à toutes les activités concourant à la fabrication, au transport et à la commercialisation d'objets matériels, qu'il s'agisse de produits agricoles ou de produits manufacturés.

SMITH Le système physiocratique

TEXTE 26

1) Le jugement nuancé d'Adam Smith sur le système physiocratique

L'erreur capitale de ce système semble résider dans sa représentation de la classe des artisans, manufacturiers et marchands comme tout à fait stérile et improductive. [...] Ce système, cependant, avec toutes ses imperfections est, peut-être, l'approximation la plus proche de la vérité qui ait été publiée sur le sujet de l'économie politique, et il est pour cela bien digne de la considération de tout homme qui souhaite examiner avec attention les principes de cette importante science. Bien qu'en représentant le travail qui est employé à la terre comme le seul travail productif, les notions qu'il inculque soient peut-être trop étroites et limitées, il n'en reste pas moins qu'en représentant la richesse des nations comme consistant, non dans les richesses inconsommables de la monnaie, mais dans les biens consommables annuellement reproduits par le travail de la société, et en représentant la liberté parfaite comme le seul moyen efficace pour rendre cette reproduction annuelle aussi grande que possible, sa doctrine semble être à tout point de vue aussi juste qu'elle est généreuse et libérale.

Adam Smith, *Recherches sur la nature et les causes de la richesse des nations* (1776), livre IV , chapitre IX (extrait).

2) La « main invisible »

Chaque individu s'efforce continuellement de trouver l'emploi le plus avantageux pour tout capital dont il peut disposer. C'est son propre avantage, en vérité, et non celui de la société qu'il a en vue. Mais l'étude de son propre avantage l'amène naturellement, ou plutôt nécessairement à préférer l'emploi qui est le plus avantageux pour la société. [...]

Il recherche seulement son intérêt personnel, et il est en cela, comme dans bien d'autres cas, amené par une main invisible à atteindre une fin qui n'entrait nullement dans ses intentions. Et ce n'est pas toujours ce qu'il y a de plus mal pour la société, que cette fin ne fasse pas partie de ses intentions. En poursuivant son propre intérêt, il agit souvent plus efficacement pour l'intérêt de la société que lorsqu'il cherche réellement à agir en faveur de ce dernier. Je n'ai rien vu de bon de la part de ceux qui prétendent faire des affaires pour le bien public. C'est une prétention, il est vrai, peu courante chez les marchands, et il suffirait de très peu de mots pour les en dissuader.

➤➤➤

>>>

Quelle espèce d'industrie nationale son capital peut-il mettre en œuvre, et de laquelle le produit est-il susceptible d'avoir la plus grande valeur, chaque individu, c'est évident, peut, dans sa situation particulière, en juger bien mieux que n importe quel homme d'État ou législateur ne peut le faire à sa place. L'homme d'État qui essaierait de diriger les personnes privées en ce qui concerne la façon d'employer leurs capitaux, non seulement s'embarrasserait du soin le plus inutile, mais assumerait une autorité qu'il ne serait sage de confier, ni à une personne unique, ni même à un conseil ou un sénat quel qu'il soit, et qui ne serait jamais aussi dangereuse que dans les mains d'un homme ayant assez de folie et de présomption pour se croire capable de l'exercer.

Adam Smith, *ibid.*, livre IV, chapitre 11 (extrait).

L'analyse de Smith est, dès le début du XIXe siècle, critiquée par Jean-Baptiste Say, qui se proclame pourtant son disciple : Say reproche à son tour à Smith de s'être tenu à une définition trop restrictive en ne reconnaissant pas le caractère productif des activités appelées aujourd'hui les services. Ce faisant, il jette les bases d'une analyse qui sera reprise, dans la seconde moitié du XIXe siècle, par le courant néoclassique (on trouvera, dans le Texte 27, un échange entre Say et le physiocrate Dupont de Nemours sur la question du caractère productif des services ; dans sa réponse à Dupont de Nemours, Say n'hésite pas à se couvrir de l'autorité de Smith, ce qui en l'occurrence constitue un abus caractérisé).

Un débat sur le caractère productif des services

TEXTE 27

1) Lettre de Dupont de Nemours à Say (extrait)

Les filles de joie, quoiqu'elles donnent de l'usage et du débit à une marchandise qui n'est pas sans prix, mais qui était sans valeur avant qu'elles la missent dans le commerce, et quoiqu'elles la fassent beaucoup rechercher et bien payer, ne créent point de richesses, pas même quand elles distribuent ce que vous savez, quoique cette incommodité augmente encore plus la masse du travail et des besoins, l'activité de la circulation, le débouché de plusieurs richesses commerciales et l'emploi de l'industrie matérielle. Vous me direz si l'activité de ces citoyennes actives est comptée parmi les matérielles ou les immatérielles. La ligne est difficile à marquer. Il serait curieux que les dévergondées créassent des richesses, et que les honnêtes femmes, dont les faveurs sont cent fois plus précieuses et le nombre cent fois plus grand, n'eussent pas cet honneur ! Elles sont elles-mêmes des trésors, dont le prix est en raison inverse de la circulation.

>>>

➤➤➤

2) Réponse de Say à Dupont de Nemours (extrait)

Quant à ces demoiselles, dont la marchandise vous inspire quelque gaîté au milieu de nos tribulations, savez-vous qu'elles donnent lieu à une grande guerre entre nous ? Ce n'est pas pour leurs beaux yeux, sans doute, c'est pour la faculté productive ou non productive de leur travail ; c'est pour la question de la source des valeurs. Selon notre respectable Quesnay, et ses respectables disciples, la matière seule est une marchandise quand elle est vendable. Suivant Smith et son école, le travail est une marchandise aussi quand il est vendable : et suivant l'humble élève qui vous écrit, le travail du barbier est une marchandise vendable également quoiqu'il m'ait ôté ma barbe et ne m'ait laissé aucune matière à la place. Il m'a donné ses services, et moi je les ai consommés ; mais, quoique détruits, ils ont produit, puisqu'ils ont satisfait à l'un de mes besoins, de même que la pomme que vous avez mangée à votre dessert, qui est détruite aussi, mais qui était une richesse, puisqu'elle pouvait faire quelque bien.

Ah ! Que vous devriez convenir avec moi que nos biens sont tout ce qui satisfait à quelqu'un de nos besoins ; et que les services qu'on nous rend sont une marchandise que nous consommons, pour notre bien… et quelquefois pour notre mal. Mais ce n est pas la faute du service ; de même que l'indigestion que nous donne un fruit, ce n'est pas la faute du fruit.

Quand ces biens nous sont donnés par la nature, comme la santé, l'attachement de nos femmes, ce sont des richesses gratuites, les plus précieuses de toutes, comme la lumière du soleil : mais quand nous les demandons à des étrangers, à des gens qui ne nous doivent ni leur temps, ni leurs peines, il faut bien leur donner quelque chose en échange. C'est le cas des services rendus par nos domestiques.

Appliquez tout ce verbiage à ces demoiselles, et vous aurez l'explication d'une conséquence incontestable de la doctrine de Smith, quoique lui-même ne l'ait pas aperçue.

Physiocrates, tome I, p. 421-423, Guillaumin, 1846.

Adam Smith ne se contente pas de proposer une nouvelle définition de la richesse, il étudie les facteurs susceptibles d'augmenter celle-ci. Après avoir indiqué que le facteur essentiel était l'accroissement des pouvoirs productifs du travail humain, il explique, dans des pages restées célèbres, que cet accroissement est dû au progrès de la division du travail. Prenant l'exemple d'une manufacture d'épingles, Smith montre que la division du travail accroît la productivité de celui-ci par trois voies différentes : spécialisation des ouvriers dans une tâche donnée ; diminution des pertes de temps causées par le changement de tâche ; utilisation des machines.

2.2 La « main invisible »

Si la richesse des nations n'est pas fonction de l'importance de leur stock de métaux précieux, il est, comme l'avait déjà souligné Quesnay, inutile de chercher à accumuler de l'or et de l'argent par tous les moyens, en particulier des pratiques commerciales restrictives. De façon plus générale, les classiques sont des partisans déterminés du libéralisme économique. C'est à Adam Smith qu'on doit la célèbre métaphore de la « main invisible » selon laquelle les individus, mus exclusivement par leur intérêt personnel, se comportent sur un marché concurrentiel dans un sens conforme à la prospérité générale (Texte 26.2). Derrière cette métaphore, se trouve l'idée que la recherche du gain amène les entreprises à produire les marchandises que recherchent les consommateurs, et cela au meilleur prix, donc en utilisant les combinaisons techniques les plus efficaces. Mais ces bienfaits ne peuvent se réaliser pleinement que si l'économie est soumise à un régime de libre concurrence : ainsi les barrières limitant l'accès à certains marchés, en créant des rentes de situation au profit des entreprises qu'elles protègent, faussent le jeu de la « main invisible » et nuisent finalement aux intérêts du consommateur.

L'État, ne devant pas interférer avec le mécanisme autorégulateur du marché, a donc un rôle économique restreint. Toutefois, on doit noter qu'aux missions de défense et d'exercice de la justice définissant le fameux « État gendarme », Smith ajoute une troisième mission qui est d'« élever et d'entretenir ces ouvrages et établissements publics dont une grande société retire d'immenses avantages, mais qui sont néanmoins de nature à ne pouvoir être entrepris ou entretenus par un ou par quelques particuliers, attendu que pour ceux-ci, le profit ne saurait jamais en rembourser la dépense » (*Richesse des nations*, livre V chap. I). Cette analyse préfigure directement la théorie moderne des biens collectifs.

La théorie classique de la main invisible constitue, aujourd'hui encore, la base de la pensée économique libérale : elle contient en effet l'idée que l'articulation des intérêts individuels, soumis à la pression de la concurrence, assure de façon efficace la régulation des processus économiques à l'échelle sociale, les prix jouant le rôle de « signaux » orientant les décisions des producteurs dans un sens conforme aux besoins des consommateurs.

2.3 Une adhésion raisonnée, non exempte de doutes

On aurait bien tort toutefois de considérer les classiques comme des admirateurs béats du libéralisme. Contrairement à certains de leurs contemporains, ils ne sont nullement les « professeurs d'harmonie » (sobriquet fabriqué d'après le titre d'un ouvrage du Français Bastiat intitulé *Harmonies économiques*) dépeints par une historiographie colorée mais approximative.

Cette remarque a le caractère de l'évidence en ce qui concerne John Stuart Mill, qui est à la fois un disciple de Smith et de Ricardo sur le plan de la théorie économique, et un partisan du réformisme social, favorable à l'impôt sur l'héritage, aux coopératives et à l'association capital-travail. Quant à Smith et Ricardo, dont le libéralisme n'a rien d'édulcoré, ils n'en dépeignent pas moins en termes très nets l'économie de marché comme un système traversé par de profondes oppositions d'intérêts et des rapports de forces souvent très inégalitaires entre classes sociales. Ainsi Adam Smith décrit sans indulgence la façon dont les employeurs, usant à la fois de leur pouvoir économique et des facilités que leur accorde la loi, imposent leurs conditions aux salariés (Texte 28). On est loin du « monde merveilleux » dont une légende tenace s'obstine à voir la peinture dans la *Richesse des nations*.

SMITH **Adam Smith, le peintre d'un « monde merveilleux » ?** TEXTE 28

Le niveau commun des salaires dépend partout du contrat habituellement passé entre ces deux parties, dont l'intérêt n'est nullement le même. Les ouvriers veulent obtenir le plus possible, et les maîtres donner le moins possible. Les premiers sont disposés à se concerter pour élever les salaires, les seconds pour les abaisser.

Mais il n'est pas difficile de prévoir laquelle des deux parties doit, dans toutes les circonstances ordinaires, avoir l'avantage dans le débat, et forcer l'autre à accepter ses conditions. Les maîtres, étant moins nombreux, peuvent se concerter beaucoup plus facilement ; en outre la loi autorise, ou du moins n'interdit pas leurs ententes, alors qu'elle interdit celles des ouvriers. Nous n'avons aucun acte du Parlement contre les ententes pour abaisser le prix du travail, mais nous en avons beaucoup contre celles visant à l'élever. Dans tous ces conflits les maîtres peuvent tenir beaucoup plus longtemps. Un propriétaire foncier, un fermier, un maître manufacturier, un marchand, même s'ils n'employaient pas un seul ouvrier, pourraient généralement vivre une année ou deux grâce aux capitaux qu'ils ont acquis préalablement. Beaucoup d'ouvriers ne pourraient pas subsister une semaine, peu pourraient subsister un mois, et pratiquement aucun une année sans emploi. À long terme l'ouvrier peut être aussi nécessaire à son maître que son maître lui est nécessaire ; mais la nécessité n'est pas aussi immédiate.

Adam Smith, *op cit.*, livre I, chapitre VIII (extrait).

Pourquoi alors le libéralisme, si celui-ci est un système dans lequel une minorité de possédants peut imposer sa loi à la grande masse de ceux qui n'ont que leur travail pour vivre ? En quoi peuvent bien consister, pour ces derniers, les bienfaits de la « main invisible » ? Si Smith fournit un premier élément de réponse lorsqu'il affirme que les ouvriers ont plus à perdre qu'à gagner en se révoltant contre l'ordre en place, l'essentiel de sa position peut être résumé sous forme d'un syllogisme :

– la croissance économique est bénéfique aux salariés ;
– or le libéralisme est le système le plus apte à promouvoir la croissance ;
– les salariés ont donc intérêt au libéralisme.

Alors que la seconde proposition s'appuie sur la théorie de la « main invisible », la première proposition repose sur l'idée que, dans une économie en croissance, la hausse de la demande de travail émanant des entreprises tend à élever les salaires, et par suite le niveau de vie des salariés. Certes les choses sont moins simples qu'il n'y paraît car, nous le verrons, l'amélioration des conditions de vie est supposée à son tour élever l'offre de travail. Mais ce phénomène n'est pas immédiat et donc, si la croissance économique est suffisamment soutenue, l'augmentation de la demande de travail peut garder une « longueur d'avance » sur l'augmentation induite de l'offre.

On le voit, l'adhésion des classiques aux principes du libéralisme économique ne repose pas sur une vision idyllique de ce système, mais sur la conviction raisonnée que celui-ci, en dépit de sa dureté, est globalement bénéfique du fait de son efficacité. Encore cette conviction n'est-elle pas à l'abri de doutes.

Ainsi, dans la troisième et dernière édition de ses *Principes* (1821), Ricardo reconnaît s'être trompé lorsqu'il affirmait précédemment que le développement du machinisme ne pouvait apporter que des bienfaits à tous : « Telles étaient mes opinions, écrit-il, et elles restent inchangées en ce qui concerne le propriétaire foncier et le capitaliste. Mais je suis convaincu que la substitution des machines au travail humain est souvent très dommageable aux intérêts de la classe des travailleurs » (*op. cit.*, chap. XXXI). Ricardo montre en effet que, si le rythme de la croissance économique est insuffisant, cette substitution crée du chômage. D'où cette conclusion un peu inattendue de la part d'un auteur régulièrement dépeint comme le champion des intérêts de la bourgeoisie industrielle : « l'opinion entretenue par la classe ouvrière, selon laquelle l'emploi des machines est fréquemment préjudiciable à ses intérêts, n'est pas fondée sur le préjugé et l'erreur, mais est conforme aux principes corrects de l'économie politique » (*ibid.*).

2.4 La recherche des « lois naturelles » gouvernant le fonctionnement de l'économie

L'ambition des classiques ne se limite pas à proposer aux gouvernants des « recettes » différentes de celles que prônaient les mercantilistes. Elle est, plus fondamentalement, de construire une véritable science de l'économie, sur le modèle des sciences de la nature alors en plein développement (les *Principia* de Newton ont été écrits en 1687, les découvertes de Lavoisier datent des années

1770). Ces auteurs cherchent en effet à mettre à jour un certain nombre de relations générales, auxquelles ils attribuent le caractère de « lois naturelles ». La parenté avec les lois du monde physique est soulignée par la terminologie utilisée : ainsi Smith parle de la « gravitation » des prix de marché autour de leur niveau naturel.

Beaucoup plus que la conjoncture, c'est l'évolution à long terme de l'économie qui intéresse les classiques, et que leurs lois tentent de rendre intelligible. Typique à cet égard est l'attitude de Ricardo concernant les prix : reprenant la théorie smithienne de la gravitation des prix de marché autour des prix naturels, il conclut en indiquant que dans la suite de son étude il ne traitera que de ces derniers, négligeant ainsi volontairement les perturbations dues à des « causes temporaires ou accidentelles » qui peuvent écarter momentanément les prix de marché de leur niveau naturel (la distinction entre ces deux types de prix, et le mécanisme de la « gravitation » qui les unit, seront analysés au prochain chapitre).

Les « lois naturelles » des classiques sont en fait des propositions visant à expliquer le fonctionnement de l'économie de marché dans un contexte de libre concurrence. Si une telle économie apparaît naturelle à Smith, c'est parce que le marché est, selon lui, l'expression directe d'un trait caractéristique de la nature humaine : la propension à l'échange (Texte 29).

SMITH L'économie politique, une science naturelle TEXTE 29

Cette division du travail, dont proviennent tant d'avantages, n'est pas à l'origine l'effet d'une quelconque sagesse humaine, qui prévoirait et rechercherait l'opulence générale qui en résulte. Elle est la conséquence nécessaire, quoique très lente et graduelle, d'une certaine propension de la nature humaine qui n'a pas en vue une utilité aussi étendue : la propension à trafiquer, troquer, échanger une chose contre une autre.

Que cette propension soit l'un des principes originels de la nature humaine dont on ne peut pas rendre compte, ou bien, ce qui semble plus probable, qu'elle soit la conséquence des facultés de raison et de parole, il n'entre pas dans notre sujet de le déterminer. Elle est commune à tous les hommes, et ne se rencontre dans aucune autre espèce animale. [...]

Comme c'est par traité, par troc et par achat que nous obtenons les uns des autres la plus grande partie de ces mutuels bons offices dont nous avons besoin, c'est la même disposition à trafiquer qui, à l'origine, donne naissance à la division du travail. Dans une tribu de chasseurs ou de bergers, un individu particulier fabrique des arcs et des flèches, par exemple, avec plus de facilité et de dextérité que tout autre. Il les échange fréquemment à ses compagnons contre du bétail ou du gibier ; et il finit par trouver qu'il peut de cette manière obtenir plus de bétail et de gibier que s'il partait lui-même dans la nature pour les attraper. Conformément à

➤➤➤

>>>

son propre intérêt, par conséquent, la fabrication des arcs et des flèches devient sa principale activité, et il devient une sorte d'armurier. Un autre excelle à fabriquer les charpentes ou les toitures de leur petites huttes ou cabanes mobiles. Il a l'habitude de se rendre utile de cette façon à ses voisins, qui le rémunèrent pareillement avec du bétail et du gibier, jusqu'à ce qu'il s'aperçoive qu'il est de son intérêt de se consacrer entièrement à cette activité, et de devenir une sorte de charpentier. De la même manière, un troisième devient forgeron ou chaudronnier, un quatrième tanneur ou apprêteur de peaux ou cuirs, principal composant du costume des sauvages. Et ainsi la certitude de pouvoir échanger tout le surplus du produit de son propre travail par rapport à sa consommation personnelle, contre les parties du produit du travail des autres dont il peut avoir besoin, encourage chaque homme à se consacrer à une occupation particulière, et à cultiver et porter à la perfection tout talent ou génie qu'il peut posséder pour cette espèce particulière d'activité.

Adam Smith, *op. cit.*, livre 1, chapitre II (extrait).

À l'intérieur du courant classique, Stuart Mill cherche cependant à limiter le champ d'application de la notion de loi naturelle en établissant une distinction entre le domaine de la production et celui de la répartition. Selon lui, si le premier domaine est bien soumis à des lois naturelles, il n'en va pas de même du second : les règles qui régissent la répartition des richesses entre les individus sont le fruit de conventions sociales et, comme telles, peuvent être modifiées. La critique émanant, à la même époque, des membres de « l'école historique » allemande se veut beaucoup plus radicale. Les membres de cette école (Roscher, Knies, Hildebrand…) rejettent catégoriquement l'idée qu'il est possible de construire une science de l'économie sur le modèle des sciences de la nature. Ils considèrent que l'étude de l'économie ne peut que reposer sur l'étude des faits historiques, et non sur des modèles abstraits et prétendument universels comme ceux qu'élaborent les classiques (cette critique méthodologique s'accompagne d'une critique du libéralisme professé par les classiques).

Nous verrons au chapitre 7 que la critique de Marx, si elle aboutit aussi au rejet de la notion de loi naturelle en économie, a une tout autre signification que celle de l'école historique.

5 Les lois naturelles de la valeur et de la répartition

SOMMAIRE

L'analyse de la valeur, qui consiste à rechercher selon quels principes se déterminent les prix relatifs des marchandises sur un marché concurrentiel, joue un rôle fondamental dans l'économie classique. Elle constitue en effet un préalable à l'étude de la répartition des revenus, dont la dynamique conditionne étroitement, comme nous le verrons au chapitre suivant, l'évolution à long terme de l'ensemble de la société.

1 | La valeur des marchandises

1.1 Valeur d'usage et valeur d'échange

La distinction entre la valeur d'usage et la valeur d'échange d'une marchandise, c'est-à-dire entre son utilité et son pouvoir d'acheter d'autres marchandises, est posée par Smith dès le début de la *Richesse des nations* (indiquons dès maintenant que, lorsque par la suite nous utiliserons le terme « valeur » sans autre précision, ce terme renverra toujours à la valeur d'échange). Ici se trouve le point de départ d'une tentative de construire une théorie de la valeur ne s'appuyant pas sur la notion d'utilité. Cette tentative caractérise l'économie classique, mais aussi l'économie de Marx.

En distinguant valeur d'usage et valeur d'échange, les classiques prennent le contre-pied de certains de leurs contemporains qui, tels le philosophe français Condillac ou un peu plus tard Say, cherchent à expliquer la valeur d'échange par l'utilité des marchandises, et fondent ainsi ce qu'on appellera par la suite la théorie de la « valeur-utilité » (Texte 30.1).

Smith pense réfuter cette théorie à l'aide de son célèbre paradoxe de l'eau et du diamant, qui vise à montrer que la valeur d'échange d'une marchandise est sans rapport avec son utilité (Texte 30.2).

CONDILLAC SMITH — Deux points de vue sur la valeur et l'utilité

TEXTE 30

1) Étienne Bonnot de Condillac

Si la valeur des choses est fondée sur leur utilité, leur plus ou moins de valeur est donc fondée, l'utilité restant la même, sur leur rareté ou sur leur abondance, ou plutôt sur l'opinion que nous avons de leur rareté ou de leur abondance. Je dis l'utilité restant la même, parce qu'on sent assez qu'en les supposant également rares ou également abondantes, on leur juge plus ou moins de valeur, suivant qu'on les juge plus ou moins utiles.

Je dis donc que, même sur les bords d'un fleuve, l'eau a une valeur, mais la plus petite possible parce qu'elle y est infiniment surabondante par rapport à nos besoins. Dans un lieu aride, au contraire, elle a une grande valeur ; et on l'estime en raison de l'éloignement de la difficulté de s'en procurer. En pareil cas un voyageur altéré donnerait cent louis d'un verre d'eau, et ce verre d'eau vaudrait cent louis Car la valeur est moins dans la chose que dans l'estime que nous en faisons, et cette estime est relative à notre besoin : elle croît et diminue comme notre besoin croît et diminue lui-même.

Étienne Bonnot de Condillac, *Le Commerce et le Gouvernement considérés l'un relativement à l'autre !* (1776), première partie, chapitre I (extrait).

2) Adam Smith

Le mot valeur, on doit l'observer, a deux sens différents : parfois il exprime l'utilité d'un objet particulier, et parfois le pouvoir d'acheter d'autres biens que procure la possession de cet objet. L'un peut être appelé « valeur d'usage », l'autre « valeur d'échange ». Les choses qui ont la plus grande valeur d'usage n'ont fréquemment que peu ou pas de valeur d'échange ; et, au contraire, celles qui ont la plus grande valeur d'échange n'ont fréquemment que peu ou pas de valeur d'usage. Rien n'est plus utile que l'eau ; mais elle ne permet d'acheter presque rien ; presque rien ne peut être obtenu en échange d'elle. Un diamant, au contraire, n'a presque pas de valeur d'usage ; mais on peut fréquemment l'échanger contre une grande quantité d'autres marchandises.

Adam Smith, *Recherches sur la nature et les causes de la richesse des nations* (1776), livre I, chapitre IV (extrait)

1.2 Biens reproductibles et biens non reproductibles

Les partisans de la valeur-utilité soutiennent généralement que la valeur d'une marchandise dépend à la fois de son utilité et de sa rareté. À l'appui de cette thèse sont fournis divers exemples de marchandises très chères parce que très rares, comme celui du verre d'eau dans le désert pour lequel, nous raconte Condillac, un voyageur assoiffé serait prêt à payer une fortune.

Pour Ricardo, il convient de distinguer le cas des marchandises reproductibles de celui des marchandises non reproductibles (Texte 31). Si ces dernières voient leur valeur d'échange se déterminer conformément aux vues de Condillac, elles sont très minoritaires par rapport à celle que peut reproduire « presque sans limite » le travail humain. Pour cette seconde catégorie de marchandises, l'opinion de Ricardo rejoint celle de Smith : en dehors du fait qu'elles ne doivent pas être totalement dénuées de valeur d'usage, leur valeur d'échange est indépendante de leur valeur d'usage.

RICARDO Biens reproductibles et non reproductibles

TEXTE 31

L'utilité n'est pas la mesure de la valeur d'échange, bien qu'elle lui soit absolument essentielle. Si une marchandise n'était en aucune façon utile – en d'autre termes, si elle ne pouvait en aucune façon contribuer à notre satisfaction –, elle serait privée de valeur d'échange, quelle que soit sa rareté, ou quelle que soit la quantité de travail que pourrait nécessiter sa production.

Possédant de l'utilité, les marchandises tirent leur valeur d'échange de deux sources : de leur rareté, et de la quantité de travail nécessaire à leur production.

Il y a des marchandises dont la valeur est déterminée par la seule rareté. Aucun travail ne peut augmenter la quantité de tels biens, et donc leur valeur ne peut être abaissée par un surcroît d'offre. Appartiennent à cette catégorie certaines statues et certains tableaux précieux, des livres et des monnaies rares, des vins d'une qualité extraordinaire, qui ne peuvent être produits qu'à partir de vignes poussant sur un terroir particulier et très restreint. Leur valeur est totalement indépendante de la quantité de travail qu'a nécessité leur production, et varie au gré de la richesse et des goûts de ceux qui sont désireux de les posséder.

Ces marchandises, toutefois, forment une très petite partie de la masse des marchandises échangées chaque jour sur le marché. Dans leur grande majorité, les objets qui sont recherchés sont procurés par le travail ; et ils peuvent être multipliés, non pas dans un seul pays, mais dans beaucoup de pays, presque sans limite, si nous sommes disposés à leur consacrer le travail nécessaire à leur obtention.

Lorsque donc nous parlons de marchandises, de leur valeur d'échange et des lois qui règlent leurs prix relatifs, nous avons toujours en vue les seules marchandises dont la quantité peut être augmentée par l'activité des hommes, et sur la production desquelles la concurrence opère sans restriction.

David Ricardo, *Principes de l'économie politique et de l'impôt* (1817), chapitre I, 1re section.

L'explication du prix élevé du verre d'eau dans le désert est alors la suivante. Soit le verre d'eau est vendu par un individu en position de monopole qui se trouve à même de rançonner sa clientèle en voie de déshydratation rapide, et l'on est en présence d'une situation assimilable à un cas de bien non reproductible ; le prix est alors fonction du pouvoir d'achat et de l'intensité des désirs des consommateurs. Soit l'eau mise en vente fait l'objet d'un processus régulier de production et d'acheminement sur lequel peut jouer la concurrence, et le prix s'explique, non par l'intensité de la soif des voyageurs, mais par le coût de production et de transport de l'eau dans la région.

Ayant distingué les biens reproductibles des biens non reproductibles, Ricardo délimite le champ de la théorie classique de la valeur : cette théorie concerne exclusivement les marchandises reproductibles, dans un régime de libre concurrence.

1.3 Prix naturel et prix de marché

Même dans le cas de marchandises reproductibles, il peut sembler étrange de soutenir que les prix relatifs (ou rapports entre les prix) n'ont rien à voir avec les goûts des consommateurs : l'observation courante montre que des mouvements de la demande, résultant par exemple d'un changement de mode, agissent sur les prix relatifs. Le point de vue classique sur cette question repose sur la distinction, évoquée au chapitre 4, entre prix de marché et prix naturels.

Les prix de marché sont ceux que l'on observe réellement lors des transactions. Les prix naturels sont ceux que l'on observerait si, dans l'ensemble de l'économie, la rémunération unitaire du travail ou taux de salaire (salaire horaire par exemple) était uniforme pour chaque type de travail, et si la rémunération unitaire du capital ou taux de profit était également uniforme (les notions classiques de capital et de profit sont précisées dans le Repère 14).

REPÈRE • 14

Capital, profit et intérêt chez les classiques

Ricardo définit le capital comme étant « cette partie de la richesse d'un pays qui est employée dans la production, et consiste en nourriture, vêtements, outils matières premières, machines, etc., nécessaires pour donner effet au travail » (*op. cit.* chap. V). Les aliments et vêtements auxquels il est fait ici référence sont ceux qui servent à la subsistance des travailleurs, et qui sont considérés comme des moyens de production au même titre que les matières premières ou les combustibles qui alimentent les machines : sans consommation, la capacité de travail des salariés ne peut se perpétuer, et la production devient impossible.

►►►

>>>

Le capital au sens classique peut être rapproché des « avances » de la doctrine physiocratique (*cf.* chap. III) : sous son aspect monétaire, il représente en effet la somme globale qui doit être « avancée » en vue d'obtenir une projection ultérieure. Cette somme avancée permet de payer :
– les machines et autres moyens de production durables,
– les matières premières et autres moyens de production non durables,
– les salaires, lesquels permettent à leur tour d'acheter les biens de subsistance nécessaires à l'entretien de la capacité de travail.

Le premier de ces trois éléments, qui correspond aux avances primitives des physiocrates, est appelé capital fixe par les classiques, alors que les deux éléments suivants (l'équivalent des avances annuelles chez les physiocrates) constituent le capital circulant : la part du capital investie en machines est soumise à un renouvellement moins rapide que celle qui sert à payer les matières premières et les salaires.

Pour les classiques, la rémunération du capital avancé dans la production est le profit. La rentabilité du capital est mesurée à travers le taux de profit, c'est-à-dire le rapport du profit perçu par période (l'année en général) au capital avancé en début de période : lorsqu'un capital de 100 000 F avancé en début d'année rapporte pendant cette année un profit de 5 000 F, le taux de profit annuel est de 5 %.

Cependant tous les capitalistes ne sont pas des entrepreneurs, c'est-à-dire ne mettent pas en œuvre eux-mêmes les moyens productifs matériels et humains que leur capital permet d'acquérir : certains préfèrent prêter leur capital à d'autres individus qui se chargent de l'utiliser productivement. Le revenu qu'ils perçoivent, appelé intérêt, est analysé par les classiques comme un dérivé du profit (la différence entre profit et intérêt, pour les classiques, est une sorte de « prime de risque »).

Les prix de marché coïncident rarement avec les prix naturels : à un moment donné, certaines productions sont plus rentables que d'autres, et les salariés sont plus ou moins bien rémunérés (pour un même type de travail) selon le secteur d'activité. Mais une telle situation n'est pas stable : les écarts de profit et de salaire produisent une série d'ajustements qui tendent à ramener les prix de marché vers les prix naturels (Texte 32). Ce processus est appelé *gravitation*.

L'économie de marché est soumise à des perturbations incessantes : la demande se déplace sous l'effet de changements dans les goûts, mais aussi dans les revenus et le nombre des consommateurs ; et les mouvements de l'offre, qui ne se contentent pas de réagir aux déplacements de la demande mais tentent de

RICARDO La « gravitation »

TEXTE 32

Supposons que toutes les marchandises soient à leurs prix naturels, et qu'en conséquence les profits du capital soient exactement au même taux dans tous les emplois. [...] Supposons maintenant qu'un changement de mode augmente la demande de soieries et diminue celle de lainages ; leur prix naturel, la quantité de travail nécessaire à leur production, resterait sans changement, mais le prix de marché des soieries s'élèverait et celui des lainages baisserait ; et par conséquent les profits des fabricants de soieries seraient au-dessus du taux général de profit, tandis que ceux des fabricants de lainages seraient au-dessous. Non seulement les profits, mais aussi les salaires payés aux ouvriers dans ces activités seraient modifiés. L'augmentation de la demande de soieries serait, toutefois, bientôt satisfaite par le transfert de capital et de travail des manufactures de lainages vers celles de soieries ; alors les prix de marché des soieries et des lainages se rapprocheraient de nouveau de leurs prix naturels, et les profits ordinaires seraient obtenus par les fabricants de ces marchandises. C'est donc le désir qu'a chaque capitaliste de déplacer ses fonds d'un emploi moins profitable vers un emploi plus profitable qui empêche le prix de marché d'être de façon durable fortement au-dessus ou au-dessous du prix naturel.

David Ricardo, *op. cit.* (1817), chapitre IV.

Schéma du processus décrit par Ricardo

Ra < Rb

↓

Mouvement des capitaux de A vers B

↓

Δ Oa < 0
Δ Ob > 0

↓

Δ Pa > 0
Δ Pb < 0

↓

Δ Ra > 0
Δ Rb < 0

Légende :
Ra, Rb : rentabilité (taux de profit) des productions A et B. Oa, Ob : offre des marchandises A et B. Pa, Pb : prix de marché des marchandises A et B.

les anticiper, ont par nature un caractère non coordonné. Il en résulte que les prix de marché ne coïncident que rarement avec leur « position de repos » constituée par les prix naturels, mais « gravitent » en permanence autour de celle-ci.

1.4 La « valeur-travail » : une ou deux théories ?

Comment se déterminent les prix relatifs des marchandises ? Cette interrogation constitue le cœur de ce qu'on appelle habituellement une théorie de la valeur. Dans le cas des économistes classiques, les prix dont il est question sont bien entendu les prix *naturels* des marchandises *reproductibles*.

Pour Marx, on l'a vu, le principal trait commun aux économistes à qui il décerne le label « classique » est de chercher à expliquer la valeur d'échange des marchandises à partir du travail – explication usuellement désignée par l'expression « théorie de la valeur travail ». Mais en réalité ces auteurs sont loin d'avoir une position uniforme sur la question des déterminants de la valeur.

Selon une tradition bien établie, il existerait chez eux, non pas une, mais deux théories de la valeur-travail : une « théorie de la valeur-travail commandé » qui serait développée par Adam Smith, et une « théorie de la valeur-travail incorporé » due à Ricardo. Il semble bien cependant que cette tradition, à l'instar de beaucoup de traditions, repose sur une légende.

Commençons par préciser le sens des termes utilisés. Le travail « commandé » par une marchandise désigne la quantité de travail qu'on peut obtenir en échange de cette marchandise ; quant au travail « incorporé » dans la marchandise, il est celui que nécessite sa production. Ces deux quantités de travail ne sont généralement pas égales (Repère 15) .

REPÈRE•15

Travail commandé et travail incorporé

Le travail « commandé » par une marchandise représente la quantité de travail qu'on peut acheter avec cette marchandise. Ainsi par exemple, si le prix P d'une tonne de sucre est de 10 000 F, et si le taux de salaire horaire W est de 50 F, une tonne de sucre permet de «commander» :

$$P/W = 10\,000 / 50 = 200 \text{ h de travail}$$

c'est-à-dire que la recette tirée de la vente de la tonne de sucre permet d'embaucher pendant 200 heures un salarié payé au taux de 50 F par heure.

►►►

►►►

Le travail «commandé» par une marchandise n'est généralement pas égal au travail «incorporé» dans celle-ci. Pour faire apparaître cette inégalité de la façon la plus simple, envisageons le cas d'une marchandise dont le coût de production se limiterait au coût salarial. Soit L le temps de travail incorporé dans la marchandise considérée, c'est-à-dire la quantité totale du travail que nécessite sa production. Le taux de salaire étant noté W, le coût de production de cette marchandise s'écrit :

$$W.L$$

Appelons N le temps de travail commandé par cette même marchandise Son prix de vente étant noté P, on a vu que ce temps de travail pouvait être exprimé par le rapport (P / W). D'où il ressort que :

$$P = W.N$$

Si le temps de travail incorporé était égal au travail commandé, on pourrait écrire :

$$L = N \Rightarrow W.L = W.N \Rightarrow W.L = P$$

et par suite il serait impossible de dégager un profit de cette activité, le coût de production absorbant la totalité du prix auquel la marchandise est vendue. Dans ces conditions aucun détenteur de capital n'avancerait ses fonds dans une telle activité.

Par conséquent, dans une économie capitaliste, le temps de travail incorporé dans une marchandise est normalement inférieur au temps de travail que cette marchandise peut commander.

Supposons maintenant que Smith (ou qui que soit d'autre) ait construit une théorie de la valeur reposant sur le travail commandé. Que peut bien signifier une telle proposition ? Une théorie de la valeur ayant pour objet d'expliquer comment se détermine la valeur des marchandises, la supposée théorie de la valeur-travail commandé ne peut avoir d'autre contenu que d'expliquer la valeur des marchandises par le temps de travail qu'elles commandent, c'est-à-dire contre lequel elles peuvent s'échanger. Ce qui revient à dire ceci : si deux marchandises A et B ont la même valeur, c'est parce qu'elles commandent la même quantité de travail. Assurément, si deux marchandises ont même valeur, par définition elles peuvent s'échanger contre une même quantité d'une troisième, que celle-ci soit du travail, du blé ou des petits pois… Mais ce truisme ne nous explique nullement pourquoi elles ont même valeur. La « théorie de la valeur-travail commandé » se réduirait donc à une naïveté.

Mais à y regarder de plus près, nulle part on ne trouve dans la *Richesse des nations* quelque chose qui ressemble à une tentative d'*expliquer* la valeur des marchandises par le temps de travail qu'elles peuvent commander. Cette notion de travail commandé est avancée au livre I, chapitre v de l'ouvrage dans un but bien précis, qui est celui de la *mesure* de la valeur d'échange : Smith propose d'utiliser la marchandise-travail comme unité de compte car, représentant le « sacrifice de repos, de liberté et de bonheur » consenti par ceux qui produisent la richesse, elle lui semble socialement plus significative que toute autre marchandise. On n'est pas obligé de partager ce point de vue, mais tout cela est sans rapport avec la question de savoir comment se déterminent les rapports d'échange.

Sans le moindre soupçon d'inquiétude, on peut donc affirmer qu'il n'existe rien qui ressemble, chez Adam Smith, à une « théorie de la valeur-travail commandé », et, plus généralement, qu'une telle « théorie » n'a aucune chance de voir le jour (pas plus qu'une « théorie » de la valeur-or, ou blé, ou produit X commandé). Par contre il existe bien une théorie qui prétend expliquer la valeur d'échange des marchandises à partir du travail que nécessite leur production (travail incorporé), et cette théorie est la théorie de la valeur-travail. Très schématiquement, le contenu de celle-ci consiste à soutenir que si deux marchandises A et B ont la même valeur d'échange, c'est parce que leur production nécessite la même quantité de travail. Une telle proposition n'a rien d'un truisme : elle peut être réfutée, et est donc susceptible de constituer une théorie scientifique.

1.5 La théorie ricardienne de la valeur

La théorie de la valeur-travail est étroitement associée au nom de Ricardo qui, dès le début de ses *Principes* (titre du chapitre I, section 1) en affirme très clairement la validité : « la valeur d'une marchandise, ou là quantité de n'importe quelle autre marchandise contre laquelle elle s'échange, dépend de la quantité relative de travail qui est nécessaire à sa production, et non de la plus ou moins grande compensation qui est payée pour ce travail ». Cette thèse avait déjà été avancée par Smith, mais il en avait limité la validité à la « société primitive », caractérisée par lui comme précédant l'accumulation du capital et l'appropriation du sol.

Dans un second temps, Ricardo précise sa théorie en abordant deux problèmes importants : celui de l'hétérogénéité du travail et celui du travail « indirect ».

Il remarque tout d'abord que les travaux consacrés à la production des différentes marchandises ont des caractéristiques très variables, tant du point de vue de leur pénibilité que de la qualification qu'ils requièrent, ce qui nécessite une échelle permettant de les comparer. La solution qu'il propose est simple à défaut d'être convaincante, puisqu'il se borne à constater que, sur le marché, les produits de travaux de différents types n'ont pas la même valeur.

Par ailleurs la production d'une marchandise nécessite en général, non seulement de la main-d'œuvre, mais aussi des matières premières et des machines. Ces moyens de production ayant eux-mêmes été produits et se consommant lors de leur utilisation, Ricardo explique que la valeur de chaque marchandise dépend du total du travail direct et indirect que requiert sa production – ce dernier étant le travail incorporé dans les moyens de production consommés dans la fabrication de la marchandise (Repère 16).

REPÈRE • 16

La détermination de la valeur d'échange d'une marchandise par le temps de travail

Supposons que, pour produire une fournée de pain, un boulanger doive en moyenne :
– travailler quatre heures ;
– consommer des matières premières dont la production a elle-même nécessité au total six heures de travail (direct et indirect) ;
– utiliser un four dont la production a nécessité au total 2 000 heures de travail et qui est conçu pour pouvoir cuire, sur toute sa « durée de vie » 1 000 fournées de pain.

On dira, en suivant Ricardo, que la quantité totale de travail « incorporé » dans la fournée de pain s'élève à :

$$4 + 6 + (2\,000/1\,000) = 12 \text{ heures}$$

et se décompose en :
– 4 heures de travail direct (le travail du boulanger) ;
– 6 + (2 000/1 000) = 8 heures de travail indirect (le travail incorporé dans les consommations intermédiaires, plus la fraction du travail incorporé dans le four qui correspond à l'usure de celui-ci lors de la cuisson de a fournée de pain).

Supposons maintenant que le temps de travail incorporé dans la quantité d'or (étalon monétaire à l'époque de Ricardo) correspondant à une livre sterling soit de 3 heures. Les valeurs d'échange des marchandises étant supposées proportionnelles aux quantités de travail nécessaires à leur production, le prix relatif de la fournée de pain et de cette quantité d'or, c'est-à-dire le prix monétaire de la fournée de pain sera :

$$12/3 = 4 \text{ livres}$$

1.6 Ricardo contre Ricardo

Dans un troisième temps, Ricardo détruit lui-même en grande partie la théorie de la valeur qu'il vient d'élaborer… Il annonce en effet, dès le titre de la section IV, chapitre I de son ouvrage, que « le principe selon lequel la quantité de travail consacrée à la production des marchandises détermine leur valeur relative [est] considérablement modifié par l'utilisation de machines et autre capital fixe et durable ». Compte tenu de ce que Ricardo a écrit juste avant, cette affirmation est au premier abord des plus mystérieuses. Pour comprendre la signification de l'objection qu'il adresse ici à sa propre théorie, le mieux est sans doute de reprendre son propre exemple chiffré (présenté, sous une forme légèrement simplifiée, dans le Repère 17).

REPÈRE • 17

Un exemple numérique montrant la non-correspondance entre prix naturels et temps de travail incorporés dans la marchandises

Hypothèses

1) La production d'une machine (marchandise 1) nécessite le travail de 100 hommes pendant 1 an.
2) La production d'une certaine quantité de tissu (marchandise 2) nécessite également le travail de 100 hommes pendant un an, plus l'utilisation de la machine. Celle-ci est supposée inusable.
3) Le travail est supposé homogène. Il est rémunéré en début d'année, au taux de 50 livres sterling par an.
4) Le taux général de profit est de 10 %.
5) L'or est l'étalon monétaire (marchandise 0). Sa production nécessite exclusivement du travail direct.

Calcul des prix naturels de la machine et du tissu

Le prix naturel est la somme du coût de production (ici limité au coût salarial en l'absence de consommation intermédiaire et d'usure du capital fixe), et du profit naturel calculé en appliquant le taux général de profit à la valeur du capital avancé (fonds de salaire et, dans le cas du tissu, prix de la machine utilisée) :

	Machine		Tissu	
coût de production	(100).50 =	5 000	(100).50 =	5 000
capital avancé		5 000	5 000 + 5 500 =	10 500
profit naturel	(5 000). 10 % =	500	(10 500).10 % =	1 050
prix naturel	5 000 + 500 =	5 500	5 000 + 1 050 =	6 050

Effet d'une modification de la répartition sur les prix naturels

Sous l'effet d'une hausse de salaire, le taux de profit tombe à 9 %. Si W est le nouveau taux de salaire annuel, le nouveau prix de la machine s'écrit :

$$P_1 = 100.W + 0,09.(100.W) = 109.W$$

Le prix P_0 de la quantité d'or contenue dans une livre sterling, par définition égal à 1, reste inchangé. Si L_0 est la quantité de travail nécessaire à la production de cette quantité d'orle prix naturel de l'or s'écrit :

$$1 = P_0 = L_0.W + 0,09.(L_0.W) = 1,09.L_0.W$$

Donc le prix de la machine en termes d'or :

$$P_1 = P_1 / 1 = P_1 / P_0 = 109.W / 1,09.L_0.W = 100 / L_0$$

reste inchangé par rapport à la situation initiale ($P_1 = 5\,500$), car il est déterminé par le rapport des temps de travail incorporés dans les deux marchandises. Par suite le taux de salaire et le prix du tissu sont maintenant :

$$W = P_1 / 109 = 5\,500 / 109 \simeq 50,5$$

$$P_2 = 100.W + 0,09.(100.W + P_1) = 5\,995$$

(D'après D. Ricardo, *op. cit.*, chapitre I, section IV)

Cet exemple est conçu de telle façon que les quantités de travail incorporées dans les différentes marchandises sont égales : elles se résument à du travail direct, puisqu'il n'y a pas de consommation intermédiaire, et que la machine qui est utilisée est supposée inusable. Selon la théorie de la valeur-travail, les prix naturels devraient donc être égaux.

Or le calcul de ces prix montre qu'il n'en est rien. En effet, si les coûts de production sont identiques, les capitaux avancés, et donc les profits, n'ont pas la même valeur. Ce résultat est déjà très problématique, mais Ricardo va plus loin dans la réfutation de sa propre théorie en examinant les effets d'une modification du partage des revenus. Toujours selon la théorie de la valeur-travail, une telle modification devrait être sans effet sur la structure des prix (voir ci-dessus le titre du chapitre I, section I, des *Principes*). Pourtant l'exemple chiffré montre sans ambiguïté que les prix relatifs des marchandises sont affectés par une modification du partage salaire-profit. Ce phénomène, qui constitue une anomalie flagrante par rapport à la théorie de la valeur-travail, sera par la suite appelé effet-Ricardo.

1.7 Une étrange affaire

Il est peu courant de voir l'auteur d'une théorie expliquer, quelques pages après l'avoir présentée, pourquoi elle est fausse. C'est pourtant l'exercice auquel se livre Ricardo dans le premier chapitre de ses *Principes*. On pourrait, dans ces conditions, s'attendre à le voir abandonner la théorie ainsi mise en défaut. Mais il n'en est rien et, dans la suite de son ouvrage, Ricardo ignore purement et simplement les objections, pourtant graves, qu'il a lui-même adressées à son explication de la valeur par le travail incorporé.

En effet, si cette explication n'est pas exacte, elle constitue selon lui une approximation suffisamment bonne pour qu'on puisse, sans trop d'inconvénients, l'utiliser comme instrument d'analyse des problèmes essentiels de l'économie politique. Cette position n'est pas d'une grande solidité, et les adversaires de la théorie de la valeur-travail, comme Malthus, s'engouffrent sans tarder dans la brèche (Texte 33).

MALTHUS Le rejet de la valeur-travail — TEXTE 33

La proposition de M. Ricardo, qui établit qu'une hausse dans le prix du travail abaisse le prix d'une classe importante de marchandises, a sans doute un air paradoxal ; mais elle est néanmoins vraie et l'apparence de paradoxe disparaîtrait, si elle était établie p us naturellement et plus correctement. [...]

➤➤➤

➤➤➤

Il existe une classe importante de marchandises pour la production desquelles une grande quantité de capital fixe est utilisée et un long laps de temps s'écoule avant que les rentrées du capital, soit fixe soit circulant, se fassent. Pour de telles marchandises, la proportion entre le capital et la quantité de travail qu'il emploie annuellement est à des degrés divers très considérable ; et, dans tous les cas, il est naturel de supposer que la baisse du prix provenant d'une baisse des profits ferait à des degrés divers plus que compenser la hausse du prix qui serait naturellement entraînée par une hausse du prix du travail. Par conséquent, dans l'hypothèse d'une hausse dans le prix du travail et d'une baisse dans le taux des profits, toutes ces marchandises subiront évidemment à des degrés différents une baisse de prix. D'autre part, il existe une classe importante de marchandises où, par suite de l'absence de capital fixe et de la rapidité des rentrées du capital circulant, la proportion entre le capital et la quantité de travail qu'il emploie est très petite. [...] Si les prix des marchandises où la proportion de travail est très grande comparée au capital qui l'emploie ne s'élèvent pas avec un renchérissement dans le prix du travail, la production de telles marchandises doit être immédiatement abandonnée. Mais elle ne serait certainement pas abandonnée. Par conséquent, à la suite d'une hausse du prix monétaire du travail et d'une baisse des profits, il existera une classe importante de marchandises dont le prix s'élèvera. [...]

Que devient alors la doctrine selon laquelle la valeur échangeable des marchandises est proportionnée au travail qui a été employé à les produire ? Au lieu de conserver la même valeur, quoique la même quantité de travail soit employée pour les produire, il apparaît que, du fait de causes bien connues d'action constante et universelle, les prix de toutes les marchandises, à très peu d'exceptions, varient avec les variations dans le taux et la quantité des profits. Il existe d'autres causes opérantes en pratique qui empêchent la valeur échangeable des marchandises d'être proportionnée à la quantité de travail qui a été employée à les produire. Mais puisque celles auxquelles il a déjà été fait plus particulièrement référence sont si puissantes et si complètement décisives quant à la question, il n'est pas nécessaire d'en évoquer précisément d'autres. En fait il n'est presque pas possible de prendre deux marchandises de différentes sortes dont on trouvera qu'elles s'échangent l'une contre l'autre proportionnellement à la quantité de travail utilisée pour chacune d'elles.

Thomas R. Malthus, *Principes d'économie politique* (2e édition, 1838), chapitre II, section IV.

Il reste à se demander, en conclusion de cette étrange affaire, pourquoi Ricardo s'en tient sur la question de la valeur à un compromis boiteux. À la différence de Marx (chez qui la valeur-travail est le socle indispensable sur lequel s'élève la théorie de l'exploitation capitaliste), on ne voit chez lui aucun mobile d'ordre idéologique susceptible de l'amener à soutenir une théorie dont il perçoit les faiblesses.

Probablement l'attitude de Ricardo s'explique-t-elle par un motif de commodité. Son projet central est l'étude de la répartition du revenu national et, pour mener à bien cette étude, il a besoin d'une théorie lui permettant d'évaluer ce qui est à répartir, c'est-à-dire la production dont le revenu est la contrepartie. Or la théorie de la valeur-travail est de ce point de vue particulièrement commode, car elle permet de séparer la question de l'évaluation de la production de celle de sa répartition : avec une telle théorie on peut, dans un premier temps, évaluer sur la base du travail incorporé ce qui est à répartir, puis dans un deuxième temps étudier comment se fait la répartition de ce qui a été préalablement évalué.

Mais cette démarche suppose que l'on néglige l'effet-Ricardo, qui rend les prix des marchandises dépendants de la façon dont s'effectue la répartition. Donner de l'importance à cet effet a pour conséquence, non seulement de pousser au rejet de la théorie de la valeur-travail (*cf.* Malthus, Texte 33), mais aussi de compliquer sérieusement l'analyse de la répartition des revenus : l'image courante du « partage du gâteau » est largement trompeuse, puisque l'effet-Ricardo montre qu'en l'occurrence la taille du gâteau dépend de la façon dont on le découpe !

2 | La répartition des revenus

2.1 Répartition primaire et répartition secondaire

Les classiques distinguent dans le processus de répartition des revenus deux stades que l'on appelle aujourd'hui répartition primaire et répartition secondaire.

La répartition primaire concerne les revenus directement issus de la production, et versés soit aux producteurs eux-mêmes, soit aux propriétaires des moyens de production. Il existe, pour les classiques, trois grands types de revenus primaires : les salaires rémunérant les travailleurs productifs, les profits rémunérant les détenteurs de capitaux, et les rentes foncières rémunérant les propriétaires du sol. La somme de ces trois revenus primaires constitue le revenu national qui est, par définition, égal à la valeur de la production nationale (abstraction faite des flux de revenus entre l'économie nationale et le reste du monde).

La répartition secondaire correspond à la redistribution d'une partie des revenus primaires au sein de la société. Elle concerne notamment les impôts, les salaires et autres revenus des travailleurs improductifs, les intérêts versés aux créanciers.

Cette classification des revenus appelle deux remarques immédiates. Tout d'abord, la distinction entre travailleurs « productifs » et « improductifs » dépend étroitement de la définition qui a été retenue pour la production. Pour les classiques, nous l'avons vu, celle-ci se limite à la fabrication, au transport et à la commercialisation d'objets matériels. Les revenus de ceux qui travaillent dans ces activités sont donc des revenus primaires, alors que les revenus des autres travailleurs (secteur des services, à l'exception du commerce et du transport de marchandises), sont des revenus de transfert. Une définition plus large – comme celle de Say, qui inclut les services dans les activités productives – amènerait à classer parmi les revenus primaires une partie des revenus que les classiques considèrent comme des revenus de transfert.

On pourrait d'autre part s'étonner de ne pas voir apparaître, dans la classification ci-dessus, le revenu de l'entrepreneur, personnage qui connaîtra par la suite un grand succès chez les économistes libéraux. En fait, pour Smith et pour Ricardo, celui-ci est soit le capitaliste lui-même, soit son « commis » salarié, et dans les deux cas ne nécessite pas une analyse spécifique. Là encore, Say se démarque des classiques, en faisant de la fonction d'entrepreneur une fonction nettement distincte de celle du capitaliste : l'entrepreneur, pour Say, est celui qui combine les « services productifs » du travail, du capital et, éventuellement, de la terre en vue d'obtenir des produits, et cette fonction ne doit pas, à ses yeux, être confondue avec celle du capitaliste qui est de fournir les « services productifs » de son capital. Ce faisant, Say préfigure directement l'analyse néoclassique de la production et de la répartition.

Bien que les classiques consacrent des développements non négligeables à la répartition secondaire des revenus (en particulier à la question de l'impôt), c'est essentiellement l'analyse de la répartition primaire qui nous retiendra ici.

2.2 Revenus du travail et revenus de la propriété

Les trois types de revenus primaires distingués par les classiques peuvent être regroupés en deux grandes catégories : d'un côté les revenus du travail (salaires), de l'autre les revenus de la propriété (profits et rentes).

Pour Adam Smith, « le travail annuel de chaque nation est le fonds qui lui fournit originellement toutes les choses nécessaires et les commodités de l'existence qu'elle consomme annuellement, et qui consistent toujours, soit en le produit immédiat de ce travail, soit en ce qui est acheté aux autres nations grâce à ce produit ». De cette affirmation qui constitue la toute première phrase de la *Richesse des nations*, Smith déduit que les revenus de la propriété constituent des « déductions » sur le produit du travail (Texte 34). Il n'en conclut nullement que ces revenus sont illégitimes, mais on voit aisément comment une telle approche de la formation des revenus pourra, chez Marx, être mise au service d'une critique de l'ordre en place.

Tout autre est le point de vue de Say (Texte 35), promoteur d'une conception beaucoup plus inoffensive de la formation des revenus, dont le succès s'affirmera à la fin du XIXe siècle avec l'avènement de la théorie néoclassique.

SMITH Production et répartition

TEXTE 34

Le produit du travail constitue la récompense naturelle ou le salaire naturel du travail.

Dans cet état de choses originel qui précède à la fois l'appropriation de la terre et l'accumulation du capital, tout le produit du travail appartient au travailleur. Il n'a pas à le partager avec un propriétaire foncier ou un maître.

Mais cet état de choses originel, dans lequel le travailleur bénéficiait de l'intégralité du produit de son travail, ne pouvait pas durer au-delà de l'introduction de l'appropriation de la terre et de l'accumulation du capital. [...]

Dès que la terre devient propriété privée, le propriétaire foncier réclame une part de presque tout ce que le travailleur peut y faire croître ou recueillir. La rente constitue la première déduction sur le produit du travail qui est appliqué à la terre.

Il arrive rarement que la personne qui cultive la terre ait de quoi subsister jusqu'à ce qu'elle recueille la moisson. Sa subsistance lui est généralement avancée à partir du capital d'un maître, le fermier qui l'emploie, et qui n'aurait aucun intérêt à l'employer, s'il ne pouvait partager le produit de son travail, ou si son capital ne lui revenait pas avec un profit. Ce profit constitue une seconde déduction sur le produit du travail qui est appliqué à la terre.

Le produit de presque tout autre travail est soumis à la même déduction du profit. Dans toutes les industries la plupart des ouvriers ont besoin qu'un maître leur avance la matière de leur travail, ainsi que leurs salaires et leur subsistance jusqu'à ce que leur ouvrage soit achevé. Ce maître prend une part du produit de leur travail, ou de la valeur qu'il ajoute aux matériaux auxquels il s applique ; et dans cette part consiste son profit.

Adam Smith, *op. cit.*, livre I, chapitre VIII (extrait).

SAY Production et répartition (suite)

TEXTE 35

1) Discours préliminaire (extrait)

Après avoir montré, autant qu'on peut le faire dans une esquisse aussi rapide, les progrès que l'économie politique doit à Adam Smith, il ne sera peut-être pas inutile d'indiquer aussi sommairement quelques-uns des points sur lesquels il a erré, et de ceux qu'il a laissés à éclaircir.

Il attribue au seul travail de l'homme le pouvoir de créer des valeurs. C'est une erreur. Une analyse plus exacte prouve, ainsi qu'on le verra dans le cours de cet ouvrage, que ces valeurs sont dues à l'action du travail ou plutôt de l'industrie de l'homme, combinée avec l'action des agents que lui fournit la nature, et avec celle des capitaux. Smith ne se faisait donc pas une idée complète du phénomène de la production. [...]

Smith a borné le domaine de cette science en réservant exclusivement le nom de richesses aux valeurs fixées dans des substances matérielles. Il devait y comprendre des valeurs qui, bien qu'immatérielles, n'en sont pas moins réelles comme le sont tous les talents naturels ou acquis.

➤➤➤

➤➤➤

Il n'offre rien de complet, rien de bien lié sur la manière dont les richesses se distribuent dans la société.

2) Livre II, chapitre I (extrait)

On voit qu'il faut faire deux classes des choses qui sont à l'usage de l'homme, à savoir : 1) les richesses naturelles, qui nous sont données gratuitement et sans mesure par la nature ; 2) les produits, qui sont le résultat de nos fonds productifs.

Les premières, nous en jouissons, sans être obligés de les acquérir. Les secondes, nous les acquérons au prix des services productifs, rendus par notre industrie, nos capitaux, nos terres. Ainsi la production peut être considérée comme un échange dans lequel nous donnons le service productif de nos fonds, et dans lequel nous recevons les produits qui en résultent.

Nous pouvons même échanger le service productif de notre industrie, de nos capitaux et de nos terres, contre d'autres produits que ceux qui résulteront de ce service Quand on loue sa terre, qu'on place ses capitaux, ou quand on reçoit un salaire pour son travail, on vend le service rendu pendant un certain temps par ces divers agents de la production, et l'on renonce aux droits qu'on avait à leurs produits. Leurs produits appartiennent alors à l'entrepreneur qui a acquis leurs services productifs.

Le vrai revenu des producteurs est donc, en remontant à sa première source, le service productif que leurs fonds (c'est-à-dire leur industrie, leurs capitaux ou leurs terres) sont capables de rendre. C'est la valeur de ce service productif qu'ils échangent à volonté, soit contre le produit auquel ce service coopère, soit contre tout autre produit étranger.

Jean-Baptiste Say, *Traité d'économie politique*, 3e édition (1817).

Pour cet auteur, la production des richesses résulte de la combinaison des « services » rendus par trois « fonds productifs » (appelés aujourd'hui facteurs de production), qui sont le travail (ou « industrie »), les capitaux et les terres. Ceux qui fournissent ces « services productifs » sont, au même titre les uns que les autres, des producteurs. Les revenus du capital et de la terre ne sont donc plus considérés comme des prélèvements sur le produit du travail, mais comme la contrepartie du service productif rendu par les capitalistes et les propriétaires fonciers.

La volonté de Say d'établir une totale symétrie entre les trois types de revenus le pousse à assimiler purement et simplement propriété et production (en d'autres endroits, il assimile échange et production). Sans doute la clarté de l'analyse ne gagne-t-elle guère à ce genre d'assimilations, mais l'objectif poursuivi est, lui, tout à fait clair : il s'agit de montrer que la répartition des revenus dans la société capitaliste est parfaitement légitime, chacun recevant la juste contrepartie de son apport à l'activité de production.

2.3 Salaires et profits

En faisant pour le moment abstraction du problème de la rente foncière, on peut dire que le profit correspond à ce qui reste de la valeur créée par l'activité productive une fois les salaires payés (nous verrons par la suite que cette assertion n'est pas fondamentalement remise en cause par la prise en compte de la rente).

En ce sens, il n'y a pas véritablement de théorie classique du profit, qui est traité comme un solde : l'analyse des profits n'est que la résultante de celle de la valeur des marchandises et de celle des salaires. Faisant l'hypothèse (dont il a pourtant souligné le caractère approximatif) que la valeur des marchandises est déterminée par le travail nécessaire à leur production, Ricardo marque nettement cette relation de dépendance en affirmant que « tout ce qui augmente les salaires diminue nécessairement les profits », et que « rien ne peut affecter les profits, en dehors d'une hausse des salaires » (*op. cit.*, chap. 6).

L'analyse classique du salaire part de l'idée que le travail est une marchandise ayant, comme toute autre marchandise un prix naturel et un prix de marché (Texte 36). Le premier est appelé « salaire naturel » ou « valeur du travail », le

RICARDO Salaire naturel et salaire de marché TEXTE 36

Le travail, comme toutes les choses qui sont achetées et vendues, et dont on peut augmenter ou diminuer la quantité, a son prix naturel et son prix de marché. Le prix naturel du travail est ce prix qui est nécessaire pour permettre aux travailleurs, en général, de subsister et de perpétuer leur race, sans augmentation ni diminution. […] Le prix naturel du travail, par conséquent, dépend du prix de la nourriture, des biens nécessaires et utiles que requiert l'entretien du travailleur et de sa famille. En cas de hausse du prix de la nourriture et des biens de subsistance, le prix naturel du travail s'élèvera ; en cas de baisse de ce prix, le prix naturel du travail baissera […].

Le prix de marché du travail est le prix auquel il est réellement payé, sous l'effet naturel du rapport entre l'offre et la demande ; le travail est cher quand il est rare, et bon marché quand il est abondant. Quelle que soit l'ampleur de l'écart entre le prix de marché du travail et son prix naturel, il a, comme les marchandises, une tendance à s'y conformer.

C'est lorsque le prix de marché du travail excède son prix naturel que la condition du travailleur est florissante et heureuse, qu'il a le pouvoir de commander une plus grande proportion des choses nécessaires et agréables à la vie, et par conséquent d'élever une famille nombreuse et en bonne santé.

Cependant, quand, sous l'effet de l'encouragement que des salaires élevés donnent à l'augmentation de la population, le nombre des travailleurs augmente, les salaires retombent à leur prix naturel, et même par réaction tombent souvent au-dessous.

➤➤➤

>>>

Quand le prix de marché du travail est au-dessous de son prix naturel, la condition des travailleurs est tout à fait misérable : dans ce cas la pauvreté les prive de ces éléments de confort que l'habitude rend absolument nécessaires. C'est seulement après que les privations aient réduit leur nombre, ou que la demande de travail ait augmenté, que le prix de marché du travail s'élèvera vers son prix naturel, et que le travailleur jouira du confort modeste que le taux naturel des salaires lui offre [...].

Il ne faut pas croire que le prix naturel du travail, même estimé en termes de nourriture et biens de subsistance, soit absolument fixe et constant. Il varie à différentes époques dans le même pays, et diffère de façon très substantielle d'un pays à l'autre. Il dépend essentiellement des mœurs et coutumes de la population. Un ouvrier anglais considérerait que son salaire est au-dessous de son niveau naturel, et trop maigre pour entretenir sa famille, s il ne lui permettait d'acheter d'autre nourriture que des pommes de terre, et de n'habiter rien de mieux qu'une cabane ; pourtant ces consommations limitées sont souvent considérées comme suffisantes dans les pays où « la vie est bon marché » et où les besoins humains sont facilement satisfaits. Bien des commodités dont on jouit maintenant dans une ferme anglaise auraient été considérées comme un luxe à une époque antérieure de notre histoire.

David Ricardo, *op. cit.*, chapitre V (extrait).

second « salaire de marché ». Bien entendu, il existe autant de niveaux de salaire que de catégories de travail, mais les classiques raisonnent le plus souvent sous l'hypothèse simplificatrice d'un travail homogène.

Le salaire naturel est le salaire de subsistance, c'est-à-dire la somme permettant, à chaque période, l'achat d'un « panier » de biens de consommation (aliments, etc.) nécessaires à l'entretien de l'ouvrier et de sa famille. Il dépend donc à la fois de la nature, de la quantité et du prix de chaque bien entrant dans la composition du panier. Or celui-ci ne représente pas un minimum physiologique car il dépend, nous dit Ricardo, « des mœurs et coutumes de la population ». Il varie donc d'un pays à l'autre et évolue dans le temps, mais les classiques omettent de nous expliquer comment... ce qui fait du salaire naturel une notion largement indéterminée.

Supposons néanmoins qu'à une époque et en un lieu donnés, le salaire naturel soit parfaitement déterminé. Comment s'effectuera la « gravitation » du salaire de marché autour de son niveau naturel ?

2.4 Démographie et répartition

Ce sont, répondent les classiques, les travailleurs eux-mêmes qui « produisent » la marchandise-travail, non seulement en offrant sur le marché leur propre capacité de travail, mais aussi en élevant une descendance qui prendra la relève de la génération en activité (relève précoce au XIXe siècle, où le travail des jeunes enfants était pratique courante) ; et le volume de cette « production » est censé varier en fonction de l'écart entre le salaire de marché et le salaire naturel.

Lorsque le salaire de marché tombe au-dessous de son niveau naturel, l'offre de travail diminue parce que les travailleurs n'ont plus les moyens d'assurer leur subsistance et celle de leur famille, ce qui entraîne surmortalité et émigration. Dans le cas inverse, l'amélioration des conditions d'existence qui en résulte diminue la mortalité (en particulier infantile), ce qui accroît au bout d'un certain temps la quantité de main-d'œuvre offerte sur le marché.

Cette analyse, déjà formulée par Smith et plusieurs de ses contemporains, est renouvelée par la publication, en 1798, de l'*Essai sur le principe de population* de Malthus (Texte 37).

MALTHUS Le « principe de population » TEXTE 37

Essayons de déterminer clairement, d'une part quel serait l'accroissement naturel de la population si elle était abandonnée à elle-même sans aucune gêne, et d'autre part quelle pourrait être l'augmentation des produits de la terre dans les circonstances les plus favorables à la reproduction. [...]

Selon la table d'Euler, si l'on se base sur une mortalité de 1 sur 36 et si naissances et morts sont dans le rapport de 3 à 1, le chiffre de population doublera en 12 années et 4/5. Ce n'est point là une simple supposition ; c'est une réalité qui s'est produite plusieurs fois, à de courts intervalles.

Cependant, pour ne pas être taxé d'exagération, nous nous baserons sur l'accroissement le moins rapide, qui est garanti par la concordance de tous les témoignages. Nous pouvons être certains que lorsque la population n'est arrêtée par aucun obstacle, elle double tous les vingt-cinq ans, et croît ainsi de période en période selon une progression géométrique.

Il est moins facile de mesurer l'accroissement des produits de la terre. Cependant, nous sommes sûrs que cet accroissement se fait à un rythme tout à fait différent de celui qui gouverne l'accroissement de la population. Ainsi, mille millions d'hommes doubleront en vingt ans en vertu du seul principe de population, tout comme mille hommes. Mais on n'obtiendra pas avec la même facilité la nourriture nécessaire pour faire face au doublement de mille millions d'hommes ! Une place limitée est accordée à l'être humain. Lorsque tous les arpents ont été ajoutés les uns aux autres jusqu'à ce que toute la terre fertile soit utilisée, l'accroissement de nourriture ne dépendra plus que de l'amélioration des terres déjà mises en valeur. Or cette amélioration ne peut faire des progrès toujours croissants, bien au contraire. À l'opposé, partout où elle trouve de quoi subsister, la population ne connaît pas de limites, et ses accroissements sont eux-mêmes les causes de nouveaux accroissements ! [...]

►►►

➤➤➤

Examinons dans quelle mesure la production de notre île (l'Angleterre) pourrait être accrue, dans des circonstances idéales. Supposons que grâce à une excellente administration, sachant donner de puissants encouragements aux cultivateurs, la production des terres double dans les vingt-cinq premières années (il est d'ailleurs probable que cette supposition excède la vraisemblance !). Dans les vingt-cinq années suivantes, il est impossible d'espérer que la production puisse continuer à s'accroître au même rythme, et qu'au bout de cette seconde période la production de départ aura quadruplé : ce serait heurter toutes les notions acquises sur la fécondité du sol. L'amélioration des terres stériles ne peut résulter que du travail et du temps ; à mesure que la culture s'étend, les accroissements annuels diminuent régulièrement.

Comparons maintenant l'accroissement de la population à celui de la nourriture. Supposons d'abord (ce qui est inexact) que le coefficient d'accroissement annuel ne diminue pas, mais reste constant. Que se passe-t-il ? Chaque période de vingt-cinq ans ajoute à la production annuelle de la Grande-Bretagne une quantité égale à sa production actuelle. Appliquons cette supposition à toute la terre : ainsi, à la fin de chaque période de vingt-cinq ans, une quantité de nourriture égale à celle que fournit actuellement à l'homme la surface du globe viendra s'ajouter à celle qu'elle fournissait au commencement de chaque période.

Nous sommes donc en état d'affirmer, en partant de l'état actuel de la terre habitable, que les moyens de subsistance, dans les circonstances les plus favorables à la production, ne peuvent jamais augmenter à un rythme plus rapide que celui qui résulte d'une progression arithmétique.

Comparons ces deux lois d'accroissement : le résultat est frappant. Comptons pour onze millions la population de la Grande-Bretagne, et supposons que le produit actuel de son sol suffit pour la maintenir. Au bout de vingt-cinq ans, la population sera de vingt-deux millions ; et la nourriture ayant également doublé, elle suffira encore à l'entretenir. Après une seconde période de vingt-cinq ans, la population sera portée à quarante-quatre millions ; mais les moyens de subsistance ne pourront plus nourrir que trente-trois millions d'habitants. Dans la période suivante, la population – arrivée à quatre-vingt-huit millions – ne trouvera des moyens de subsistance que pour la moitié de ce nombre. À la fin du premier siècle, la population sera de cent soixante-seize millions, tandis que les moyens de subsistance ne pourront suffire qu'à cinquante-cinq millions seulement. Cent vingt et un millions d'hommes seront ainsi condamnés à mourir de faim !

Considérons maintenant la surface de la terre, en posant comme condition qu'il ne sera plus possible d'avoir recours à l'émigration pour éviter la famine. Comptons pour mille millions le nombre des habitants actuels de la Terre. La race humaine croîtra selon la progression 1, 2, 4, 8, 16, 32, 64, 128, 256, tandis que les moyens de subsistance croîtront selon la progression 1, 2, 3, 4, 5, 6, 7, 8, 9. Au bout de deux siècles, population et moyens de subsistance seront dans le rapport de 256 à 9 ; au bout de trois siècles, 4096 à 13 ; après deux mille ans, la différence sera immense et incalculable.

➤➤➤

>>>
Le rythme d'accroissement de population, de période en période l'emporte donc tellement sur celui de l'augmentation des subsistances, que pour maintenir le niveau et pour que la population existante trouve toujours des aliments en quantité suffisante, il faut qu'à chaque instant une loi supérieure fasse obstacle à cette extension. Il faut que la dure nécessité la soumette à son empire, et que celui de ces deux principes opposés dont l'action est tellement prépondérante soit contenu dans d'étroites limites.

Thomas R. Malthus, *Essai sur le principe de population*, (2e édition 1803), livre I, chapitre I (extrait).

L'idée de base de cet ouvrage, selon laquelle l'accroissement naturel de l'espèce humaine, comme celui des autres espèces animales, est freiné par le volume des subsistances disponibles, n'est pas neuve. Mais Malthus lui donne un relief particulier, en la formulant comme une opposition entre deux lois d'accroissement (progression géométrique contre progression arithmétique) et en insistant sur le caractère dramatique de ses conséquences (famine inéluctable si la natalité n'est pas freinée). Alors que la progression géométrique de la population traduit simplement l'hypothèse de comportements démographiques constants, la progression arithmétique des subsistances est chez Malthus une conséquence de la loi des rendements décroissants énoncée par Turgot (*supra*, chapitre 3) : le produit de la terre tend à augmenter moins vite que le nombre des bras pour la cultiver, car la superficie des terres cultivables et leurs pouvoirs productifs sont bornés.

Opposé à toute pratique contraceptive, le pasteur Malthus préconise le mariage tardif et l'abstinence des célibataires. Ces vertueuses recommandations sont adressées essentiellement aux pauvres, qui selon Malthus procréent trop et sont de ce fait les artisans de leur propre malheur. C'est pourquoi, afin de les inciter à avoir moins d'enfants, il propose d'abolir au plus vite l'assistance que leur procurent, en Angleterre, les « lois sur les pauvres ».

Tout cela achève de donner à son propos une coloration que d'aucuns jugent franchement réactionnaire, et est à l'origine de solides allergies. Quels que soient les sentiments qu'inspire l'idéologie de Malthus, la question de la pertinence de son « principe de population » en tant que modèle explicatif de l'évolution démographique mérite d'être posée. Nous y reviendrons lorsque nous examinerons l'analyse classique de la croissance. Dans l'immédiat, il nous suffit de noter que ce principe est en parfaite cohérence avec la doctrine classique du salaire naturel. Cette cohérence est soulignée par Ricardo qui, sur ce point, approuve pleinement Malthus.

2.5 La rente foncière

La rente foncière est pour Smith le résultat d'un prélèvement effectué par les propriétaires fonciers sur le produit du travail appliqué à la terre, et ce prélèvement a le caractère d'un « prix de monopole », les propriétaires fonciers exerçant collectivement un monopole sur un bien non reproductible, la terre. Cependant les opinions de cet auteur sur la rente apparaissent assez contradictoires, et c'est surtout à Malthus et à Ricardo qu'est due la théorie classique de la rente foncière (nous nous limitons ci-dessous à la théorie de la rente dite « extensive », dont l'existence repose sur la décroissance des suppléments de récolte issus de la mise en culture de nouvelles terres. Une autre rente, dite « intensive », est liée à la décroissance des suppléments de récolte issus de l'intensification de la production sur une même terre, conformément à la loi des rendements décroissants de Turgot).

Pour illustrer cette doctrine, nous utiliserons un exemple numérique extrêmement simplifié (Repère 18). L'hypothèse concernant l'étalon monétaire (l'or) a pour objet d'éviter les complications rencontrées dans l'examen de la théorie de la valeur : celui-ci étant produit dans les mêmes conditions que le blé (travail direct uniquement), le prix monétaire du blé est exactement égal au rapport des dépenses de travail nécessaires à la production du blé et de l'or.

REPÈRE • 18

La rente foncière différentielle : un exemple numérique simple

Hypothèses

1) L'agriculture fournit un produit unique, le blé. Celui-ci est produit exclusivement à partir de travail direct (homogène).

2) Au cours de l'année considérée, on cultive 3 types de terres (A, B, C). La dépense de travai par tome de blé produite est :

La = 6 hommes-années sur les terres A
Lb = 7 hommes-années sur les terres B
Lc = 8 hommes-années sur les terres C

3) Les salaires sont versés en début d'année. Le blé est le seul élément du « panier de subsistance ». La consommation de subsistance est de 0,1 tonne par an et par travailleur.

4) L'étalon monétaire (or) est produit exclusivement à partir de travail direct. La dépense de travail pour la production de la quantité d'or contenue dans une unité monétaire est :

LO = 1 homme-année de travail

➤➤➤

>>>

Détermination du prix naturel du blé, des taux naturels de salaire et de profit
Le prix naturel du blé (P) se détermine à partir des conditions de production sur la terre marginale (C) ; le blé et l'or étant produits dans les mêmes conditions (traval direct exclusivement), leur prix relatif est égal à leur coût relatif en travail. Le salaire naturel (W) est égal à la valeur du panier de subsistance. Le taux de profit naturel (R) est le rapport du profit (lui-même égal à la différence entre prix du blé et coût de production sur la terre marginale) au capital avancé. Le prix P0 d'une unité monétaire étant égal à 1 par définition, on a donc :

$$P = P/P0 = Lc/L0 = 8/1 =8$$
$$W = 0{,}1.P = 0{,}8$$
$$R = (P - W.Lc)/W.Lc = 1{,}6/6{,}4 = 25\ \%$$

Détermination des rentes différentielles
La terre C (terre marginale) ne paie pas de rente. Les terres A et B paient une rente égale, pour chaque tonne produite, à la différence entre le prix de vente (P) et le coût de production augmenté du profit naturel :

Valeurs par tonne	Terres A	Terres B
Coût de production	W.La = 4,8	W.Lb = 5,6
Profit naturel	R.W.La = 1,2	R.W.Lb = 1,4
Rente	P – W.La.(1 + R) = 2	P – W.L.b. (1 + R) = 1

L'élément central de la théorie de la rente développée par Malthus et Ricardo consiste à poser que, lorsque des terres de qualités différentes sont mises en culture, le prix du blé est déterminé en fonction des conditions de production sur la terre marginale, c'est-à-dire sur la terre qui, parmi toutes celles qui sont mises en culture, entraîne le coût de production le plus élevé. Plus précisément, le prix naturel du blé doit être tel qu'il permet de payer aux ouvriers travaillant sur la terre marginale des salaires au taux naturel, et aux fermiers (considérés comme les capitalistes de l'agriculture) des profits au taux naturel : s'il n'en était pas ainsi, ces terres cesseraient d'être cultivées.

En outre, affirme Ricardo, la terre marginale ne paie pas de rente. Par conséquent, le prix naturel du blé se détermine en additionnant le coût de production du blé sur la terre marginale et le profit naturel, calculé en appliquant au capital avancé le taux général de profit (dans notre exemple ultra-simplifié, ce taux se calcule directement à partir des conditions de production sur la terre marginale).

Le prix naturel ainsi calculé s'applique non seulement au blé produit sur la terre marginale, mais aussi au blé en provenance des autres terres cultivées. Ces terres ayant, par définition, des coûts de production plus faibles que la terre marginale, il existe un écart entre le prix du blé et les coûts de production augmentés des profits naturels sur les terres non marginales. Cet écart constitue la rente foncière, que l'on qualifie de différentielle parce qu'elle provient des différences de coût de production entre la terre marginale et les autres terres. Cette rente est donc d'autant plus élevée que le coût de production sur la terre considérée est faible par rapport à celui de la terre marginale. Les fermiers et les ouvriers agricoles ne sont pas en mesure de s'approprier la rente, car ils sont en concurrence avec les autres capitalistes et ouvriers. Elle revient donc aux propriétaires fonciers.

La thèse selon laquelle « la terre marginale ne paie pas de rente » peut paraître surprenante, et certains (Marx notamment) l'ont contestée. Mais il faut bien comprendre que chez les classiques la rente a le caractère, selon l'expression de Smith, d'un « prix de monopole ». Les propriétaires des meilleures terres peuvent prélever une rente dans la mesure où, l'intégralité de ces terres étant cultivée, ils exercent collectivement un monopole sur une ressource rare. Tant que toutes les terres cultivables ne sont pas mises en culture, ce caractère de ressource rare n'appartient pas à la terre marginale (le cas de figure où même les terres marginales sont rares concerne les produits tels que les « vins d'une qualité extraordinaire qui ne peuvent être produits qu'à partir de vignes poussant sur un terroir particulier et très restreint », évoqués par Ricardo au début de son ouvrage, et évacués par lui du champ de la théorie de la valeur au même titre que les œuvres d'art).

De cette analyse Ricardo conclut que « la rente n'est pas un constituant du prix des marchandises » (*op. cit.*, chap. II). En effet, les prix des produits agricoles se déterminant en fonction des conditions de production sur les terres ne payant pas de rente, cette dernière est absolument sans influence sur les prix. Ce que Ricardo résume en affirmant que « le blé n'est pas cher parce qu'une rente est payée, mais une rente est payée parce que le blé est cher » (*ibid.*). De la même façon, la rente est sans influence sur les profits, dont le taux est fonction de la rentabilité des productions ne payant pas de rente. La prise en compte de cette dernière ne remet donc pas en cause l'affirmation, déjà citée, de Ricardo selon laquelle « rien ne peut affecter les profits, en dehors d'une hausse des salaires ».

Pour de nombreux économistes, l'importance de l'analyse classique de la rente différentielle tient au fait qu'elle comporte une première formulation du principe de la fixation des prix au coût marginal (coût de la « dernière unité produite »), qui constituera l'une des bases de la théorie néoclassique. Si l'on s'en tient, pour le moment, à la logique interne de la pensée classique, l'importance de la théorie de la rente réside ailleurs : cette théorie constitue une pièce maîtresse de l'analyse de l'accumulation.

6 Accumulation, débouchés, commerce extérieur

La priorité donnée par les classiques à l'étude des tendances longues de l'économie se manifeste tout particulièrement dans l'importance qu'ils accordent au processus d'« accumulation du capital », c'est-à-dire d'élargissement progressif du stock de ressources productives dont dispose l'économie. La théorie de l'accumulation constitue un point d'appui majeur de leurs convictions libérales ; c'est en effet, à leurs yeux, son aptitude particulière à promouvoir la croissance de la « richesse des nations » qui désigne le libéralisme comme le meilleur système économique.

Pourtant, loin d'être vue comme un trait permanent des sociétés industrielles, la croissance est considérée par ces économistes comme un phénomène transitoire, dont la dynamique est condamnée à s'essouffler progressivement pour déboucher sur un état stationnaire ; plus d'un siècle et demi avant la publication du rapport du Club de Rome sur « les limites de la croissance », cette analyse fait des classiques les pionniers des travaux sur la « croissance-zéro ».

En liaison avec le phénomène de l'accumulation, le commerce extérieur fait l'objet d'une analyse approfondie, qui jette les bases d'une théorie de la division internationale du travail dont les débats actuels soulignent l'importance.

1 | Épargne et débouchés

1.1 L'épargne, condition nécessaire et suffisante de la croissance

L'accumulation du capital s'effectue à l'occasion d'opérations que la terminologie économique moderne qualifie d'investissements. Le financement de ces opérations est assuré par un flux d'épargne, qui traduit la renonciation à la consommation immédiate d'une partie de leurs revenus par certains agents économiques. Pour les classiques, c'est essentiellement la classe capitaliste qui dégage cette épargne. En effet la classe des salariés perçoit un revenu qui, en moyenne, suffit tout juste à assurer sa subsistance, et la classe des propriétaires fonciers est supposée dépenser en consommation improductive l'essentiel des rentes qu'elle perçoit.

L'épargne des capitalistes est donc la condition nécessaire du processus de croissance économique : sans elle pas d'accumulation du capital, et donc pas d'accroissement de la « richesse des nations ». Condition nécessaire, l'épargne est également considérée comme la condition suffisante de la croissance : l'investissement est aux yeux des classiques une conséquence automatique de l'épargne, et donc il suffit que les capitalistes épargnent régulièrement une partie de leurs profits pour que l'accumulation du capital se réalise (Texte 38.1).

SMITH Les effets de l'épargne TEXTE 38

1) Adam Smith

Ainsi toute augmentation ou diminution dans la masse des capitaux tend naturellement à augmenter ou à diminuer la quantité réelle de l'activité, le nombre des gens productifs, et par conséquent la valeur échangeable du produit annuel des terres et du travail du pays. La richesse et le revenu réel de tous ses habitants.

Les capitaux augmentent par l'économie [*parsimony*], et diminuent par la prodigalité et la mauvaise conduite.

Tout ce qu'une personne épargne sur son revenu, elle l'ajoute à son capital, et soit elle l'emploie elle-même à entretenir un nombre additionnel de travailleurs productifs, soit elle permet à quelqu'un d'autre d'en faire autant, en lui prêtant ce capital moyennant un intérêt, c'est-à-dire une part des profits Comme le capital d'un individu ne peut augmenter que par l'épargne qu'il réalise sur son revenu annuel ou sur ses gains annuels, le capital d'une société, qui n est pas autre chose que celui de tous les individus qui la composent, ne peut augmenter que de la même manière.

C'est l'économie [*parsimony*] et non l'activité [*industry*] qu'est la cause immédiate de l'augmentation du capital. L'activité, en vérité, fournit la matière que

➤➤➤

➤➤➤

l'économie accumule. Mais quel que puisse être le produit de l'activité, s'il n'était épargné et amassé par l'économie, le capital n'augmenterait jamais.

Adam Smith, *Recherches sur la nature et les causes de la richesse des nations*, livre II, chapitre III (extrait)

2) P.S. Dupont de Nemours, à propos des *Réflexions sur la formation et la distribution des richesses* de Turgot, 1769-1770

Dès le premier état de l'homme qui vit de productions spontanées, ce n'est pas l'épargne de ces productions qui le conduit à améliorer sa situation et à se former un capital plus ou moins grand. [...] Le moyen naturel d'acquérir, de profiter, d'amasser, de s'enrichir est le travail [...]. Mais pour travailler, il faut d'abord que le travailleur subsiste. Il ne peut subsister que par la consommation des productions de la terre ou des eaux ; cette consommation est une dépense. Il faut aussi, pour travailler avec succès, qu'il ait des instruments. [...] Les choses qu'il donne en échange, ou les consommations qu'il est obligé de faire sont encore une dépense. Ce n'est donc que par des dépenses, faites avec intelligence et profit, et non par des épargnes, que l'on peut augmenter sa fortune dans le commencement des sociétés et avant que les arts multipliés et perfectionnés aient étendu et compliqué la circulation des richesses et des travaux.

Mais, dans la société toute formée, l'épargne a des effets plus dangereux encore [...]. Pour que tout ce qui se cultive et se fabrique puisse être vendu, il faut que tous ceux qui reçoivent de la nature et de leur travail, des revenus et des reprises, ou des salaires, qui sont les uniques moyens d'acheter, mettent ces moyens d'acheter en circulation. Car en vain la moitié de la société mettrait-elle tout les fruits de son travail d'une année en vente, si l'autre moitié refuse d'acheter et s'obstine à garder, par épargne, tout ou forte partie de ses moyens de payer, la première ne pourra pas tout vendre ou vendra à perte ; ce qui dérangera et ruinera la culture. [...] La diminution des revenus sera en perte pour les propriétaires parcimonieux, qui auront peine à concevoir comment ils ont fait pour se ruiner en épargnant, et qui n'y verront de ressource que celle d'augmenter leurs épargnes, ce qui précipitera la marche de leur ruine.

Une telle assertion ne revêt pourtant nullement le caractère de l'évidence, dans la mesure où l'acte d'épargne est, en soi, une simple abstention de consommation. Sauf dans le cas où l'épargnant et l'investisseur sont une seule et même personne (autofinancement), il n'est dès lors pas garanti *a priori* qu'à la volonté d'épargner de certains corresponde, chez d'autres, une volonté équivalente d'investir. Bien au contraire, différents auteurs ont soutenu que le désir d'épargner peut être socialement nuisible car il diminue les débouchés offerts à la production (Texte 38.2). Une telle objection est balayée par Smith. S'appuyant sur un raisonnement plutôt confus, il affirme que « ce qui est annuellement épargné est aussi régulièrement consommé que ce qui est annuellement dépensé ». C'est sur une base plus cohérente que ses successeurs défendent la thèse selon laquelle l'épargne constitue la condition nécessaire et suffisante de l'accumulation. La pièce maîtresse du raisonnement classique en la matière est, à partir du début du XIXe siècle, la « loi des débouchés ».

1.2 La « loi des débouchés »

Cette « loi », formulée par Jean-Baptiste Say en 1803 (Texte 39), connaîtra un succès remarquable : reprise à son compte par l'école classique (en particulier par Ricardo, très critique à d'autres égards vis-à-vis de Say), elle le sera aussi, à la fin du XIXe siècle, par l'école néoclassique. Keynes, on l'a vu, regroupera sous la même étiquette « classique » tous les auteurs adhérant à la loi des débouchés (également appelée « loi de Say ») et, jusqu'à la publication de sa *Théorie générale* en 1936, les économistes contestant la validité scientifique de cette loi resteront très minoritaires.

SAY La loi des débouchés

TEXTE 39

Il est bon de remarquer qu'un produit créé offre, dès cet instant, un débouché à d'autres produits pour tout le montant de sa valeur. En effet, lorsque le dernier producteur a terminé un produit, son plus grand désir est de le vendre, pour que la valeur de ce produit ne chôme pas entre ses mains. Mais il n'est pas moins empressé de se défaire de l'argent que lui procure sa vente, pour que la valeur de l'argent ne chôme pas non plus. Or, on ne peut se défaire de son argent qu'en demandant à acheter un produit quelconque. On voit donc que le fait seul de la formation d'un produit ouvre, dès l'instant même, un débouché à d'autres produits. Cela étant, d'où vient, dira-t-on, cette prodigieuse difficulté qu'on éprouve, surtout quand la situation des affaires générales est peu prospère, pour l'écoulement des produits de l'industrie, d'où il résulte qu'on en tire alors un parti peu avantageux ? Je me bornerai à faire remarquer ici qu'un défaut d'écoulement d'un produit, ou même d'un grand nombre de produits, n'est que le résultat d'un engorgement dans un ou plusieurs canaux de l'industrie ; qu'il se trouve alors dans ces canaux une plus grande quantité de ces produits que n'en réclament les besoins généraux, et que c'est toujours parce que d'autres canaux, loin d'être engorgés, sont au contraire dépourvus de produits qui, en raison de leur rareté, sont aussi recherchés que les premiers le sont peu. Aussi l'on peut remarquer que les temps où certaines denrées ne se vendent pas bien sont précisément ceux où d'autres denrées montent à des prix excessifs ; et comme ces prix élevés seraient des motifs pour en favoriser la production, il faut que des causes majeures ou des moyens violents, comme des désastres naturels ou politiques, l'avidité ou l'impéritie des gouvernements, maintiennent forcément cette pénurie d'un côté, qui cause un engorgement de l'autre. Cette cause de maladie politique vient-elle à cesser, les moyens de production se portent vers les canaux vacants,

►►►

>>>
et le produit de ceux-ci absorbe le trop-plein des autres ; l'équilibre se rétablit, et cesserait rarement d'exister, si les moyens de production étaient toujours laissés à leur entière liberté.

Jean-Baptiste Say, *Traité d'économie politique*, 3e édition (1817) livre I, chapitre 15 (extrait).

La loi des débouchés, dans sa version originale, affirme que « c'est la production qui ouvre des débouchés aux produits ». Cette proposition, à première vue déconcertante, concerne l'ensemble de l'économie, et non une entreprise ou une branche particulière. Say n'affirme donc pas qu'une entreprise n'a jamais de problème pour écouler ses marchandises, mais que l'offre globale de produits ne peut jamais excéder la demande globale de produits, car celle-ci découle de celle-là.

Le raisonnement qui soutient cette affirmation repose sur une conception particulière (largement empruntée à Smith) des fonctions économiques de la monnaie. Celle-ci, considérée comme un simple intermédiaire des échanges, n'est pas recherchée pour elle-même, mais pour les biens et les services qu'elle leur permet de se procurer. C'est pourquoi, nous dit Say, dès qu'un individu a vendu un produit, « il n'est pas moins empressé de se défaire de l'argent que lui procure sa vente, pour que la valeur de l'argent ne chôme pas non plus » ; et la demande qu'il manifeste à cette occasion crée pour d'autres produits un débouché d'une valeur égale à celle du produit qu'il a vendu.

Dans cette optique l'épargne ne risque pas de créer un déficit de la demande par rapport à la production. En effet, lorsqu'elle ne sert pas à autofinancer les investissements des épargnants, elle ne peut manquer d'être prêtée à d'autres agents économiques qui l'utiliseront pour financer des dépenses d'investissement ; si les épargnants renonçaient à prêter leur épargne, ils se priveraient du même coup des revenus qui lui sont attachés (les intérêts). Par un raisonnement quelque peu différent, Say rejoint donc la conclusion de Smith selon laquelle l'épargne conditionne l'investissement (Repère 19).

1.3 Loi de Say et analyse monétaire

L'idée que la monnaie n'est pas recherchée pour elle-même, mais pour les produits qu'elle permet d'acquérir, est cohérente avec la thèse des physiocrates et de Smith, selon laquelle la monnaie n'est pas la « vraie richesse », mais seulement le moyen de la faire circuler : l'utilisation de la monnaie s'explique par le fait que l'échange monétaire est techniquement supérieur au troc mais, en fait, même dans une économie monétaire, « les produits s'échangent contre des produits », affirme Say.

REPÈRE•19

La loi des débouchés (suite). Un schéma illustratif

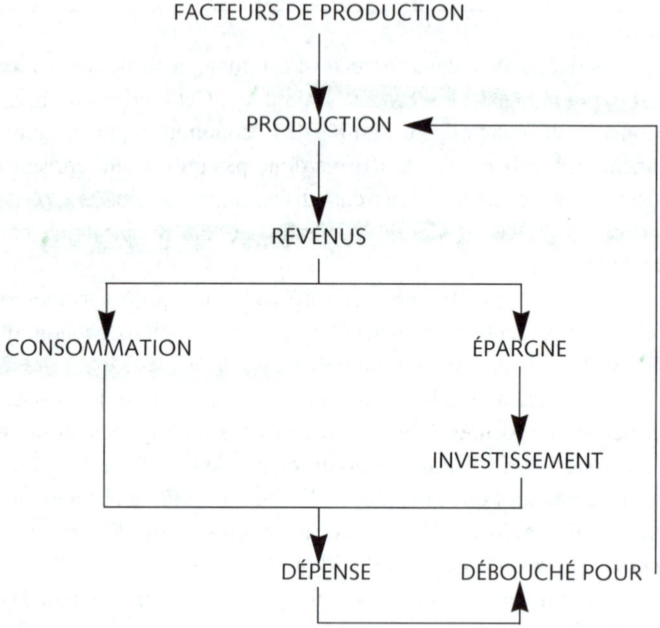

Cependant, les agents économiques détiennent à tout moment une certaine réserve de monnaie. Pour Say et les économistes adoptant son analyse, celle-ci a pour seul objet d'assurer la continuité des transactions, la cadence des encaissements ne correspondant pas toujours à celle des décaissements (un salarié, par exemple, reçoit son salaire tous les mois mais effectue des dépenses quotidiennes). L'existence de cette réserve, appelée de nos jours « encaisse-transaction », ne contredit pas la loi de Say, dans la mesure où son niveau moyen, proportionnel à la valeur des transactions, n'est pas susceptible de créer de « fuites » dans le circuit production-revenu-demande.

L'analyse monétaire qui sous-tend la loi des débouchés rend celle-ci tout à fait compatible avec une analyse beaucoup plus ancienne, la théorie quantitative de la monnaie (*cf.* chapitre 2). Selon cette théorie, rappelons-le, ce sont les variations de la masse monétaire qui expliquent les variations du niveau général des prix. Or, selon la loi des débouchés, la « demande de monnaie » des agents (c'est-à-dire le stock de monnaie qu'ils souhaitent, en moyenne, détenir en réserve) se limite à leurs encaisses-transaction. Par conséquent, si la masse monétaire s'accroît, ils chercheront à utiliser le surplus de monnaie dont ils disposent en augmentant leurs dépenses. Cette hausse générale de la demande se traduira par une hausse générale du niveau des prix, ce qui rejoint très exactement les conclusions de la théorie quantitative de la monnaie.

Il n'est donc pas surprenant que cette vieille théorie ait été intégrée à l'analyse classique, puis à l'analyse néoclassique, elle aussi adepte de la loi de Say. Et il n'est pas davantage surprenant qu'au XXe siècle Keynes prenne la loi des débouchés et la théorie quantitative comme cible commune lorsqu'il veut démontrer, à l'encontre de ceux qu'il appelle les « classiques », que l'offre ne crée pas sa propre demande.

1.4 Les crises

La loi des débouchés, en niant la possibilité d'une insuffisance globale de la demande, conforte la thèse classique selon laquelle l'épargne constitue la condition nécessaire et suffisante de l'accumulation du capital. Elle fournit également une clé d'interprétation des crises fréquentes qui marquent la période de la révolution industrielle.

Ces crises, dans l'optique de la loi de Say, s'expliquent par des désajustements sectoriels et symétriques entre l'offre et la demande. En effet, poser qu'il ne peut y avoir d'excès global de l'offre revient à affirmer que si certaines productions se trouvent temporairement excédentaires, il y a nécessairement, au même moment, un déficit pour d'autres productions. En d'autres termes la crise de surproduction généralisée (appelée « engorgement général » par les contemporains de Say) n'est pas compatible avec la représentation de l'économie fournie par la loi des débouchés, qui implique que la surproduction coexiste nécessairement avec la pénurie.

S'interrogeant sur l'origine des désajustements sectoriels qui constituent pour lui l'essence même des crises, Say met en avant des causes extra-économiques, comme les « désastres naturels ou politiques » (*cf.* Texte 39). Mais les causes peuvent provenir du système économique lui-même, les décisions de production reposant sur des anticipations de débouchés qui peuvent se révéler trompeuses (rappelons que la loi des débouchés ne s'applique pas au niveau d'une entreprise, ni même d'une branche). Le fonctionnement d'une économie de marché repose sur un grand nombre de décisions décentralisées dont l'ajustement s'effectue par d'incessants « tâtonnements », et n'est donc pas à l'abri d'accidents concernant l'adéquation de la structure de l'offre à celle de la demande. Ainsi, lorsque l'évolution des débouchés semble particulièrement prometteuse dans un secteur déterminé, il arrive fréquemment que l'afflux de capitaux suscité par cette perspective soit tel qu'il crée une situation de surcapacité dans ce secteur, ce qui est susceptible de créer des faillites et du chômage. Sectoriels, les désajustements entre l'offre et la demande sont également considérés comme passagers – du moins si la logique de la concurrence n'est pas entravée par quelque intervention extérieure. Le raisonnement de Say sur ce point (Repère 20) s'appuie très directement sur la théorie de la gravitation de Smith, et débouche sur des conclusions parfaitement conformes au credo libéral : par le jeu même des forces du marché, les désajustements sectoriels entre offre et demande tendent à se combler spontanément. L'intervention de l'État est donc non seulement inutile, mais néfaste, car elle fausse les mécanismes correcteurs du marché (Texte 40).

REPÈRE•20

Schéma des crises et de leur résorption (dans le cas d'une économie à deux biens)

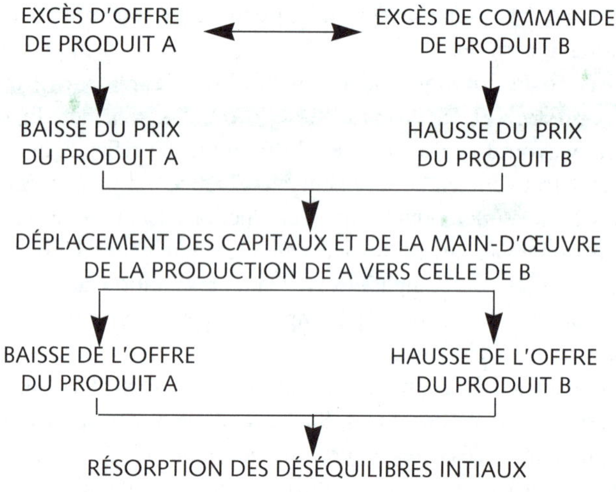

SAY Les dangers de l'intervention de l'État

TEXTE 40

Un gouvernement, ou des particuliers bienfaisants avec légèreté, auraient le regret de ne point voir leurs bienfaits répondre à leurs vues. Au lieu de prouver cela par un raisonnement, j'essaierai de le faire sentir par un exemple.

>>>

➤➤➤

Je suppose que dans un pays de vignobles les tonneaux se trouvent si abondants, qu'il soit impossible de les employer tous. Une guerre, ou bien une loi contraire à la production des vins, ont déterminé plusieurs propriétaires de vignobles à changer la culture de leurs terres ; telle est la cause durable de la surabondance du travail de tonnellerie mis en circulation. On ne tient pas compte de cette cause ; on vient au secours des ouvriers tonneliers, soit en achetant sans besoin des tonneaux, soit en leur distribuant des secours équivalant à peu près aux profits qu'ils avaient coutume de faire. Mais des achats sans besoin, des secours, ne peuvent pas se perpétuer ; et, au moment où ils viennent à cesser, les ouvriers se trouvent exactement dans la même position fâcheuse d'où on a voulu les tirer. On aura fait des sacrifices, des dépenses, sans aucun avantage, si ce n'est d'avoir différé un peu le désespoir de ces pauvres gens.

Sans doute le gouvernement, lorsqu'il le peut sans provoquer aucun désordre, sans blesser la liberté des transactions, doit protéger les intérêts des ouvriers, parce qu'ils sont moins que ceux des maîtres protégés par la nature des choses ; mais, en même temps, si le gouvernement est éclairé, il se mêlera aussi peu que possible des affaires des particuliers, pour ne pas ajouter aux maux de la nature ceux qui viennent de l'administration.

Jean Baptiste Say, *op. cit.*, livre II, chapitre VII.

La confiance dont fait preuve Say quant aux vertus autorégulatrices du marché n'est pas partagée par les adversaires, peu nombreux à l'époque classique, de sa « loi des débouchés ». Les principaux sont Malthus et Sismondi.

1.5 Les critiques de Malthus et de Sismondi

Si Malthus, par son « principe de population », participe à l'élaboration de la théorie classique, il se place en marge de celle ci par son rejet de la loi des débouchés (Texte 41).

MALTHUS Les critiques de la loi des débouchés — TEXTE 41

Il est possible, sans doute, au moyen de l'économie, de consacrer tout d'un coup une quantité plus grande qu'à l'ordinaire du produit d'un pays quelconque, à la subsistance des travailleurs productifs ; et il est bien certain que les travailleurs ainsi employés sont des consommateurs, tout aussi bien que les domestiques. En ce qui regarde les travailleurs, il n'y aurait donc point de diminution de consommation ni de demande. […] Quant aux capitalistes eux-mêmes, réunis aux propriétaires et autres personnes riches, on suppose qu'ils ont résolu d'être économes, et en se privant de leurs jouissances, de leur luxe ordinaire, d'épargner sur leurs revenus pour ajouter à leur capital. Je demanderais comment il est possible, dans de telles circonstances, de supposer que le surcroît de produits obtenus avec un plus grand nombre d'ouvriers productifs puisse trouver des acheteurs,

➤➤➤

►►►
sans qu'il y ait une telle diminution de prix, que la valeur des produits puisse tomber au-dessous des frais de production, ou pour le moins à diminuer tellement les profits qu'il en résulte une très forte diminution des moyens ou de la volonté d'épargner. Quelques auteurs de beaucoup de mérite ont pensé que, quoiqu'il puisse y avoir aisément un engorgement partiel de certains produits, il est impossible qu'il y ait un engorgement de tous les produits en général ; car, d'après leur manière d'envisager le sujet, des produits s'échangeant contre d'autres produits, une moitié doit servir à acheter l'autre, et la production étant ainsi la seule source de la demande, la surabondance de l'approvisionnement d'un article prouverait seulement qu'il y a défaut d'approvisionnement de quelque autre produit, la surabondance générale de tous les produits étant regardée comme impossible. M. Say, dans son bel ouvrage sur l'économie politique, a même poussé la chose si loin, qu'il assure que la consommation d'une denrée, en l'enlevant du marché, diminue la demande et que la production d'une denrée augmente la demande dans la même proportion. Cependant cette doctrine, avec toute l'extension qu'on lui a donnée, me semble tout à fait fausse, et en contradiction manifeste avec les grands principes qui règlent l'offre et la demande. Il n'est pas du tout vrai, dans les faits, que des produits soient toujours échangés contre d'autres produits. La plus grande partie des produits s'échange contre du travail productif ou des services personnels ; et il est clair que cette masse de produits, comparée au travail contre laquelle elle doit être échangée, peut baisser de valeur par l'effet de sa surabondance, précisément de la même manière qu'une seule denrée baisse de valeur par l'excès de l'approvisionnement, relativement au travail ou à la monnaie.

Thomas R. Malthus, *Principes d'économie politique* (1820), livre II, chapitre I.

Son raisonnement part d'une situation d'équilibre hypothétique dans laquelle les capitalistes affectent leurs profits à des dépenses de consommation improductive ; celle-ci consiste en l'entretien de domestiques, considérés dans la tradition classique comme des travailleurs improductifs. À partir de cette situation Malthus envisage ce qui se passerait si les mêmes capitalistes décidaient d'affecter leurs profits à l'épargne au lieu de la consommation. Cette épargne, explique-t-il, se traduirait par l'embauche de travailleurs productifs au lieu de domestiques. Il s'ensuivrait une augmentation du volume de la production, mais pas nécessairement une augmentation du volume des débouchés, dans la mesure où la demande des travailleurs productifs supplémentaires ne ferait que remplacer celle des travailleurs improductifs.

De cet exemple Malthus tire la conclusion que, contrairement à ce qu'affirme Say, l'offre ne crée pas sa propre demande, et il avance l'idée qu'une tendance excessive à l'épargne est susceptible d'entraîner un recul de l'activité économique. Cette analyse ouvre la possibilité d'interpréter les crises économiques récurrentes en termes d'« engorgement général » des marchés, résultant d'une insuffisance globale de débouchés. En l'état, son pouvoir de conviction reste cependant limité, car la théorie de l'intérêt formulée dès 1766 par Turgot (*supra*, chapitre 3) fournit une parade toute prête aux partisans de la loi de Say : tout accroissement de la tendance à l'épargne doit, selon cette théorie, faire baisser le taux de l'intérêt jusqu'au point où la hausse induite de l'investissement vient équilibrer le supplément d'épargne.

Comme Malthus, Sismondi rejette la lois des débouchés (Texte 42). Cet historien et économiste suisse, contemporain des classiques (1773-1842), adhère dans un premier temps à leurs idées puis s'en démarque dans un ouvrage publié en 1819 et portant le titre de *Nouveaux principes d'économie politique*, qui constitue une vigoureuse critique du libéralisme économique, fondée sur le constat de la misère dans laquelle vit une large fraction de la population anglaise.

SISMONDI Les critiques de la loi des débouchés (suite) TEXTE 42

C'est le revenu de l'année passée qui doit payer la production de cette année ; c'est une quantité prédéterminée qui sert de mesure à la quantité indéfinie du travail à venir. L'erreur de ceux qui excitent à une production illimitée vient de ce qu'ils ont confondu ce revenu passé avec le revenu futur. Ils ont dit qu'augmenter le travail, c'est augmenter la richesse, avec elle le revenu, et en raison de ce dernier la consommation. Mais on n'augmente les richesses qu'en augmentant le travail demandé, le travail qui sera payé a son prix ; et ce prix, fixé d'avance, c'est le revenu préexistant. On ne fait jamais, après tout, qu'échanger la totalité de la production de l'année contre la totalité de la production de l'année précédente. Or, si la production croît graduellement, l'échange de chaque année doit causer une petite perte, en même temps qu'elle bonifie a condition future. Si cette perte est légère et bien répartie, chacun la supporte sans se plaindre sur son revenu ; c'est en cela même que consiste l'économie nationale, et la série de ces petits sacrifices augmente le capital et la fortune publique. Mais, s'il y a une grande disproportion entre la production nouvelle et l'antécédente, les capitaux sont entamés, il y a souffrance, et la nation recule au lieu d'avancer. […]

Ainsi les nations courent des dangers qui semblent contradictoires. Elles peuvent se ruiner également en dépensant trop et en dépensant trop peu. Une nation dépense trop, toutes les fois qu'elle excède son revenu, car elle ne peut le faire qu'en entamant ses capitaux, et en diminuant ainsi sa production à venir. Elle fait alors ce que ferait un cultivateur solitaire, qui mangerait le blé qu'il devrait réserver pour ses semailles. Elle dépense trop peu toutes les fois que, n'ayant pas de commerce étranger, elle ne consomme pas sa production, ou qu'en ayant un, elle ne consomme pas l'excédent de sa production sur son exportation : car alors elle se trouve bientôt dans le cas où se trouverait le cultivateur solitaire, lorsque tous ses greniers seraient pleins fort au-delà de toute possibilité de consommation, et que, pour ne pas faire un travail inutile, il serait obligé de renoncer à ensemencer ses terres. […]

On pourrait croire que, lorsque j'accuse les économistes les plus célèbres d'avoir accordé trop peu d'attention à la consommation, ou au débit, dont il n'y a pas un

►►►

►►►
négociant qui ne sente l'importance décisive, je combats une erreur qui n'existe que dans mon imagination. Mais je trouve cette opinion reproduite dans le dernier ouvrage de M. Ricardo, sous le point de vue qui prête le plus à la critique ; et M. Say n'a point combattu dans ses notes une opinion qui ne s'éloigne pas des siennes, qui même, jusqu'à un certain point, peut aussi être attribuée à Adam Smith.

Jean Sismondi, *Nouveaux principes d'économie politique* (1819), chapitre VI (extrait).

L'originalité de son analyse vient de l'accent mis sur le décalage temporel qui existe entre la perception d'un revenu et sa dépense, ouvrant ainsi la voie à une approche proprement dynamique des fluctuations économiques. Sismondi pose que les revenus perçus au cours d'une année t sont dépensés au cours de l'année suivante $t+1$). Soit, en appelant Y le revenu et D la demande :

$$Y_t = D_{t+1}$$

Dans une économie en croissance, par définition, la production Q augmente d'une période à l'autre :

$$Q_t < Q_{t+1}$$

Mais comme le revenu Y n'est que la contrepartie de la production Q, il apparaît un écart, à chaque période, entre la production et la demande permettant d'écouler cette production :

$$D_{t+1} < Q_{t+1}$$

Cet écart ne présente pas de caractère de gravité lorsqu'il reste modéré et régulièrement distribué à l'intérieur du système économique. Mais, en cas d'augmentation brutale, le gonflement généralisé des stocks d'invendus qui en résulte est susceptible de plonger l'économie dans la crise, que Sismondi interprète, de la même façon que Malthus, comme le résultat d'un « engorgement général » des marchés.

Face au problème que constitue le retour périodique des crises, Malthus et Sismondi proposent des remèdes qui ne se recoupent pas totalement, tant sont différentes leurs options politiques : si Malthus défend une conception plutôt réactionnaire de l'organisation sociale, la critique de la misère ouvrière qu'effectue Sismondi le pousse vers un réformisme qu'on pourrait qualifier aujourd'hui de vaguement social-démocrate.

Si les deux auteurs voient dans le commerce extérieur un palliatif au problème des débouchés (voir *infra*, 3e partie du chapitre), Malthus est surtout connu pour son éloge de la consommation improductive des propriétaires fonciers. Sismondi préconise quant à lui une législation obligeant les employeurs à garantir l'emploi aux salariés qu'ils embauchent, ce qui aurait entre autres le mérite de soutenir la demande en cas de crise. Afin que la sécurité résultant pour les ouvriers de cette garantie d'emploi n'entraîne pas une trop forte croissance démographique, il envisage également de donner le droit aux employeurs d'interdire les mariages…

Les critiques adressées par Malthus et Sismondi à la loi des débouchés ne sont pourtant pas décisives (Texte 43). En effet elles ne s'attaquent pas directement à l'hypothèse essentielle sur laquelle repose cette loi, qui est l'affirmation selon laquelle la monnaie, simple intermédiaire des échanges, n'est pas recherchée pour elle-même : dans un monde hypothétique où les agents ne manifestent aucune « préférence pour la liquidité », la loi des débouchés semble difficile à contester. Toute la question est de savoir si un tel monde présente quelque rapport avec le nôtre, et il faudra attendre Keynes pour voir cette question véritablement posée.

KEYNES Analyse du triomphe de la loi des débouchés

TEXTE 43

Dans l'économie ricardienne, qui est à la base de tout ce qui a été enseigné depuis plus d'un siècle, l'idée qu'on a le droit de négliger la fonction de la demande globale est fondamentale. À vrai dire, la thèse de Ricardo que la demande effective ne peut être insuffisante avait été vivement combattue par Malthus, mais sans succès. Car faute d'expliquer (si ce n'est par les faits d'observation courante) comment et pourquoi la demande effective pouvait être insuffisante, Malthus n'est pas parvenu à fournir une thèse capable de remplacer celle qu'il attaquait ; et Ricardo conquit l'Angleterre aussi complètement que la Sainte Inquisition avait conquis l'Espagne. Non seulement sa théorie fut acceptée par la Cité, les hommes d'État et l'Université, mais toute controverse s'arrêta ; l'autre conception tomba dans l'oubli le plus complet et cessa même d'être discutée. La grande énigme de la demande effective, à laquelle Malthus s'était attaqué, disparut de la littérature économique [...]

Une victoire aussi décisive que celle de Ricardo a quelque chose de singulier et de mystérieux. Elle ne peut s expliquer que par un ensemble de sympathies entre sa doctrine et le milieu où elle a été lancée. Le fait qu'elle aboutissait à des conclusions tout à fait différentes de celles qu'attendait le public profane ajoutait, semble-t-il, à son prestige intellectuel. Que son enseignement, appliqué aux faits, fût austère et souvent désagréable lui conférait de la grandeur morale. Qu'elle fût apte à supporter une superstructure logique, vaste et cohérente, lui donnait de l'éclat. Qu'elle présentât beaucoup d'injustices sociales et de cruautés apparentes comme des incidents inévitables dans la marche du progrès, et les efforts destinés à modifier cet état de choses comme de nature à faire en définitive plus de mal que de bien, la recommandait à l'autorité. Qu'elle fournit certaines justifications aux libres activités du capitalisme individuel, lui valait l'appui des forces sociales dominantes groupées derrière l'autorité.

John M. Keynes, Théorie générale de l'emploi, de l'intérêt et de la monnaie (1936), trad. française Payot, 1969, livre I, chapitre I, section III (extrait).

Nota : la thèse que Keynes attribue ici à Ricardo est en réalité la loi de Say, incorporée par Ricardo à sa propre analyse (ce que Keynes reconnaît par ailleurs).

2 | La perspective de l'état stationnaire

Si la croissance n'est pas menacée par le risque d'un engorgement général des marchés, elle ne s'en achemine pas moins vers un terme inéluctable, qui est l'état stationnaire. Une légende tenace oppose à cet égard l'optimisme supposé de Smith au pessimisme supposé de Ricardo : alors que le premier croirait à la possibilité d'un progrès infini de la production, le second dépeindrait l'humanité comme condamnée, par la malédiction des rendements décroissants, à la sombre perspective d'un état stationnaire qu'on ne saurait évoquer sans frissonner…

Cependant la simple lecture des deux auteurs montre que Smith n'est pas plus optimiste que Ricardo, au sens où il est tout aussi convaincu que celui-ci du caractère limité des possibilités de croissance de tout système économique, et en outre que Ricardo n'est pas particulièrement pessimiste, dans la mesure où il ne dépeint nulle part l'état stationnaire comme une perspective catastrophique (certes l'état stationnaire ramène de façon définitive le salaire courant à son niveau naturel ; mais, selon Ricardo lui-même, les besoins définissant le salaire dit « naturel » évoluent en réalité avec la société, de sorte que son pouvoir d'achat doit normalement atteindre un record historique au moment de l'entrée dans l'état stationnaire).

2.1 Croissance et profit

Pour les classiques le profit, à la fois source de financement et motif de l'accumulation du capital, est le véritable moteur de la croissance. Or le taux de profit naturel est voué, selon eux, à baisser à long terme.

L'explication de Smith repose sur le mécanisme de l'offre et de la demande, appliqué au capital avancé dans la production (Texte 44) : tant que le capital est rare, sa rémunération est élevée ; celle-ci diminue au fur et à mesure que le capital devient plus abondant. L'idée de Smith semble être ici que les débouchés ouverts au supplément de production que permet de réaliser l'accumulation du capital ne sont pas sans limite (cette inquiétude pour les débouchés peut sembler paradoxale compte tenu de la façon dont, par ailleurs, Smith traite l'épargne, et Ricardo ne manque pas de relever cette contradiction chez son prédécesseur).

SMITH L'évolution vers l'état stationnaire — TEXTE 44

La hausse et la baisse des profits du capital dépendent des mêmes causes que la hausse et la baisse des salaires du travail, c'est-à-dire l'état progressif ou déclinant de la richesse de la société ; mais ces causes affectent de façon très différente les uns et les autres.

➤➤➤

>>>

L'accroissement du capital, qui élève les salaires, tend à diminuer les profits. Quand les capitaux de beaucoup de riches marchands sont engagés dans le même type d'activité, leur concurrence mutuelle tend naturellement à diminuer leur profit ; et lorsqu'il y a une augmentation semblable du capital dans toutes les activités qui sont menées au sein de la société, la même concurrence doit produire le même effet sur l'ensemble. [...]

Dans un pays qui aurait atteint le degré de richesse que la nature de son sol et de son climat, et sa situation par rapport aux autres pays lui permettent d'atteindre ; qui ne pourrait donc pas avancer davantage, et qui ne reculerait pas non plus, à la fois les salaires du travail et les profits du capital seraient très bas. Dans un pays pleinement peuplé, compte tenu de ce que son territoire peut faire vivre ou son capital peut employer, la concurrence pour l'emploi serait nécessairement si grande qu'elle réduirait les salaires du travail à ce qui est à peine suffisant pour maintenir le nombre des travailleurs, et, le pays étant pleinement peuplé, ce nombre ne pourrait jamais augmenter. Dans un pays pleinement pourvu en capital compte tenu de toutes les affaires qu'il a à traiter, il serait utilisé dans chaque branche une quantité de capital aussi grande que le permettent la nature et l'extension de cette activité. Ainsi la concurrence serait partout aussi grande, et par conséquent le profit ordinaire serait aussi faible que possible. Mais peut-être aucun pays n'est-il déjà parvenu à ce degré d'opulence.

Adam Smith, *op. cit.*, chapitre IX (extrait).

2.2 La baisse du taux de profit selon Ricardo

Ricardo, en adepte cohérent de la loi de Say, rejette cette analyse. Sa propre explication (Repère 21) est centrée sur l'évolution du salaire naturel puisque, selon lui, « rien ne peut affecter les profits si ce n'est une hausse des salaires ».

Au cours du processus d'accumulation du capital, la population a tendance à augmenter. Celle-ci, en effet, « se régule en fonction des fonds qui permettent de l'employer, et par conséquent augmente ou diminue toujours avec l'augmentation ou la diminution du capital ». Cette affirmation, qui revient à faire de la croissance démographique un pur et simple produit de la croissance économique, s'appuie directement sur le principe de population de Malthus et sur l'analyse du salaire naturel qui lui correspond (*cf.* chapitre précédent).

L'accroissement de la population se traduit à son tour par un accroissement de la demande de subsistances, qui entraîne une augmentation des surfaces cultivées. Sont alors mises en culture des terres de moins en moins fertiles ou de moins en moins bien localisées, d'où une augmentation du coût de production-transport des subsistances provenant des terres « marginales ». Il en résulte une élévation du prix naturel des subsistances, qui se répercute sur le salaire naturel (le même phénomène se produit en cas d'intensification de la production sur les terres initialement cultivées).

REPÈRE•21

L'évolution vers l'état stationnaire selon Ricardo

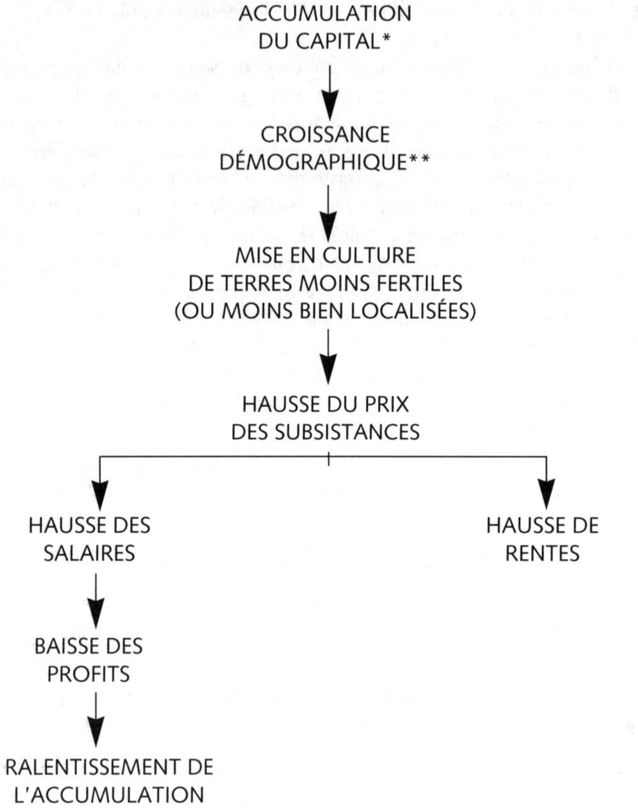

* Le capital au sens classique inclut les fonds permettant de payer la main-d'œuvre, supposés progresser parallèlement à ceux qui permettent d'acheter les matières premières et les machines (hypothèse cependant remise en cause dans le chapitre « Des machines » rajouté à la 3e édition des *Principes* de Ricardo).

** L'accroissement de la demande de travail fait monter le salaire de marché au-dessus du salaire naturel, ce qui stimule la croissance de la population (l'effet de baisse du salaire de marché qui en résulte est contrebalancé par les augmentations nouvelles de la demande de travail, tant que se poursuit l'accumulation).

Si elle laisse inchangé le pouvoir d'achat des salariés, cette hausse du salaire naturel n'en diminue pas moins la part de la valeur ajoutée restant disponible pour la rémunération du capital, d'où la tendance à la baisse du taux moyen des profits.

La hausse du prix des subsistance a en outre pour effet d'accroître les rentes perçues par les propriétaires fonciers. En effet ces rentes ont, comme on l'a vu, un caractère différentiel. Or la mise en culture de terres de moins en moins fertiles ou de moins en moins bien localisées accroît la différence de coût entre terre marginale et terres antérieurement cultivées, et donc le montant des rentes.

L'exemple numérique du Repère 22 (prolongement direct de l'exemple qui, au chapitre précédent, nous a servi à illustrer la théorie de la rente différentielle) permet de constater que, contrairement à la hausse des salaires, la hausse des rentes foncières concerne non seulement leur montant nominal, mais aussi leur pouvoir d'achat. En effet, si à la période t_2 la rente prélevée par tonne de blé produite sur la terre A permet d'acquérir :

$$1/7 \approx 0{,}143 \text{ tonne de blé}$$

à la période t_3, cette même rente représente un pouvoir d'achat en termes de blé égal à :

$$2/8 = 0{,}25 \text{ tonne de blé}$$

REPÈRE • 22

Un exemple numérique illustrant le raisonnement de Ricardo

Hypothèses

Le blé, produit exclusivement à partir de travail direct, est le seul élément du panier de subsistance. La consommation annuelle par travailleur est de 0,1 tonne. Trois types de terres sont successivement mis en culture pour répondre à l'augmentation de a demande résultant de l'accumulation :

Type de terre	A	B	C
Dépense de travail par tonne de blé	6	7	8
Période de mise en culture	t1	t2	t3

L'or est produit exclusivement à partir de travail direct. La dépense de travail pour la production de la quantité d'or contenue dans une unité monétaire est égale à 1.

➤➤➤

➤➤➤

Évolution du système

Période	t1	t2	t3
Terre marginale	A	B	C
Prix du blé	6	7	8
Taux de salaire	0,6	0,7	0,8
Taux de profit	66,66 %	42,86 %	25,00 %
Coût salarial par tonne de blé			
– sur la terre A	3,6	4,2	4,8
– sur la terre B		4,9	5,6
– sur la terre C			6,4
Profit par tonne de blé			
– sur la terre A	2,4	1,8	1,2
– sur la terre B		2,1	1,4
– sur la terre C			1,6
Rente par tonne de blé			
– sur la terre A	0	1	2
– sur la terre B		0	1
– sur la terre C			0

Nota : les données ci-dessus sont exprimées en termes d'or ou de travail incorporé (*cf.* chapitre précédent). À chaque période le prix du blé se détermine sur la terre marginale, et le taux de salaire est égal à la valeur du panier de subsistance. La terre marginale ne payant pas de rente, le profit par tonne produite sur cette terre est la différence entre le prix et le coût salarial. Le taux de profit calculé à partir de la terre marginale est ensuite appliqué au capital avancé dans la production d'une tonne de blé sur les autres terres pour connaître le profit par tonne de blé produite sur celles-ci.
La rente est la différence entre le prix et le coût salarial augmenté du profit par tonne de blé.

Alors que le taux des profits décline et que les hausses de salaire permettent simplement de compenser l'augmentation du prix des subsistances, les propriétaires fonciers apparaissent donc comme les véritables bénéficiaires du processus d'accumulation du capital. Certains commentateurs en ont conclu que la responsabilité de la baisse des profits, dans l'analyse ricardienne, incombait à l'augmentation des rentes. En réalité – et Ricardo est parfaitement explicite sur ce point – il n'en est rien puisque c'est la hausse des salaires, et elle seule, qui fait baisser les profits. Cela étant, il y a bien opposition entre les intérêts des capitalistes et ceux des propriétaires fonciers puisque c'est une même cause, la hausse du prix des subsistances, qui fait baisser les profits (par l'intermédiaire de la hausse des salaires) et monter les rentes.

2.3 Progrès technique et révolution démographique

La baisse du taux de profit, conséquence du processus d'accumulation du capital, doit à partir d'un certain seuil bloquer ce processus, et faire entrer l'économie dans l'état stationnaire (sur ce point l'analyse de Ricardo rejoint celle de Smith). Ce seuil n'est pas défini avec précision : Ricardo, comme Smith, parle d'un taux de profit « très bas », et envisage la perspective d'un ralentissement progressif de la croissance jusqu'au moment où ce taux est atteint.

L'arrêt de l'accumulation signifie non seulement l'arrêt de la croissance économique, mais encore celui de la croissance démographique puisque le mouvement de la population est commandé à long terme par la variation du capital avancé dans la production. L'état stationnaire des classiques est donc bien une situation de « croissance-zéro » pour l'ensemble de la société, une sorte d'équilibre écologique stable dans lequel les différentes variables économiques et sociales (production, consommation, revenus, population…) se reproduisent à l'identique de période en période.

Le phénomène des rendements décroissants de l'agriculture peut toutefois être contrecarré par le progrès technique. Ricardo évoque l'amélioration des engrais et les modifications du cycle cultural dues à l'introduction de plantes fourragères, mais il s'agit à ses yeux de simples rémissions dans le développement d'un processus dont l'issue ne fait aucun doute.

De même l'hypothèse selon laquelle la population croît inexorablement au rythme de l'accumulation du capital n'est-elle pas remise en question. Or nous savons aujourd'hui que, si le « principe de population » de Malthus peut à certains égards être considéré comme un bon schéma explicatif pour la période qui précède la révolution industrielle, il n'en va plus de même par la suite : au XIXe siècle les pays européens connaissent une véritable révolution démographique caractérisée par une baisse forte et durable de la mortalité et de la natalité (le mouvement est amorcé dès le XIXe siècle en France). Ce phénomène a eu pour conséquence de déconnecter la croissance démographique de la croissance économique et de rendre possible un accroissement durable des salaires réels, qui a lui-même stimulé, une fois les besoins alimentaires de base satisfaits, la croissance de la demande de produits manufacturés (et plus tard de services) beaucoup plus que la croissance de produits agricoles.

3 | Le commerce extérieur

3.1 Un frein à la baisse du taux de profit

Smith, on l'a vu, pense que la baisse du taux de profit naturel provient de l'abondance croissante de capitaux, qui trouvent de plus en plus difficilement à s'investir de façon rémunératrice. Dans cette optique il considère que le développement du commerce extérieur, pour un pays arrivé à maturité et disposant d'un abondant stock de capital, peut jouer un rôle utile en fournissant des débouchés nouveaux et donc des occasions nouvelles de profit (Texte 45.1).

SMITH/RICARDO Commerce extérieur et accumulation

TEXTE 45

1) Adam Smith

Tout commerce de gros, tout achat en vue de revente en gros, peut être ramené à l'une de ces trois catégories : le commerce intérieur, le commerce extérieur de consommation, et le négoce international [*carrying trade*]. Le commerce intérieur consiste à acheter en un endroit du pays et revendre en un autre endroit du même pays le produit de l'activité de ce pays. [...] Le commerce extérieur de consommation consiste à acheter des marchandises étrangères pour la consommation domestique. Le négoce international consiste à traiter le commerce de pays étrangers, ou à transporter le surplus des uns chez les autres. [...]

Quand le capital d'un pays s'est accru a un point tel qu'il ne peut pas être entièrement utilisé à fournir la consommation et à entretenir le travail productif de ce pays, le surplus de ce capital se déverse naturellement dans le négoce international, et est utilisé à remplir les mêmes fonctions pour d'autres pays. Le négoce international est l'effet naturel et le symptôme d'une grande richesse nationale. [...]

L'extension du commerce intérieur et du capital qui peut y être utilisé est nécessairement limitée par la valeur du surplus de tous les endroits éloignés les uns des autres à l'intérieur du pays qui ont l'occasion d'échanger leurs productions respectives ; celle du commerce extérieur de consommation, par la valeur du surplus de l'ensemble du pays et de ce qui peut être acheté avec ce surplus ; celle du négoce international par la valeur du surplus de l'ensemble des pays du monde. Son extension possible est donc en quelque sorte infinie en comparaison des deux autres, et est de nature à absorber les capitaux les plus importants.

Adam Smith, *op. cit.*, livre II, chapitre V (extrait).

2) David Ricardo

J'ai cherché tout au long de cet ouvrage à montrer que le taux des profits ne peut augmenter que sous l'effet d'une baisse des salaires, et qu'il ne peut y avoir de baisse permanente des salaires que du fait d'une baisse du prix des biens de subsistance achetés par les salaires. Si donc, par l'extension du commerce extérieur ou par l'amélioration des machines, la nourriture et les biens de subsistance de l'ouvrier peuvent être mis sur le marché à un prix plus faible, les profits monteront [...]. Mais si les marchandises obtenues à meilleur prix par l'extension du commerce extérieur ou par l'amélioration des machines sont exclusivement des marchandises consommées par les riches, cela n'aura aucun effet sur le taux des profits. [...] ➤➤➤

>>>

Ainsi le commerce extérieur, quoique très bénéfique à un pays car il augmente la masse et la variété des objets qui peuvent être achetés avec les revenus, et fournit, par l'abondance et le bon marché des marchandises, des incitations à l'épargne et à l'accumulation du capital, n'a pas tendance à élever les profits du capital sauf si les marchandises importées appartiennent à la catégorie de celles qui sont achetées par les salaires du travail.

David Ricardo, *op. cit.*, chapitre VII (extrait).

L'intérêt du commerce extérieur du point de vue des débouchés qu'il apporte à l'activité nationale est également souligné par des auteurs comme Malthus et Sismondi, qui rejettent la loi de Say. Ricardo, partisan convaincu de cette loi, ne partage évidemment pas ce point de vue. S'il voit lui aussi dans le commerce extérieur un moyen de retarder l'échéance de l'état stationnaire, c'est pour une raison bien différente.

Les profits dépendant du niveau des salaires et donc des prix des subsistances, tout facteur susceptible de diminuer ces prix permet, selon Ricardo, de retarder la baisse du taux de profit. Ce résultat peut être obtenu par des innovations techniques, mais aussi par des importations en provenance de pays où le prix des subsistances est faible (Texte 45.2). Encore faut-il que le bénéfice de l'opération ne soit pas annulé par l'importance des coûts de transport (en forte baisse au XIXe siècle), ou par des droits de douane.

Une telle situation caractérisait précisément l'Angleterre dans la première moitié du XIXe siècle, où les célèbres « corn laws » (lois sur le blé) protégeaient la production de blé nationale de la concurrence étrangère. Ces lois, soutenues par les propriétaires fonciers, étaient combattues par les industriels qui voyaient en elles une cause de pain cher, et donc de salaires élevés. Au Parlement, ce conflit se traduisait par un affrontement entre les conservateurs (qui défendaient le point de vue des propriétaires fonciers) et les libéraux (favorables aux vues des industriels), soutenus à partir de 1838 par la Ligue *anti-corn law* de l'industriel Richard Cobden. Ricardo participa au débat en prenant le parti des industriels, contrairement à Malthus, pour qui il importait de protéger la consommation, et donc les revenus des propriétaires fonciers.

Ce débat fut tranché en 1846 par l'abolition des *corn-laws* et l'entrée de la Grande-Bretagne dans l'ère du libre-échange. Même si l'on ne peut parler de changement brutal, les effets de l'abolition des *corn laws* sur les prix, la production et les importations de céréales allèrent dans le sens prévu par Ricardo. Il en résulta un accroissement de la dépendance extérieure de l'économie britannique en matière agricole et une accélération de sa spécialisation dans les activités industrielles, domaine dans lequel la suprématie britannique resta incontestée jusque vers 1880.

3.2 Un jeu à somme positive : la division internationale du travail

Alors que les mercantilistes considéraient le commerce international comme un « jeu à somme nulle » dans lequel les gains des uns sont l'exacte contrepartie des pertes des autres, les classiques ont une conception beaucoup plus optimiste, faisant du commerce international un « jeu à somme positive » dans lequel tous les participants peuvent se retrouver gagnants.

Cette conception repose directement sur la doctrine smithienne de la main invisible. En effet le commerce entre nations, sous réserve que soit respecté le libre-échange, profite à tous dans la mesure où il conduit naturellement à une division internationale du travail rationnelle. Chaque pays est amené sous la pression de la concurrence à se spécialiser dans les productions pour lesquelles il possède, écrit Smith, « quelque avantage sur ses voisins ». Le gain d'efficacité qui en résulte se traduit par un surplus dans la production des diverses marchandises, qui se répartit entre tous les participants.

La notion d'avantage sur les voisins avancée par Smith doit être précisée. Pour celui-ci, il s'agit de la possibilité de produire une marchandise donnée en utilisant moins de capital et de travail que les pays concurrents (Texte 46). Ce genre d'avantage fut par la suite désigné sous le nom d'« avantage absolu », pour le distinguer de l'« avantage relatif » défini par Ricardo.

SMITH La théorie des avantages absolus — TEXTE 46

C'est la maxime de tout chef de famille prudent de ne jamais tenter de faire à la maison ce qui lui coûtera plus cher à faire qu'à acheter. Le tailleur n'essaie pas de fabriquer ses propres chaussures, mais les achète à un cordonnier. Le cordonnier n'essaie pas de fabriquer ses vêtements, mais recourt au tailleur. Le fermier n'essaie de fabriquer ni les uns ni les autres, mais utilise les services de ces deux artisans. Tous trouvent qu'il est de leur intérêt d'employer toute leur énergie dans une activité pour laquelle ils ont un avantage sur leurs voisins, et d'acheter avec une partie du produit de celle-ci ou, ce qui revient au même, avec le prix de cette partie, toutes les autres choses dont ils peuvent avoir besoin.

Ce qui est prudence dans la conduite de chaque famille privée ne peut être folie dans la conduite d'un grand royaume. Si un pays étranger peut nous approvisionner en une marchandise à meilleur marché que nous ne pouvons le faire nous mêmes, mieux vaut le lui acheter avec une partie du produit de notre propre activité, employée dans des productions pour lesquelles nous avons quelque avantage. L'activité générale d'un pays, étant toujours proportionnée au capital qui la met en œuvre, ne sera pas diminuée pour cela, pas davantage que ne le sera celle des artisans mentionnés ci-dessus ; elle aura seulement à découvrir la façon dont elle peut s'employer avec le plus grand avantage. Elle n'est certainement pas

►►►

>>>

employée avec le plus grand avantage quand elle est ainsi dirigée vers un objet qu'elle pourrait acheter à meilleur compte qu'elle ne le fabrique. La valeur de son produit annuel est certainement plus ou moins diminuée quand elle se trouve empêchée de produire des marchandises ayant une valeur évidemment plus élevée que les marchandise. qu'elle est conduite à produire. [...]

Les avantages naturels qu'un pays détient sur un autre dans la production de marchandises particulières sont parfois si grands qu'on reconnaît dans le monde entier qu'il serait vain de lutter contre eux [...]. Mais s'il y a une absurdité manifeste à affecter à un emploi quelconque trente fois plus de capital et de travail du pays qu'il n'en faudrait pour acheter à l'étranger a même quantité de marchandises qu'on veut avoir, il doit y avoir une absurdité, exactement de la même nature quoique moins éclatante, à affecter a un tel emploi un trentième, ou même un trois-centième de plus de l'un et de l'autre. À cet égard, il importe peu que les avantages d'un pays sur un autre soient naturels ou acquis. Tant qu'un pays détient ces avantages, et qu'un autre ne les a pas, il est toujours plus avantageux pour le second d'acheter au premier que de fabriquer. C'est uniquement un avantage acquis, qu'un artisan détient sur son voisin exerçant une autre activité et pourtant ils trouvent tous deux plus avantageux d'acheter l'un à l'autre que de faire ce qui ne relève pas de leur métier particulier.

Adam Smith, *op. cit.* livre IV, chapitre (extrait).

3.3 La théorie de l'avantage relatif

Ricardo raisonne sur un modèle simplifié où sont pris en compte seulement deux produits, le vin et le drap, et deux pays, l'Angleterre et le Portugal (Repère 23). Les frais de production de chaque marchandise dans chaque pays sont tels que le Portugal possède un avantage absolu sur l'Angleterre dans la production des deux marchandises. Si l'on s'en tenait à l'analyse d'Adam Smith, il n'y aurait donc pas de commerce entre ces deux pays, le Portugal n'ayant aucun intérêt à acheter des marchandises en Angleterre. Pourtant, affirme Ricardo, même dans ce cas les deux pays ont intérêt à se spécialiser et à commercer l'un avec l'autre.

En effet l'Angleterre, en situation de désavantage absolu pour les deux marchandises, possède néanmoins un avantage relatif sur le Portugal dans la production du drap : si chaque pays décide d'augmenter sa production de drap, il devra réaffecter à cette production une partie du travail précédemment consacré à la production de vin, mais le coût du drap, exprimé en termes de vin auquel il faudra renoncer, est plus faible en Angleterre qu'au Portugal (symétriquement, le Portugal possède un avantage relatif sur l'Angleterre dans la production du vin). Il apparaît alors que chaque pays a intérêt à se spécialiser dans la production pour laquelle il possède un avantage relatif, et à importer l'autre produit.

REPÈRE • 23

Vin portugais et drap anglais. L'exemple de Ricardo

Hypothèses

– 2 pays (Portugal, Angleterre) ; 2 produits (vin, drap)

– Dépenses de travail nécessaires à la production d'une unité de chaque marchandise dans chaque pays :

	Portugal	Angleterre
DRAP	90	100
VIN	80	100

Analyse des avantages absolus

– DRAP : 90 < 100 ⇒ avantage absolu au Portugal

– VIN : 80 < 120 ⇒ avantage absolu au Portugal

Analyse des avantages relatifs

– DRAP (coût du drap en termes de vin dans chaque pays) :

PORTUGAL : 90/80= 1, 125

ANGLETERRE : 100/120 ≈ 0,833

⇒ avantage relatif à l'Angleterre

– VIN (coût du vin en termes de drap dans chaque pays) :

PORTUGAL : 80/90 ≈ 0,888

ANGLETERRE : 120/100 = 1,2

⇒ avantage relatif au Portugal

Intérêt de la spécialisation sur la base de l'avantage relatif

INTÉRÊT DE L'ANGLETERRE : l'Angleterre doit renoncer à la production de 120/100 unité de drap pour pouvoir produire une unité de vin. Elle a donc intérêt à importer du vin portugais si elle peut le payer, en termes de drap exporté, à un prix :

$P < 120/100$ unité de drap par unité de vin

INTÉRÊT DU PORTUGAL : le Portugal doit renoncer à la production de 90/80 unité de vin pour pouvoir produire une unité de drap. Il a donc intérêt à importer du drap anglais s'il peut le payer, en termes de vin exporté, à un prix :

$P' < 90/80$ unité de vin par unité de drap

Conclusion : Comme par définition ($P' = 1/P$), chaque pays a intérêt à se spécialiser sur la base de l'avantage relatif dès lors que :

$80/90 < P < 120/100$

Il existe en effet un terrain d'entente entre les deux pays : pour que la spécialisation de l'Angleterre dans le drap et la spécialisation du Portugal dans le vin soient mutuellement avantageuses, il faut et il suffit que le prix international du vin en termes de drap se situe à l'intérieur de la fourchette des coûts relatifs internes vin/drap. Certes, le gain retiré par chaque pays dépend du niveau exact où se situe le prix à l'intérieur de la fourchette. Mais cela est sans conséquence sur le principe même de la spécialisation puisque, tant que le prix reste dans la fourchette, les deux pays trouvent un intérêt à l'échange.

Nous sommes bien en présence d'un jeu à somme positive dans lequel les intérêts des joueurs, quoique partiellement divergents (chaque pays a intérêt à vendre le plus cher possible et à acheter le moins cher possible), présentent néanmoins une zone de convergence (la fourchette des coûts relatifs internes) leur permettant à tous deux d'améliorer leur position par rapport à la situation initiale.

En outre, Ricardo reprend à son compte la théorie du rééquilibrage automatique de la balance commerciale énoncée au XVIIIe siècle par Cantillon et Hume (voir *supra*, chapitre 3), ce qui lui permet de conclure de façon rassurante que d'éventuels déséquilibres du commerce extérieur ne sont pas à redouter.

3.4 L'apport de Stuart Mill

Cette théorie du commerce international reste incomplète, car elle ne dit pas avec précision comment se déterminent les prix relatifs des marchandises dans les échanges internationaux.

Reprenant le problème là où l'avait laissé Ricardo, Stuart Mill montre qu'à l'intérieur de la fourchette déterminée par les coûts de production relatifs internes, le prix relatif auquel s'effectuent normalement les échanges entre les deux pays est celui qui équilibre l'offre et la demande de chaque pays (en réalité Stuart Mill remplace le Portugal par l'Allemagne, et le vin par la toile).

Le Repère 24 propose un exemple illustrant ce raisonnement. Cet exemple s'écarte du modèle original sur deux points : les données de départ sont celles de l'exemple de Ricardo et non celles qu'utilise Stuart Mill ; les liaisons entre quantités demandées et prix sont représentées par des relations fonctionnelles (technique introduite, en 1838, par le mathématicien et économiste français Cournot), alors que Stuart Mill n'utilise que des barèmes numériques.

3.5 La critique de List

À peu près au moment où elle était ainsi complétée, la théorie ricardienne du commerce international commençait à faire l'objet d'une critique virulente l'accusant de n'être rien de plus, malgré ses prétentions scientifiques, qu'une machine de guerre au service des intérêts de la puissance industrielle britannique, alors dominante. Cette critique, qui s'appuie sur des arguments en faveur du protectionnisme déjà développés dans le passé, est formulée en 1840 par un économiste allemand, Friedrich List (1789-1846), dans un ouvrage significativement intitulé *Système national d'économie politique*.

REPÈRE • 24

La détermination des prix du commerce international selon Stuart Mill. Un exemple numérique

Hypothèses

Les données de départ sont celles de l'exemple de Ricardo (Repère 5).
On appelle X le vin, Y le drap, l'Angleterre est le pays n° 1, le Portugal le pays n° 2.
On écrit :
X_1 = demande de vin par l'Angleterre
Y_1 = offre de drap par l'Angleterre
X_2= offre de vin par le Portugal
Y_2 = demande de drap par le Portugal
$P = Y_1 / X_1 = Y_2 / X_2$ = prix international du vin en termes de drap
Compte tenu des coûts de production du vin et du drap à l'intérieur de chaque pays, on sait d'après Ricardo que :

$$80/90 < P < 120/100$$

Demande de vin de l'Angleterre : plus le prix du vin (P) est élevé, plus la demande anglaise de vin portugais est faible (elle s'annule si P atteint 120/100). Soit par exemple :

$$X_1 = (120 / P) - 100$$

Demande de drap du Portugal : plus le prix du drap ($1 / P$) est élevé, plus la demande portugaise de drap anglais est faible (elle s'annule si $1/P$ atteint 90/80). Soit par exemple :

$$Y_2 = 90.P - 80$$

Détermination du prix international du vin en termes de drap (P)

L'offre de drap de l'Angleterre résulte de sa demande de vin :

$$P = Y_1 / X_1 \Rightarrow Y_1 = P.\ X_1 = 120 - 100.P$$

De même, l'offre de vin du Portugal résulte de sa demande de drap :

$$P = Y_2 / X_2 \Rightarrow X_2 = Y_2 / P = 90 - (80 / P)$$

Dès lors, l_équilibre offre-demande s écrit pour chaque produit :
$X_2 = X_1 \Leftrightarrow 90 - (80 / P) = (120 / P) - 100$
$Y_1 = Y_2 \Leftrightarrow 120 - 100.P = 90.P - 80$
Les deux égalités ci-dessus sont équivalentes : le vin portugais étant échangé contre le drap anglais, l'équilibre de l'offre et de la demande pour un produit conditionne l'équilibre pour l'autre produit. En résolvant l'une ou l'autre des deux équations, on obtient :

$$P = 190/200 = 0{,}95$$

On vérifie que ce prix se trouve bien dans la fourchette des coûts relatifs de chaque pays.

L'Allemagne est alors un pays politiquement divisé en plusieurs États, et économiquement nettement en retard sur la Grande-Bretagne. Cependant des ferments d'unité et de développement y sont à l'œuvre, comme le marque la création, en 1834, du *Zollverein* (union douanière) à laquelle participe List. Pour celui-ci, le développement économique allemand passe en effet par la création d'un espace économique national unifié, et protégé de la concurrence de l'industrie britannique par des barrières douanières.

Or la doctrine de Ricardo présente comme bénéfique le libre-échange, non seulement pour la Grande-Bretagne, mais aussi pour les autres pays. Mais cette doctrine, affirment List et ses partisans, feint d'ignorer que les avantages relatifs sont souvent le produit de l'histoire et non de la nature. L'avantage anglais dans la production de cotonnades, par exemple, n'a rien de naturel : il est le fruit d'un développement industriel préalable que l'Angleterre a elle-même mené, dans un premier temps, à l'abri de barrières douanières.

Dès lors le libre-échange prôné par Ricardo, selon cette analyse, n'a pour objet que de figer les situations acquises, c'est-à-dire de conserver la prééminence industrielle britannique en cantonnant les autres pays dans un rôle de pourvoyeurs de matières premières et de produits agricoles, ainsi que de débouchés pour les produits manufacturés anglais. Un pays qui veut se développer, conclut List, doit rejeter la doctrine de Ricardo et protéger au contraire ses « industries naissantes » de la concurrence destructrice des pays plus développés.

Par son nationalisme et son interventionnisme économique, par le rejet des prétentions universalistes de l'économie classique et par l'insistance mise au contraire sur le rôle des facteurs historiques, List préfigure directement « l'école historique » qui se développe quelques années plus tard en Allemagne. Au-delà de celle-ci, son argumentation sera reprise au XXe siècle par de nombreux économistes et hommes politiques des pays en voie de développement, et l'opposition des thèses de Ricardo et de List fait aujourd'hui encore les beaux jours des forums internationaux où l'on traite des problèmes de commerce et de développement.

PARTIE 3

LE MARXISME

7 Une théorie pour la révolution

SOMMAIRE

L'œuvre de Marx occupe une place à part au sein de l'histoire de la pensée économique. Cette singularité tient d'abord au caractère largement inclassable, selon les critères traditionnels, d'une doctrine qui relève à la fois de l'économie, de la philosophie, de l'histoire, de la sociologie…

En second lieu, son analyse économique vient soutenir un projet de société qui, bien qu'ayant des antécédents, distingue radicalement Marx de la plupart des économistes : s'il n'a évidemment rien d'un libéral acquis aux beautés de la « main invisible », il ne peut pas davantage être rangé dans le camp des interventionnistes de tout poil qui voient dans l'État le remède aux défauts de l'économie de marché. Son projet n'est ni de « laisser faire », ni de réguler le marché mais purement et simplement de le supprimer, et avec lui la propriété privée des moyens de production, la monnaie, et (après une phase de transition) l'État : la cause pour laquelle milite Marx, de sa jeunesse à la fin de sa vie, est celle du communisme.

Œuvre inclassable, œuvre militante : voilà bien de quoi alimenter la méfiance des spécialistes qui, souvent, furent enclins à refuser au marxisme le droit de cité dans les manuels d'économie. À la révérence quasi religieuse dont, sous divers avatars, il fit l'objet dans les pays où il devint doctrine officielle, s'oppose le traitement par le silence (ou le dénigrement) qui lui fut réservé pendant longtemps par l'économie « académique » des pays occidentaux. Ces deux attitudes opposées eurent pour effet commun d'entraver considérablement le développement d'un débat scientifique sur le marxisme, remplacé bien souvent par un dialogue de sourds et des excommunications réciproques. Ce débat s'est pourtant développé, et il convient à cet égard de souligner le rôle de pionnier joué par quelques universitaires (non marxistes) des pays occidentaux qui, tels Joan Robinson et Joseph Schumpeter eurent dans les années trente et quarante de ce siècle l'originalité d'étudier de près l'analyse économique de Marx (Texte 47).

SCHUMPETER Point de vue sur Marx

TEXTE 47

Un tribunal de juges compétents en matière de technique économique doit condamner Marx. Adhésion à un appareil analytique qui fut toujours inadéquat et qui, même du temps de Marx, devenait rapidement désuet ; longue liste de conclusions qui ou bien ne dérivent pas des prémisses, ou bien sont complètement erronées ; erreurs dont la correction modifie certaines déductions essentielles, jusqu'à les renverser parfois en leurs contraires – on peut à bon droit mettre toutes ces tares à la charge de Marx, en tant que technicien économique.

Néanmoins, même un tribunal devrait nécessairement atténuer son verdict, ceci pour deux motifs : en premier lieu, bien que Marx ait fréquemment et parfois invraisemblablement erré, ses critiques n'ont pas, il s'en faut de beaucoup, été toujours dans le vrai : comme certains d'entre eux étaient des économistes excellents, cette circonstance doit être portée au crédit de Marx – notamment du fait que Marx n'a pas été en mesure d'affronter la plupart d'entre eux. En second lieu, on doit également reconnaître à Marx ses contributions, tant positives que négatives, à un grand nombre de problèmes spécifiques [...]

Néanmoins, une cour d'appel même si elle continuait à s'en tenir aux questions théoriques pourrait se sentir inclinée à rendre un verdict complètement opposé. On doit, en effet, placer dans la balance, en regard des errements théoriques de Marx, une réussite vraiment majeure. À travers tous les éléments erronés, voire anti-scientifiques, de son analyse court le fil d'une idée fondamentale affranchie de ces défauts, à savoir la conception d'une théorie portant non pas seulement sur un nombre indéfini de situations spécifiques disjointes ou sur la logique des quantités économiques en général, mais sur la succession effective de ces situations ou sur l'évolution économique telle qu'elle se poursuit, sous sa propre impulsion, à travers le temps historique, en engendrant à chaque instant la situation qui, d'elle-même, donnera naissance à la suivante. Ainsi, le créateur de tant d'idées fausses a été également le premier à avoir l'intuition de l'édifice intellectuel qui, même de nos jours, reste encore à l'état virtuel, à savoir cette théorie économique de l'avenir pour la construction de laquelle nous accumulons lentement et laborieusement des pierres, des données statistiques et des équations fonctionnelles. Or, Marx n'a pas seulement conçu cet idéal, mais il a tenté de le réaliser. Toutes les insuffisances qui défigurent son œuvre doivent, si l'on prend en considération le grand dessein que son argumentation a visé à servir, être appréciées sous un éclairage différent même si certaines circonstances ne le rachètent pas complètement, sauf dans certains cas.

Joseph Schumpeter, *Capitalisme, socialisme et démocratie* (1943), Payot, 1951, p. 68-69.

La doctrine de celui-ci est indissociable de l'histoire du mouvement ouvrier, à l'organisation duquel il travailla toute sa vie. Le but de ses recherches théoriques est de fournir à ce mouvement, en qui il voit le germe de la révolution à venir, un outil intellectuel permettant de comprendre le fonctionnement du système capitaliste afin de hâter sa disparition. C'est essentiellement cette préoccupation qui amène Marx, philosophe de formation, à se plonger dans l'économie politique.

1 | Le mouvement ouvrier au XIXe siècle et le marxisme

1.1 La critique du « socialisme utopique »

L'Europe dans laquelle vit Marx est celle de la révolution industrielle. Les conditions très dures qui sont imposées aux ouvriers pendant cette période sont à l'origine, non seulement de nombreuses protestations et révoltes (*cf.* chapitre 4), mais également de divers projets de réorganisation de la société (Repère 25). Quoique variés dans leurs modalités, ces projets ont généralement pour objectif d'instaurer la justice sociale par une organisation plus ou moins communautaire de la production. Ils renouent ainsi avec une ancienne tradition, illustrée notamment par Platon (*cf.* chapitre I) et Thomas More (l'auteur de l'*Utopie*).

REPÈRE • 25

Quelques figures du « socialisme utopique »

Robert Owen (1771-1858) : une des figures les plus marquantes et les plus originales du mouvement. Cet autodidacte issu d'une famille pauvre du Pays de Galles se retrouve, dès l'âge de 19 ans, à la tête d'une filature de coton employant 500 personnes à New Lanark (Écosse). Il y applique avec succès un programme de réformes visant à l'amélioration de la situation des ouvriers (amélioration du logement et de l'hygiène, construction d'écoles, augmentation des salaires, réduction de la durée du travail...). En 1828, il fonde aux États-Unis une communauté baptisée « Nouvelle Harmonie » dans laquelle il tente de mettre en application ses idées sur le retour à la terre, l'abolition de la propriété privée, de la monnaie et du mariage. Cette expérience se solde rapidement par un échec. De retour en Angleterre, il lance l'« Équitable Banque d'échange » destinée à permettre l'échange de bons de travail (qui doivent selon lui remplacer la monnaie) et une organisation syndicale unifiée (le « Grand National »). Ces deux tentatives se soldent également par des échecs. Les idées d'Owen exercèrent une influence sur les fondateurs du mouvement coopératif anglais.

►►►

➤➤➤

Charles Fourier (1772-1837) : fils d'un riche commerçant de Besançon, Fourier perd sa fortune à la suite d'une spéculation manquée et devient commis-voyageur, puis caissier d'une entreprise lyonnaise. Il consacre l'essentiel de son existence à l'élaboration de ses projets de réforme sociale, dont le principal est le « phalanstère ». Ce projet, que Fourier décrit avec un grand luxe de détails souvent tout à fait insolites, consiste en une sorte de micro-société close comprenant environ 1 600 personnes, qui doivent tour à tour exercer les différentes fonctions sociales de façon à éviter les méfaits de l'excès de spécialisation. À la différence d'Owen, Fourier, qui ne parvient pas à trouver un mécène prêt à financer son projet, ne peut mettre ses idées en pratique. Cependant, certains disciples tenteront de créer des phalanstères.

Pierre Joseph Proudhon (1809-1865) : né à Besançon dans une famille ouvrière, Proudhon exerce successivement les métiers de typographe, d'imprimeur, de journaliste. Il se fait connaître en 1840 par la publication d'un ouvrage intitulé *Qu'est-ce que la propriété ?*, dans lequel il affirme que « la propriété c'est le vol », ce qui ne manque pas de susciter des réactions indignées dans la bourgeoisie. En 1846 il critique les idées communistes dans son *Système des contradictions sociales ou Philosophie de la misère*, ce qui lui vaut une cinglante réplique de Marx qui un an plus tard publie *Misère de la philosophie*.

En 1848, il se fait élire à l'Assemblée nationale, et en 1849 il est condamné à trois ans de prison pour avoir écrit de violents articles contre Louis-Napoléon Bonaparte. Il semble néanmoins se rallier à ce dernier en 1852 *(La Révolution sociale démontrée par le coup d'État du 2 décembre 1851)*. Personnalité complexe et souvent contradictoire, Proudhon apparaît à la fois comme un des fondateurs de l'anarchisme et un réformateur plutôt modéré en dépit de certaines déclarations fracassantes : il considère que l'association mutualiste offre la possibilité de résoudre le problème social sans violence. Son influence sur le mouvement ouvrier français au XIXe siècle est importante.

Pour Marx il s'agit de projets chimériques et, afin de bien les distinguer de sa propre conception du socialisme qu'il qualifie de « scientifique », il leur accole l'étiquette de « socialisme utopique » (le terme prend chez lui une tonalité nettement péjorative, qu'il n'avait évidemment pas chez Thomas More).

Marx reproche tout d'abord aux « socialistes utopiques » de s'en tenir à une critique essentiellement morale du capitalisme, alors qu'il convient à ses yeux d'en faire une analyse scientifique (ce qui l'amènera à étudier l'économie politique) afin d'en déceler les contradictions.

Il leur reproche également d'élaborer pour la société qu'ils appellent de leurs vœux des projets ne reposant sur aucune base sérieuse, dans la mesure où il est impossible de décrire dans le détail le fonctionnement d'une société qui n'existe pas encore (cette attitude prudente explique qu'il n'ait consacré dans toute son œuvre, pourtant fort abondante, qu'un nombre restreint de pages à la description de ses propres conceptions de la société communiste).

Enfin Marx considère, à l'encontre de nombreux « socialistes utopiques », qu'il n'est pas possible de créer des îlots de socialisme à l'intérieur de la société capitaliste. La transformation de la société ne peut selon lui résulter que d'un processus révolutionnaire global, et les expériences isolées sont vouées à l'échec (ce que le fiasco des expériences de communautés oweniennes ou de phalanstères fouriéristes tend à confirmer) ou à la récupération : Marx est pour le moins méfiant à l'égard du mouvement coopératif, en lequel il voit plus un élément d'intégration de la classe ouvrière au capitalisme qu'un instrument de son émancipation.

1.2 L'organisation du prolétariat en vue de la révolution

Cette émancipation, selon Marx, ne peut venir que de la classe ouvrière elle-même. C'est pourquoi, dès son arrivée à Paris en 1843, il travaille à l'organisation du mouvement ouvrier, dans la perspective du renversement révolutionnaire de la société capitaliste. Il participe notamment à la création, en 1847, de la Ligue des communistes, qui reste un groupuscule.

REPÈRE•26

Karl Marx (1818-1883)

Fils d'un avocat de Trêves, Marx fait des études de philosophie et de droit, à Bonn puis à Berlin. En 1841 il est reçu docteur en philosophie. Il fréquente alors le cercle philosophique des « hégéliens de gauche », disciples du philosophe allemand Hegel (1770-1831) qui cherchent à tirer de l'enseignement du maître des conclusions progressistes et matérialistes. Ses idées l'empêchent d'obtenir un poste de professeur, et il s'oriente vers le journalisme.

Marx s'éloigne des hégéliens de gauche à qui il reproche de ne pas s'intéresser suffisamment aux problèmes concrets de la transformation de la société et s'installe à Paris. Il y écrit notamment, en 1844, un ensemble de textes importants qui ne seront publiés qu'au XXe siècle sous le nom de *Manuscrits économico-philosophiques*, dans lesquels il expose son adhésion au communisme sur la base d'une théorie philosophique dérivée de celle de Feuerbach. Marx, qui à Paris fréquente les cercles d'ouvriers et fait la rencontre d'Engels, est expulsé de France en 1845. Il se réfugie alors à Bruxelles avec Engels. Ensemble ils rédigent *L'Idéologie allemande* (1846), qui contient un premier exposé de la doctrine du matérialisme historique. En 1847, Marx publie un texte polémique intitulé *Misère de la philosophie*, qui constitue une réplique à la *Philosophie de la misère* écrite peu avant par Proudhon. Avec Engels encore, il écrit la même année un petit ouvrage intitulé *Manifeste du parti communiste*, dans lequel sont résumés les principaux éléments de leur doctrine révolutionnaire. Il participe aux événements révolutionnaires de 1848 à Paris puis à Cologne, d'où il est expulsé en 1849.

►►►

➤➤➤

Marx se réfugie à Londres, où il se fixe définitivement. Il consacre alors l'essentiel de son temps à l'organisation du mouvement ouvrier et à l'économie politique. En 1864, il participe à la création de l'Association internationale des travailleurs, au sein de laquelle il lutte contre l'influence des idées anarchisantes de Proudhon et Bakounine. En 1867 il publie le premier livre de son ouvrage principal, *Le Capital*. En 1871, dans un ouvrage intitulé *La Guerre civile en France*, il étudie « à chaud » la Commune de Paris, qu'il considère comme la première forme historique de la dictature du prolétariat. À la fin de sa vie, Marx suit la formation et le développement des partis socialistes en Europe, dont il critique à l'occasion les positions qu'il juge opportunistes. C'est en particulier le cas pour le Parti social-démocrate allemand, dont la naissance s'effectue au congrès de Gotha en 1875 ; dans la *Critique du programme de Gotha* qu'il rédige à cette occasion, Marx expose les grandes lignes de sa conception de la société communiste future.

Une évolution importante s'opère dans la seconde moitié du siècle avec la création, à Londres en 1864, de l'Association internationale des travailleurs, dans laquelle Marx joue un rôle actif. Si cette « Première Internationale » disparaît en 1872, victime de ses dissensions internes, l'échec n'est que provisoire car une IIe Internationale naît en 1891 (huit ans après la mort de Marx), et fédère les partis sociaux-démocrates qui se créent en Europe à la fin du XIXe siècle. Le marxisme, qui était jusque-là resté un courant très minoritaire au sein du mouvement ouvrier, conquiert un nombre croissant d'adeptes, en Allemagne d'abord, mais aussi en Autriche, en France (à un moindre degré), en Italie, en Russie… Les pays anglo-saxons restent par contre à peu près totalement réfractaires à cette doctrine.

Si l'Internationale se fixe comme objectif la révolution socialiste à l'échelle mondiale, les tendances « réformistes » qui considèrent que des accommodements sont possibles avec le capitalisme s'y développent, et ce phénomène n'est sans doute pas sans lien avec l'amélioration des conditions de vie de la classe ouvrière que l'on constate à la fin du XIXe siècle dans les pays industrialisés. Après la « faillite de la IIe Internationale » que représente le ralliement des partis sociaux-démocrates à des gouvernements d'union nationale pendant la première guerre mondiale, la prise du pouvoir par les bolcheviks en Russie en 1917 apparaît comme un retour à l'idéal révolutionnaire de Marx. C'est à Moscou, en 1919, qu'est créée l'Internationale communiste ou IIIe Internationale.

2 | Philosophie, économie, histoire

2.1 De la philosophie allemande à l'économie politique anglaise

La formation intellectuelle de Marx ne le prédispose guère à l'étude de l'économie : si la philosophie, qu'il étudie à Bonn puis à Berlin, connaît au début du XIXe siècle un essor remarquable en Allemagne (elle y est alors dominée par la figure de Hegel), l'économie politique, discipline alors essentiellement britannique, n'est à cette époque guère cultivée dans un pays qui n'est pas encore touché par la révolution industrielle. Aussi l'adhésion précoce de Marx à la cause du communisme repose-t-elle, dans un premier temps, sur une argumentation philosophique beaucoup plus qu'économique.

Cette argumentation, développée notamment dans les *Manuscrits* de 1844, a pour pivot le concept d'aliénation (du latin *alienus* : « qui appartient à un autre »). Marx soutient en effet que dans la société capitaliste, l'homme est aliéné, c'est-à-dire rendu étranger à lui-même, et que seul un changement de société peut supprimer cette aliénation (Texte 48).

MARX Le travail aliéné TEXTE 48

L'ouvrier est à l'égard du produit de son travail dans le même rapport qu'à l'égard d'un objet étranger. Car ceci est évident par hypothèse : plus l'ouvrier s'extériorise dans son travail, plus le monde étranger, objectif, qu'il crée en face de lui, devient puissant, plus il s'appauvrit lui-même et plus son monde intérieur devient pauvre, moins il possède en propre. Il en va de même dans la religion. Plus l'homme met de choses en Dieu, moins il en garde en lui-même. [...]

Mais l'aliénation n'apparaît pas seulement dans le résultat, mais dans l'acte de production, à l'intérieur de l'activité productive elle-même. [...] Or, en quoi consiste l'aliénation du travail ? D'abord, dans le fait que le travail est extérieur à l'ouvrier, c'est-à-dire qu'il n'appartient pas à son essence, que donc, dans son travail, celui-ci ne s'affirme pas mais se nie, ne se sent pas à l'aise mais malheureux, ne déploie pas une libre activité physique et intellectuelle, mais mortifie son corps et ruine son esprit. En conséquence, l'ouvrier n'a le sentiment d'être auprès de lui-même qu'en dehors de soi. Il est comme chez lui quand il ne travaille pas et, quand il travaille, il ne se sent pas chez lui. Son travail n'est donc pas volontaire, mais contraint, c'est du travail forcé. Il n'est donc pas la satisfaction d'un besoin, mais seulement un moyen de satisfaire des besoins en dehors du travail. Le caractère étranger du travail apparaît nettement dans le fait que, dès qu'il n'existe pas de contrainte physique ou autre, le travail est fui comme la peste. Le travail extérieur, le travail dans lequel l'homme s'aliène, est un travail de sacrifice de soi, de mortification.

➤➤➤

>>>
Tandis que le travail aliéné rend étrangers à l'homme, 1) la nature, 2) lui-même, sa propre fonction active, son activité vitale, il rend étranger à l'homme le genre [humain, ndc] : il fait pour lui de la vie générique le moyen de la vie individuelle. Car le travail, l'activité vitale, la vie productive n'apparaissent eux-mêmes à l'homme que comme un moyen de satisfaire un besoin, le besoin de conservation de l'existence physique. Mais la vie productive est la vie générique. [...]

L'activité vitale consciente distingue directement l'homme de l'activité vitale de l'animal. C'est précisément par là, et par là seulement, qu'il est un être générique. Une conséquence immédiate du fait que l'homme est rendu étranger au produit de son travail, à son activité vitale, à son être générique, est celle-ci : l'homme est rendu étranger à l'homme.

Karl Marx, *Manuscrits de 1844*, Éditions Sociales, 1969, p. 55-65 (extraits).

Sa démarche s'inspire étroitement de la théorie de l'aliénation religieuse du philosophe « hégélien de gauche » Ludwig Feuerbach (1804-1872). Dans *L'Essence du christianisme* (1841), cet auteur présente Dieu comme un produit de l'esprit humain, qui en le créant l'a doté de ses propres attributs. Cette auto-mystification amène les hommes à se prosterner devant ce qui n'est que le produit de leur imagination, mais qui leur apparaît comme une puissance étrangère et dominatrice : s'étant dépouillés de leurs propres attributs en les transférant à la divinité, les hommes sont en fait devenus étrangers à eux-mêmes, ils sont aliénés. L'invention de la religion provient selon Feuerbach d'un trait essentiel distinguant les hommes des animaux : la conscience, définie non seulement comme le sentiment de soi en tant qu'individu, mais aussi par le fait que l'homme se connaît comme espèce, comme « être générique ».

L'analyse de Feuerbach trouve sa transposition fidèle dans la thèse de l'aliénation économique qui, pour Marx en 1844, caractérise la société capitaliste. Cette thèse repose sur un *a priori* philosophique très particulier, l'idée que l'essence de l'homme en tant qu'être générique, sa nature profonde, est le travail. Or le travail dans la société capitaliste, loin d'être la libre manifestation de la personnalité humaine, est pour Marx un travail aliéné, et cette aliénation se manifeste sous trois formes : le producteur est rendu étranger au produit de son travail (qui appartient à son employeur), à l'activité de production (qu'il ne peut organiser comme il l'entend), et à son être générique, dans la mesure où il ne voit plus dans l'activité productive, affirmation de l'essence du genre humain, que le moyen de son existence individuelle.

Marx pense que le seul moyen d'en finir avec cette situation est l'abolition de la propriété privée des moyens de production, des échanges marchands et de la monnaie, qui permettra de construire une société de « libre producteurs associés ». Dans une telle société, il ne fait aucun doute pour lui que l'homme, réconcilié avec son travail, sera en même temps réconcilié avec son « être générique » : les rapports sociaux seront « transparents ».

Si ces convictions ne s'appuient pas, en 1844, sur une véritable analyse économique, les choses changent radicalement dès 1846-47, période charnière où Marx effectue, avec Engels, deux découvertes décisives : la lecture des économistes classiques, qui entraîne l'adhésion à la théorie de la valeur-travail, et la fondation d'une théorie générale de l'histoire connue sous le nom de matérialisme historique (Texte 49), qui éclaire l'orientation nettement économique de la réflexion de Marx à partir de cette époque.

MARX Le matérialisme historique

TEXTE 49

Dans la production sociale de leur existence, les hommes entrent en des rapports déterminés, nécessaires, dépendants de leur volonté, rapports de production qui correspondent à un degré de développement déterminé de leurs forces productives matérielles. L'ensemble de ces rapports de production constitue la structure économique de la société, la base concrète sur laquelle s'élève une superstructure juridique à laquelle correspondent des formes de conscience sociales déterminées. Le mode de production de la vie matérielle conditionne le processus de vie social, politique et intellectuel en général. Ce n'est pas la conscience des hommes qui détermine leur être ; c'est inversement leur être social qui détermine leur conscience. À un certain stade de leur développement, les forces productives matérielles de la société entrent en contradiction avec les rapports de production existants, ou ce qui n'en est que l'expression juridique, avec les rapports de propriété au sein desquels elles s'étaient mues jusqu'alors. De formes de développement des forces productives qu'ils étaient, ces rapports en deviennent des entraves. Alors s'ouvre une époque de révolution sociale. Le changement dans la base économique bouleverse plus ou moins rapidement toute l'énorme superstructure. Lorsqu'on considère de tels bouleversements, il faut toujours distinguer entre le bouleversement matériel – qu'on peut constater d'une manière scientifiquement rigoureuse – des conditions de production économiques, et les formes juridiques, politiques, religieuses, artistiques ou philosophiques, bref, les formes idéologiques sous lesquelles les hommes prennent conscience de ce conflit et le mènent jusqu'au bout. [...]

Une formation sociale ne disparaît jamais avant que soient développées toutes les forces productives qu'elle est assez large pour contenir, jamais des rapports de production nouveaux et supérieurs ne s'y substituent avant que les conditions d'existence matérielles de ces rapports soient écloses au sein même de la vieille société. C'est pourquoi l'humanité ne se pose jamais que des problèmes qu'elle peut résoudre car, à y regarder de plus près, il se trouvera toujours que le problème lui-même ne surgit que là où les conditions matérielles pour le résoudre existent déjà ou du moins sont en voie de le devenir. À grands traits, les modes de

>>>

>>>
production asiatique, antique, féodal et bourgeois moderne peuvent être qualifiés d'époques progressives de la formation sociale économique. Les rapports de production bourgeois sont la dernière forme contradictoire du processus de production sociale, contradictoire non pas dans le sens d'une contradiction individuelle, mais d'une contradiction qui naît des conditions d'existence sociale des individus ; cependant les forces productives qui se développent au sein de la société bourgeoise créent en même temps les conditions matérielles pour résoudre cette contradiction. Avec cette forme sociale s achève donc la préhistoire de la société humaine.

Karl Marx. *Contribution à la critique de l'économie politique* (1859), préface, Éditions Sociales, 1972, p. 4-5.

2.2 Une grille d'analyse des sociétés...

Selon cette théorie, la compréhension du fonctionnement d'une société repose sur l'analyse de sa structure économique (appelée par la suite « infrastructure » de la société). Celle-ci détermine, en dernière instance, la « superstructure » constituée par les « formes juridiques, politiques, religieuses, artistiques ou philosophiques » propres à la société envisagée (par exemple : l'organisation politique de la société féodale s'explique par l'état de l'économie au Moyen Âge).

L'infrastructure de la société est elle-même constituée de la combinaison des forces productives et des rapports de production. Les premières regroupent la main-d'œuvre, les techniques et moyens de production dont dispose la société, alors que les seconds représentent les relations sociales qui se nouent dans le cadre du processus productif.

À un type donné de forces productives, correspondent selon Marx des rapports de production déterminés (« le moulin à bras vous donnera la société avec le suzerain, le moulin à vapeur, la société avec le capitaliste industriel », écrit-il dans *Misère de la philosophie*).

On trouve en réalité, à l'intérieur d'une société donnée, des forces productives ayant atteint des niveaux de développement très différents et des rapports de production diversifiés. Marx et Engels appellent mode de production la combinaison des forces productives et des rapports de production dominants au sein de la société. Ainsi le mode de production capitaliste est caractérisé par la combinaison des forces productives de la grande industrie (machinisme) et du rapport de production salarial. Un mode de production ne se confond pas avec une société déterminée, c'est un modèle abstrait qui permet d'en analyser les caractéristiques fondamentales.

2.3 ... et de leur évolution

L'évolution de l'infrastructure s'analyse à partir du jeu combiné des éléments qui la composent : en se développant, les forces productives de la société entrent de plus en plus en contradiction avec des rapports de production qui n'évoluent pas au même rythme ; au-delà d'un certain seuil, l'ensemble du système se trouve bloqué. « Alors, écrit Marx, s'ouvre une époque de révolution sociale. » La fonction de celle-ci est de faire disparaître les rapports de production anciens, pour permettre le développement de rapports de production plus conformes au niveau atteint par les forces productives.

Ainsi le développement des échanges marchands et de la production manufacturière, dès la fin du Moyen Âge en Europe, devient-il de plus en plus incompatible avec l'organisation sociale de l'Ancien Régime. Les révolutions en Angleterre au XVIIe siècle et en France au XVIIIe siècle sont interprétées comme la résultante de ces contradictions, en même temps que le moyen de les dénouer par l'instauration d'un ordre social nouveau, permettant le plein épanouissement des rapports de production capitalistes (abolition des corporations en France en 1791 par exemple).

Selon un processus analogue, le développement des forces productives, au sein du mode de production capitaliste, doit entrer progressivement en contradiction avec les rapports de production capitalistes, ce qui pour Marx démontre la nécessité historique de la révolution communiste. C'est donc dans l'étude de l'économie que Marx va dorénavant chercher les armes de son combat.

2.4 La lutte des classes

Cette véritable immersion dans l'économie ne l'amène pas à déserter le terrain de la politique. En effet, la proposition selon laquelle le capitalisme est condamné par le jeu de ses contradictions internes ne signifie nullement qu'il doit disparaître de lui-même comme un fruit mûr tombe de l'arbre. Comme les révolutions sociales antérieures, la révolution qui doit abolir le capitalisme ne peut résulter que d'une intense lutte de classes : l'avènement du communisme nécessite le renversement du pouvoir de la bourgeoisie par le prolétariat, ce qui passe par la prise et la transformation du pouvoir d'État, considéré comme l'instrument de la « dictature » de la classe dominante sur la société. Mais cette lutte de classes a elle-même un fondement économique.

En dehors du « communisme primitif » qui, selon Marx et Engels, a constitué la première forme sociale d'organisation de la production, les modes de production qui se sont succédé dans l'histoire ont toujours été marqués par le caractère antagonique des rapports de production qu'ils contenaient (Texte 50). La

MARX/ENGELS La lutte des classes

TEXTE 50

L'histoire de toute société jusqu'à nos jours (*) n'a été que l'histoire de la lutte des classes.

Homme libre et esclave, patricien et plébéien, baron et serf, maître de jurande et compagnon, en un mot oppresseurs et opprimés, en opposition constante, ont mené une guerre ininterrompue, tantôt dissimulée, une guerre qui finissait toujours soit par une transformation révolutionnaire de la société, soit par la destruction des deux classes en lutte.

Dans les premières époques historiques, nous constatons presque partout une organisation complète de la société en classes distinctes, une échelle graduée des conditions sociales. Dans la Rome antique, nous trouvons des patriciens, des chevaliers, des plébéiens, des esclaves ; au Moyen Âge, des seigneurs, des vassaux, des maîtres, des compagnons, des serfs, et de plus, dans chacune de ces classes, une hiérarchie particulière.

La société bourgeoise moderne, élevée sur les ruines de la société féodale, n'a pas aboli les antagonismes de classes. Elle n'a fait que substituer de nouvelles classes, de nouvelles conditions d'oppression, de nouvelles formes de lutte à celles d'autrefois.

Cependant, le caractère distinctif de cette époque, de l'époque de la bourgeoisie, est d'avoir simplifié les antagonismes de classes. La société se divise de plus en plus en deux vastes camps ennemis, en deux grandes classes diamétralement opposées : la bourgeoisie et le prolétariat.

Karl Marx/Friedrich Engels, *Manifeste du parti communiste* (1847), Éditions Sociales, 1966, p. 27-29.

(*) Ou plus exactement l'histoire écrite. En 1847, l'histoire de l'organisation sociale qui a précédé toute l'histoire écrite, la préhistoire, était à peu près inconnue. Depuis, Haxtausen a découvert en Russie la propriété commune de la terre. Maurer a démontré qu'elle est la base sociale d'où sortent historiquement toutes les tribus allemandes et on a découvert, petit à petit, que la commune rurale, avec possession collective de la terre, a été la forme primitive de la société depuis les Indes jusqu'à l'Irlande. Enfin, la structure de cette société communiste primitive a été mise à nu dans ce qu'elle a de plus typique par la découverte décisive de Morgan qui a fait connaître la nature véritable de la « gens » et sa place dans la tribu. Avec la dissolution de ces communautés primitives commence la division de la société en classes distinctes, et finalement opposées [note d'Engels à l'édition de 1890].

base matérielle de cet antagonisme n'est autre que l'exploitation d'une classe par une autre. Chez Marx ce terme a une signification économique précise : il y a exploitation lorsque des membres d'une société prélèvent, sans contrepartie matérielle équivalente, une fraction du produit du travail d'autres membres de la société. Par exemple, dans la société féodale, les seigneurs exploitent les paysans par le biais de la corvée et des droits féodaux.

2.5 La critique de l'économie politique

S'il devient économiste, Marx n'est pas un économiste « comme les autres ». Son originalité provient non seulement de conceptions politiques qui ne sont guère partagées par les économistes de son temps, mais aussi, sur le plan théorique, de la façon dont il conçoit les lois économiques. C'est tout le sens de l'expression « critique de l'économie politique », qui constitue le sous-titre de son œuvre maîtresse, *Le Capital.*

Cette critique est adressée, non aux économistes « vulgaires » (*cf.* chapitre 4), mais aux économistes « classiques » qui sont pour Marx les seuls dignes d'intérêt. Ces auteurs ont, selon lui, fait véritablement œuvre scientifique, en commençant à dégager les lois véritables du fonctionnement de l'économie capitaliste. Mais ils se sont complètement fourvoyés quant au caractère de ces lois : ils ont cru construire une science naturelle de l'économie, alors que les lois économiques telles que celle de la valeur, du salaire, de la rente, etc., ont un caractère social (c'est-à-dire propre à une forme particulière d'organisation sociale de la production).

En effet ces lois économiques sont relatives à la production marchande. Or Marx, contrairement à Adam Smith, ne considère pas celle-ci comme un phénomène naturel : l'apparition du marché suppose à la fois une certaine division sociale du travail et l'existence de « travaux privés exécutés indépendamment les uns des autres », ce qui implique la propriété privée et l'absence de direction centralisée de l'économie (Texte 51.1).

Dans un système économique organisé sur de telles bases, le travail a un caractère social (chaque producteur fabrique des objets destinés à satisfaire les besoins d'autres membres de la société), mais ce caractère social n'apparaît pas directement puisqu'il n'y a aucune coordination des travaux individuels à l'échelle de la société ; il doit donc être constaté par un détour, qui est l'échange sur le marché.

L'existence de ce détour, spécifique à la production marchande, entraîne deux conséquences. Tout d'abord les rapports entre les travaux humains sont « mystifiés », ils prennent l'apparence de rapports entre les choses (les marchandises échangées) : la société n'est pas « transparente » (Texte 51.2). En outre, la reconnaissance du caractère social du travail consacré à la production d'une marchandise ne se faisant qu'*a posteriori* (une fois que la marchandise, amenée sur le marché, trouve un client), le processus de production présente un aspect anarchique : fréquemment des marchandises ne trouvent pas preneur, alors que d'autres marchandises sont produites en quantité insuffisante par rapport à la demande (Texte 51.3).

MARX La production marchande : conditions et conséquences TEXTE 51

1) À l'ensemble des valeurs d'usage de toutes sortes correspond un ensemble de travaux utiles également variés, distincts de genre, d'espèce, de famille – une division sociale du travail. Sans elle pas de production de marchandise, bien que la production de marchandises ne soit point réciproquement indispensable à la division sociale du travail. Dans la vieille communauté indienne, le travail est socialement divisé sans que les produits deviennent pour cela des marchandises ou pour prendre un exemple plus familier, dans chaque fabrique le travail est soumis à une division systématique ; mais cette division ne provient pas de ce que les travailleurs échangent réciproquement leurs produits individuels.

Karl Marx, *Le Capital*, livre I (1867), Éditions Sociales, 1971, tome I, p. 57.

2) En général, des objets d'utilité ne deviennent des marchandises que parce qu'ils sont les produits de travaux privés exécutés indépendamment les uns des autres. L'ensemble de ces travaux privés forme le travail social. Comme les producteurs n'entrent socialement en contact que par l'échange de leurs produits, ce n'est que dans les limites de cet échange que s'affirment d'abord les caractères sociaux de leurs travaux privés. Ou bien les travaux privés ne se manifestent en réalité comme divisions du travail social que par les rapports que l'échange établit entre les produits du travail et indirectement entre les producteurs. Il en résulte que pour ces derniers les rapports de leurs travaux privés apparaissent ce qu'ils sont, c'est-à-dire non des rapports sociaux immédiats des personnes dans leurs travaux mêmes, mais bien plutôt des rapports sociaux entre les choses.

Karl Marx, *Ibid.*, Éditions Sociales, tome I, p. 85.

3) Dans la division manufacturière de l'atelier, le nombre proportionnel. donné d'abord par la pratique, puis par la réflexion, gouverne *a priori* à titre de règle la masse d'ouvriers attachés à chaque fonction particulière ; dans la division sociale du travail il n'agit qu'*a posteriori*, comme nécessité fatale, cachée, muette, saisissable seulement dans les variations barométriques des prix du marché, s'imposant et dominant par des catastrophes l'arbitraire déréglé des producteurs marchands.

Karl Marx, *ibid.*, Éditions Sociales, tome II, p. 46.

2.6 Le capitalisme

L'existence de la production marchande remonte à la plus haute Antiquité. Mais ce n'est que depuis peu de temps qu'elle devient la forme dominante d'organisation sociale de la production.

Le capitalisme représente, pour Marx, la généralisation des rapports marchands à l'échelle de la société (Texte 52.1). Dans cette société, non seulement presque tous les produits du travail humain deviennent des marchandises, mais la force de travail elle-même devient une marchandise, vendue par les producteurs aux propriétaires des moyens de production. Le rapport social caractéristique du mode de production capitaliste est donc le salariat. L'existence de ce rapport social suppose que soient réunies deux conditions, qui ne se confondent pas avec celles de la production marchande : les travailleurs doivent être juridiquement libres, et ils doivent être des prolétaires ne possédant que leur propre force de travail (Texte 51.2).

MARX Définition et conditions d'apparition du capitalisme TEXTE 52

1) Ce qui caractérise l'époque capitaliste, c'est donc que la force de travail acquiert pour le travailleur lui-même la forme d'une marchandise qui lui appartient, et son travail, par conséquent, la forme de travail salarié.

D'autre part, ce n'est qu'à partir de ce moment que la forme marchandise des produits devient la forme sociale dominante.

Karl Marx, *op. cit.*, Éditions Sociales, tome I, p. 173n.

2) Pour que le possesseur d'argent trouve sur le marché la force de travail à titre de marchandise, il faut cependant que diverses conditions soient préalablement remplies... La force de travail ne peut se présenter sur le marché comme marchandise, que si elle est offerte et vendue par son propre possesseur. Celui-ci doit par conséquent pouvoir en disposer, c'est-à-dire être libre propriétaire de sa puissance de travail, de sa propre personne. Le possesseur d'argent et lui se rencontrent sur le marché et entrent en rapport l'un avec l'autre comme échangistes au même titre. Ils ne diffèrent qu'en ceci : l'un achète et l'autre vend, et par cela même tous deux sont des personnes juridiquement égales.

La seconde condition essentielle pour que l'homme aux écus trouve à acheter la force de travail, c'est que le possesseur de cette dernière, au lieu de pouvoir vendre des marchandises dans lesquelles son travail s'est réalisé, soit forcé d'offrir et de mettre en vente, comme une marchandise, sa force de travail elle-même, laquelle ne réside que dans son organisme. Quiconque veut vendre des marchandises distinctes de sa propre force de travail doit naturellement posséder des moyens de production, tels que matières premières, outils, etc. Il lui est impossible, par exemple, de faire des bottes sans cuir, et de plus il a besoin de moyens de subsistance. [...]

La transformation de l'argent en capital exige donc que le possesseur d'argent trouve sur le marché le travailleur libre, et libre à un double point de vue. Premièrement le travailleur doit être une personne libre, disposant à son gré de sa force de travail comme de sa marchandise à lui ; secondement il doit n'avoir pas d'autre marchandise à vendre ; être, pour ainsi dire, libre de tout, complètement dépourvu des choses nécessaires à la réalisation de sa puissance travailleuse.

Pourquoi ce travailleur libre se trouve-t-il dans la sphère de la circulation ? [...] Dans tous les cas, il y a une chose bien claire : la nature ne produit pas d'un côté des possesseurs d'argent ou de marchandises et de l'autre des possesseurs de leur propre force de travail purement et simplement. Un tel rapport n'a aucun fondement naturel, et ce n'est pas non plus un rapport social commun à toutes les périodes de l'histoire. Il est évidemment le résultat d'un développement historique préliminaire, le produit d'un grand nombre de révolutions économiques, issu de la destruction de toute une série de vieilles formes de production sociale.

Karl Marx, *ibid.*, Éditions Sociales, p. 171-172.

L'émergence de ces conditions est le résultat d'un long processus historique s'étalant de la fin du Moyen Âge à la révolution industrielle, que Marx appelle « accumulation primitive du capital ». Dans l'analyse de ce processus, il donne une grande importance au mouvement des enclosures qui marque les campagnes anglaises du XVIe au XVIIIe siècle, et jette sur les chemins une masse d'individus sans ressources (*cf.* chapitre 2).

3 | L'organisation de la société communiste

L'originalité théorique du propos de Marx rejoint bien entendu l'originalité de sa position politique : si les lois économiques du capitalisme n'ont rien de naturel, on peut concevoir le remplacement de celui-ci par un autre mode de production. Pour les raisons indiquées plus haut, les fondateurs du « socialisme scientifique » ne décrivent pas avec un luxe de détails l'organisation de la société qui doit, selon eux, succéder au capitalisme – ce qui a par la suite fourni matière aux exégèses les plus libres. Pourtant Marx et Engels ne sont pas restés muets sur cette question et, si la lecture de ce qu'ils ont écrit au sujet du communisme laisse de nombreuses questions en suspens, elle permet néanmoins de dégager quelques principes qui ne semblent pas, pour eux, prêter à discussion.

3.1 Propriété collective des moyens de production

L'appropriation collective des moyens de production constitue la définition même du communisme. Marx adhère à ce principe dès sa jeunesse, et ne le remet jamais en cause par la suite. S'il considère, dans les *Manuscrits de 1844*, que seule sa mise en œuvre conditionne la fin de l'aliénation du travail, il tend par la suite à remplacer cette argumentation philosophique par une analyse à consonance plus économique, en avançant que la suppression de la propriété privée des moyens de production doit permettre de mettre fin à toute forme d'exploitation de l'homme par l'homme : dans une société où les moyens de production appartiennent à la collectivité, le produit du « surtravail » – c'est-à-dire du travail fourni en plus de ce qui est nécessaire à la consommation immédiate des producteurs – reste propriété collective au lieu d'être confisqué par une fraction de la population.

3.2 Transformation puis disparition de l'État

L'existence même des classes, pour Marx, est étroitement liée au phénomène de l'exploitation, de sorte que le communisme, société débarrassée de l'exploitation, sera aussi une société sans classes. Il sera également une société sans

État, celui-ci n'étant que l'instrument politique par lequel la classe exploiteuse maintient sa domination sur la classe exploitée.

Marx épouse ici la thèse de ses adversaires anarchistes, à ceci près (et la différence n'est pas mince) que pour lui la suppression de l'État ne pourra être immédiate. La révolution doit être suivie d'une phase transitoire, qu'il appelle « phase inférieure de la société communiste » et qui sera par la suite appelée socialisme. Dans cette phase transitoire, l'État dont la classe ouvrière s'est emparée est maintenu après avoir subi de profondes transformations, de façon à affermir le nouvel ordre social. Cet État ouvrier, auquel il donne le nom de *dictature du prolétariat*, Marx pense en voir, en 1871, la première forme d'existence historique dans l'éphémère Commune de Paris (Texte 53).

MARX La Commune de Paris

TEXTE 53

1) Texte de Marx

Le premier décret de la Commune fut donc la suppression de l'armée permanente, et son remplacement par le peuple en armes. La Commune fut composée de conseillers municipaux, élus au suffrage universel dans les divers arrondissements de la ville. Ils étaient responsables et révocables à tout moment. La majorité de ses membres était naturellement des ouvriers ou des représentants connus de la classe ouvrière. La Commune devait être non pas un organisme parlementaire, mais un corps agissant, exécutif et législatif à la fois. Au lieu de continuer d'être l'instrument du gouvernement central, la police fut immédiatement dépouillée de ses attributs politiques et transformée en instrument de la Commune, responsable et à tout moment révocable. Il en fut de même pour les fonctionnaires de toutes les autres branches de l'administration. Depuis les membres de la Commune jusqu'au bas de l'échelle, la fonction publique devait être assurée pour un salaire d'ouvrier. Une fois abolies l'armée permanente et la police, instrument du pouvoir matériel de l'ancien gouvernement, la Commune se donna pour tache de briser l'outil spirituel de l'oppression, le pouvoir des prêtres ; elle décréta la dissolution et l'expropriation de toutes les Églises dans la mesure où elles constituaient des corps possédants. La totalité des établissements d'instruction furent ouverts au peuple gratuitement, et en même temps, débarrassés de toute ingérence de l'Église et de l'État.

Karl Marx, *La Guerre civile en France* (1871), Éditions Sociales, 1972, p. 69-70.

➤➤➤

>>>

2) Préface d'Engels

Cette destruction de la puissance de l'État tel qu'il était jusqu'ici et son remplacement par un pouvoir nouveau vraiment démocratique, sont dépeints en détail dans la troisième partie de La Guerre civile. Mais il était nécessaire de revenir ici brièvement sur quelques-uns de ces traits, parce qu'en Allemagne précisément, la superstition de l'État est passée de la philosophie dans la conscience commune de la bourgeoisie et même dans celle de beaucoup d'ouvriers. Mais en réalité, l'État n'est rien d'autre qu'un appareil pour opprimer une classe par une autre, et cela, tout autant dans la république démocratique que dans la monarchie ; le moins que l'on puisse dire, c'est qu'il est un mal dont hérite le prolétariat vainqueur dans la lutte pour la domination de classe et dont, tout comme la Commune, il ne pourra s'empêcher de rogner aussitôt au maximum les côtés les plus nuisibles, jusqu'à ce qu'une génération grandie dans des conditions sociales nouvelles et libres soit en état de se défaire de tout ce bric-à-brac de l'État.

Le philistin social-démocrate a été récemment saisi d'une terreur salutaire en entendant prononcer le mot de dictature du prolétariat. Eh bien, Messieurs, vous voulez savoir de quoi cette dictature a l'air ? Regardez la Commune de Paris. C'était la dictature du prolétariat.

Karl Marx, *ibid.*, Éditions Sociales.

3.3 Disparition du marché

Sans l'ombre d'une ambiguïté, Marx pose le principe de la disparition, dans la société communiste, du marché en même temps que de la propriété privée des moyens de production. Avec la production marchande doivent disparaître toutes les catégories économiques qui lui sont liées : valeur, monnaie, salaire, etc.

Sur ce point non plus, Marx n'a pas varié d'un pouce par rapport à ses écrits de jeunesse. Dans leurs écrits de maturité, Marx et Engels (Textes 54 et 55) affirment très clairement que cette disparition du marché doit intervenir dès la « phase inférieure » de la société communiste. L'idée d'un « socialisme de marché » leur est totalement étrangère.

Le corollaire de ce principe est l'organisation planifiée de la production à l'échelle sociale. Les catégories monétaires étant supprimées, le plan doit être exprimé directement en unités naturelles, ce qui suppose une comptabilité en temps de travail et une procédure d'évaluation des « effets utiles » des différents produits. Le principe d'une telle procédure n'est pas précisé, et Engels se contente d'affirmer que « les gens régleront tout très simplement sans intervention de la fameuse valeur », ce qui témoigne d'un bel optimisme mais peut tout de même laisser le lecteur sur sa faim.

ENGELS L'organisation économique de la société communiste

TEXTE 54

Dès que la société se met en possession des moyens de production et les emploie pour une production immédiatement socialisée, le travail de chacun, si différent que soit son caractère spécifique d'utilité, devient d'emblée du travail social. La quantité de travail social que contient un produit n'a pas besoin, dès lors, d'être d'abord constatée par un détour ; l'expérience quotidienne indique directement quelle quantité est nécessaire en moyenne. La société peut calculer simplement combien il y a d'heures de travail dans une machine à vapeur, dans un hectolitre de froment de la dernière récolte, dans cent mètres carrés de tissu de qualité déterminée. Il ne peut donc pas lui venir à l'idée d'exprimer les quanta de travail qui sont déposés dans les produits et qu'elle connaît de façon directe et absolue dans un étalon seulement relatif, flottant, inadéquat, autrefois inévitable comme expédient, en un tiers produit, au lieu de le faire dans son étalon naturel, adéquat, absolu, le temps. Pas plus qu'il ne viendrait à l'idée de la chimie d'exprimer encore les poids atomiques de façon relative, par le détour de l'atome d'hydrogène, le jour où elle serait en mesure de les exprimer absolument dans leur étalon adéquat, à savoir dans un poids réel en billionnième ou en quadrillionnième de gramme. Donc, dans les conditions supposées plus haut, la société n'attribue pas non plus de valeurs aux produits. Elle n'exprimera pas le fait simple que cent mètres carrés de tissu ont demandé dans leur production, disons mille heures de travail, sous cette forme louche et absurde qu'ils vaudraient mille heures de travail. Certes, la société sera obligée de savoir même alors combien de travail il faut pour produire chaque objet d'usage Elle aura à dresser le plan de production d'après les moyens de production dont font tout spécialement partie les forces de travail. Ce sont, en fin de compte, les effets utiles des différents objets d'usage, pesés entre eux et par rapport aux quantités de travail nécessaires à leur production, qui détermineront le plan. Les gens régleront tout très simplement sans intervention de la fameuse « valeur ».

Friedrich Engels, *Anti-Dühring* (1877), troisième partie, chapitre IV (extrait), Éditions Sociales, 1973, p. 346-347.

MARX L'organisation économique de la société communiste (suite)

TEXTE 55

Au sein d'un ordre social communautaire, fondé sur la propriété commune des moyens de production, les producteurs n'échangent pas leurs produits ; de même, le travail incorporé dans ces produits n'apparaît pas davantage ici comme valeur de ces produits, comme une qualité réelle possédée par eux, puisque désormais, au rebours de ce qui se passe dans la société capitaliste, ce n'est plus par la voie d'un détour, mais directement, que les travaux de l'individu deviennent partie intégrante du travail de la communauté. [...]

➤➤➤

➤➤➤

Ce à quoi nous avons affaire ici, c'est à une société communiste non pas telle qu'elle s'est développée sur les bases qui lui sont propres, mais au contraire, telle qu'elle vient de sortir de la société capitaliste ; une société par conséquent, qui, sous tous les rapports, économique, moral, intellectuel, porte encore les stigmates de l'ancienne société des flancs de laquelle elle est issue. Le producteur reçoit donc individuellement – les défalcations une fois faites – l'équivalent exact de ce qu'il a donné à la société. Ce qu'il lui a donné, c'est son quantum individuel de travail. Il reçoit de la société un bon constatant qu'il a fourni tant de travail (défalcation faite du travail effectué pour les fonds collectifs) et, avec ce bon, il retire des stocks sociaux d'objets de consommation autant que coûte une quantité égale de son travail. C'est manifestement ici le même principe que celui qui règle l'échange des marchandises pour autant qu'il est échange de valeurs égales. Le fond et la forme diffèrent parce que, les conditions étant différentes, nul ne peut rien fournir d'autre que son travail et que, par ailleurs, rien ne peut entrer dans la propriété de l'individu que des objets de consommation individuelle. Mais pour ce qui est du partage des objets entre producteurs pris individuellement, le principe directeur est le même que pour l'échange de marchandises équivalentes : une même quantité de travail sous une forme s'échange contre une même quantité de travail sous une autre forme. Le droit égal est donc ici dans son principe le droit bourgeois, bien que principe et pratique ne s'y prennent plus aux cheveux, tandis qu'aujourd'hui l'échange d'équivalents pour les marchandises n'existe qu'en moyenne et non dans le cas individuel. Dans une phase supérieure de la société communiste, quand auront disparu l'asservissante subordination des individus à la division du travail et, avec elle, l'opposition entre le travail manuel et le travail intellectuel ; quand le travail ne sera plus seulement un moyen de vivre, mais deviendra lui-même le premier besoin vital ; quand, avec le développement multiple des individus, les forces productives se seront accrues et que toutes les sources de la richesse collective jailliront en abondance, alors seulement l'horizon borné du droit bourgeois pourra être définitivement dépassé et la société pourra écrire sur ses drapeaux : « De chacun selon ses capacités, à chacun selon ses besoins ! »

Karl Marx, *Critique du programme de Gotha* (1875), Éditions Sociales, 1966, p. 29-32.

3.4 Deux principes de répartition

Dans la phase inférieure du communisme, le travail est appelé à jouer un double rôle : non seulement il intervient directement dans la planification de la production, mais en outre il sert de principe de répartition des objets de consommation individuelle entre les membres de la société. C'est le fameux principe « à chacun selon son travail » (Texte 55).

La phase supérieure de la société communiste est caractérisée par un autre principe de répartition, qui marque l'abolition complète et définitive du « droit bourgeois ». Ce principe est « à chacun selon ses besoins », dont la mise en œuvre repose sur deux conditions : un haut développement des forces productives, et une profonde transformation des mentalités. En effet, s'il n'est plus nécessaire de proportionner la consommation au travail accompli, c'est avant tout parce que le travail est devenu, dans la société communiste, le « premier besoin vital ».

Cette prophétie a laissé perplexe plus d'un lecteur. Pour essayer d'en saisir la signification, il est nécessaire de revenir sur la question de l'itinéraire intellectuel de Marx, depuis les écrits philosophiques de sa jeunesse.

3.5 Le problème de la « coupure épistémologique »

La thèse de l'aliénation développée par Marx en 1844 a fait couler beaucoup d'encre. Divers commentateurs y ont vu accréditée l'idée selon laquelle le marxisme est, fondamentalement, une philosophie humaniste. Cette position a été, au cours des trente dernières années, radicalement combattue par un courant de philosophes marxistes regroupés derrière Louis Althusser. Selon cet auteur, il existe dans l'œuvre de Marx une « coupure épistémologique » (du grec *epistémé* : science) séparant les écrits de jeunesse des écrits de maturité (Texte 56.1).

ALTHUSSER/DENIS Deux lectures de Marx — TEXTE 56

1) Louis Althusser

À partir de 1845, Marx rompt radicalement avec toute théorie qui fonde l'histoire et la politique sur une essence de l'homme. Cette rupture unique comporte trois aspects théoriques indissociables : 1) Formation d'une théorie de l'histoire et de la politique fondée sur des concepts radicalement nouveaux : concepts de formation sociale, forces productives, rapports de production, superstructure, idéologies, détermination en dernière instance par l'économie, détermination spécifique des autres niveaux, etc. 2) Critique radicale des prétentions théoriques de tout humanisme philosophique 3) Définition de l'humanisme comme idéologie.

Louis Althusser, *Pour Marx*, Maspero, 1965, p. 233.

2) Henri Denis, à propos de *Travail salarié et Capital* (1849).

Ayant admis la validité de la théorie de la valeur-travail, [Marx] en tire l'idée d'une exploitation nécessaire du travail par le capital et d'une aggravation inéluctable de la condition des travailleurs. Ainsi croit-il pouvoir démontrer, sur une base purement empirique, que le système des échanges doit disparaître. En présence de cette analyse, on ne peut manquer de remarquer qu'il existe un hiatus manifeste entre l'argumentation et ce qu'elle tend à prouver. Car, même si l'on admettait que la paupérisation des ouvriers est fatale, même si l'on acceptait d'en conclure que la classe ouvrière doit provoquer une révolution et s'emparer de l'État, il ne s'ensuivrait nullement qu'une économie sans échange doive naître de cette révolution. De l'expérience du développement des échanges à l'époque de l'épanouissement du capitalisme en Europe occidentale, Marx est tout à fait incapable de faire sortir sa croyance en la disparition des échanges. Plus ou moins clairement, il va bientôt prendre conscience de cette impossibilité.

Henri Denis, *L'« économie » de Marx, histoire d'un échec*, PUF, 1980, p. 37-38.

►►►

➤➤➤

3) Henri Denis, à propos du livre I du Capital (1867)

La communauté de travail que Marx envisage est désignée par une expression qui revient fréquemment, surtout dans la première édition de son ouvrage : le travail dans les temps primitifs, écrit-il était « immédiatement social », et il doit prendre à nouveau ce caractère. Lorsqu'on voit la façon dont Marx développe ce thème, il est impossible de ne pas faire un rapprochement avec la pensée centrale de la doctrine de Feuerbach, selon laquelle Dieu doit être supprimé afin que les hommes puissent s'aimer de façon « immédiate »... Certes, nous n'avons pas l'intention de soutenir que Marx aurait pu reprendre à son compte, en 1867, de telles déclarations. L'appel au sentiment ne lui paraît plus (si jamais elle lui a vraiment semblé telle) la voie efficace de la transformation sociale. Il n'en reste pas moins vrai que l'aspiration à la vie communautaire est toujours le mobile fondamental de son action. Même si l'expression de cette aspiration n'apparaît plus que de loin en loin dans ses écrits, il faut bien comprendre que ceux-ci n'ont de signification que par rapport à cette orientation, qui n'a pas changé depuis la jeunesse de l'auteur. Feuerbach n'a jamais cessé d'être présent en Marx ; et il faut tenter de comprendre Marx à travers Feuerbach.

Henri Denis, *ibid.*, PUF, p. 171.

D'après la thèse de la « coupure épistémologique », si dans ses écrits de jeunesse, Marx peut effectivement être considéré comme un philosophe humaniste, au sens où sa conception du monde repose sur une définition *a priori* de la « nature de l'homme » (en l'occurrence : le travail), il change radicalement de terrain à partir du moment où il élabore sa théorie du matérialisme historique. Son analyse devient alors véritablement scientifique, et ne doit plus rien aux *a priori* philosophiques de la jeunesse sur « l'essence de l'homme ».

Si l'existence d'une évolution dans la pensée de Marx semble difficilement contestable, la thèse de la « coupure » entre le Marx de la jeunesse et le Marx de la maturité ne fait pas l'unanimité. Ainsi, Henri Denis (Textes 56.2 et 3) considère-t-il qu'en dépit de la découverte du matérialisme historique et de l'adhésion à la théorie de la valeur-travail, le communisme de Marx ne trouve de véritable justification que dans la thèse feuerbachienne de l'aliénation.

En effet, pour H. Denis, la tentative à laquelle se livre Marx, peu après sa « découverte » de l'économie politique en 1845-46, pour fonder sa vision du communisme futur sur le terrain des faits (les tendances supposées de l'économie capitaliste) se solde par un échec (Texte 56.2). Dès lors, poursuit-il, c'est aux conceptions de Feuerbach qu'est obligé d'en revenir Marx lorsqu'il s'agit de justifier cette croyance : s'il semble aller de soi, pour Marx, que dans une société débarrassée des rapports de production capitalistes, les hommes, travaillant avec des moyens de production communs, « dépensent leurs nombreuses forces de travail individuelles comme une seule et même force de travail social », cela ne peut s'expliquer que par la vieille thèse selon laquelle l'abolition de la production marchande permettra de réconcilier l'homme avec son « être générique » (Texte 56.3).

La référence à cette théorie peut en effet éclairer la façon, déconcertante au premier abord, dont Marx envisage l'organisation de la production dans la société communiste : si cette organisation semble devoir, selon le mot d'Engels, se régler « très simplement » sans le marché, on est tenté de penser qu'une telle profession de foi est étroitement liée à la conception selon laquelle la société devient véritablement « transparente » lorsque l'homme, débarrassé de l'aliénation dont il est l'objet dans la société capitaliste, est réconcilié avec lui-même, c'est-à-dire avec le genre humain.

Ajoutons qu'il semble bien difficile de donner un sens à l'affirmation de Marx concernant le travail « premier besoin vital » dans la société communiste (*Critique du programme de Gotha*), si on ne la relie pas, elle aussi, à la vieille théorie du « travail aliéné ». Si cette interprétation est correcte, elle conduit à dire avec H. Denis que « Feuerbach n'a jamais cessé d'être présent en Marx, et [qu'] il faut tenter de comprendre Marx à travers Feuerbach ». Mais alors on doit en conclure, à l'encontre d'une tradition solidement établie chez les marxistes, que la vision marxienne de la société communiste ne repose pas sur une base scientifique.

Théorique sans doute, un tel débat n'est pas sans rapport avec des questions éminemment pratiques, comme celle qui consiste à savoir s'il est possible de faire fonctionner une économie développée en se passant des mécanismes du marché. Dans les années 80, cette question a fini par recevoir une réponse franchement négative dans la plupart des pays où le marxisme avait (et a encore, dans le cas de la Chine) statut d'idéologie officielle.

8 L'anatomie du capitalisme

Produire une analyse scientifique du mode de production capitaliste, tel est l'objectif que se fixe Marx dans son ouvrage principal, *Le Capital*. Son raisonnement se présente parfois sous un jour déroutant pour le lecteur économiste généralement peu familier des catégories philosophiques affectionnées par cet auteur. Cependant, son analyse suit un schéma général analogue à celui qu'adoptent les classiques : valeur, répartition, accumulation. Divers éléments empruntés par Marx à l'économie classique renforcent cette parenté.

Dans ce chapitre nous examinerons les éléments d'analyse qui permettent, selon la formule de Marx, de saisir « l'anatomie » du mode de production capitaliste. Nous aborderons au chapitre suivant les éléments de l'analyse de Marx qui relèvent de la dynamique du capitalisme (accumulation et crises).

1 | La théorie ricardienne de la valeur revue et corrigée

Marx, on l'a vu au précédent chapitre, adhère dès 1847 à la théorie de la valeur-travail, ce qui sur ce plan le place incontestablement dans la lignée de Ricardo. Mais la valeur-travail devient chez lui quelque chose d'assez différent de ce qu'elle était chez Ricardo.

1.1 La question de la substance de la valeur : le travail abstrait

Les classiques, explique Marx, commettent l'erreur d'aborder directement le problème de la grandeur de la valeur des marchandises alors qu'il faut en premier lieu résoudre le problème de la substance de la valeur (Texte 57). Dans cette entreprise, il adopte un raisonnement directement inspiré d'Aristote (*cf.* chapitre 1).

MARX La substance de la valeur TEXTE 57

Une marchandise particulière, un quarteron de froment, par exemple, s'échange dans les proportions les plus diverses avec d'autres articles. Cependant, sa valeur d'échange reste immuable, de quelque manière qu'on l'exprime, en x cirage, y soie, z or, et ainsi de suite. Elle doit donc avoir un contenu distinct de ces expressions diverses. Prenons encore deux marchandises, soit du froment et du fer. Quel que soit leur rapport d'échange, il peut toujours être représenté par une équation dans laquelle une quantité de froment est réputée égale à une quantité quelconque de fer, par exemple : 1 quarteron de froment = a kilogramme de fer. Que signifie cette équation ? c'est que dans deux objets différents, dans 1 quarteron de froment et dans a kilogramme de fer, il existe quelque chose de commun. Les deux objets sont donc égaux à un troisième qui. par lui-même, n'est ni l'un ni l'autre. Chacun des deux doit, en tant que valeur d'échange, être réductible au troisième, indépendamment de l'autre. Les valeurs d'échange des marchandises doivent être ramenées à quelque chose qui leur est commun et dont elles représentent un plus ou un moins. Ce quelque chose de commun ne peut être une propriété naturelle quelconque, géométrique, physique, chimique, etc., des marchandises. Leurs qualités naturelles n'entrent en considération qu'autant quelles leur donnent une utilité qui en fait des valeurs d'usage. Mais, d'un autre côté, il est évident que l'on fait abstraction de la valeur d'usage des marchandises quand on les échange et que tout rapport d'échange est même caractérisé par cette abstraction. Dans l'échange, une valeur d'utilité vaut précisément autant qu'une autre, pourvu qu'elle se trouve en proportion convenable. Comme valeurs d'usage, les marchandises sont avant tout de qualité différente ; comme valeurs d'échange, elles ne peuvent être que de différente quantité. La valeur d'usage des marchandises une fois mise de côté, il ne leur reste plus qu'une qualité, celle d'être des produits du travail. Mais déjà le produit du travail lui-même s'est métamorphosé à notre insu. Si nous faisons abstraction de sa valeur d'usage, tous les éléments matériels et formels qui lui donnaient cette valeur disparaissent à la fois. Ce n'est plus, par exemple, une table, ou une maison, ou du fil, ou un objet utile quelconque ; ce n'est pas non plus le produit du travail du tourneur, du maçon, de n'importe quel travail productif déterminé. Avec les caractères utiles particuliers des produits du travail disparaissent en même temps et le caractère utile des travaux qui y sont contenus, et les formes concrètes diverses qui distinguent une espèce de travail d'une autre espèce. Il ne reste donc plus que le caractère commun de tous ces travaux ; ils sont tous ramenés au même travail humain, à une dépense de force humaine de travail sans égard à la forme particulière sous laquelle cette force a été dépensée.

Karl Marx, *Le Capital*, *op. cit.*, Éditions Sociales, tome 1, p. 52-54.

Selon ce raisonnement, si deux marchandises, qualitativement différentes en tant que valeurs d'usage, se trouvent, sur le marché, dans un rapport d'échange quantitatif déterminé, c'est parce qu'elles renferment un élément commun qui permet de les comparer. Pour Marx cette « substance commune » réside dans la dépense de travail qu'a nécessitée leur production. Ce qui l'amène à cette première conclusion : le travail constitue la substance de la valeur.

Mais cette première conclusion soulève une objection immédiate, qui est celle de l'hétérogénéité du travail : le travail du tailleur qui fabrique l'habit n'est pas le même que celui du tisserand qui fabrique la toile. Ricardo, confronté à ce problème, l'avait esquivé par une peu convaincante référence à « l'expérience du marché » (*cf.* chapitre 5).

La solution proposée par Marx consiste à distinguer dans le travail un « double caractère ». En tant que producteur de valeurs d'usage, le travail humain, explique-t-il, est un travail utile ou travail concret, déterminé par les caractéristiques spécifiques de la production à laquelle il est affecté, et comme tel qualitativement différent des autres travaux utiles : pour obtenir du pain, on ne peut pas plus remplacer le travail du boulanger par le travail du tailleur (quelle qu'en soit la quantité) qu'on ne peut remplacer le pétrin par des ciseaux. Mais, nous dit Marx, le travail a une seconde dimension : indépendamment des formes concrètes à travers lesquelles il se manifeste, il a le caractère général d'une dépense de force humaine. Quelles que soient les différences de leurs métiers, le boulanger et le tailleur ont en commun leur appartenance au genre humain, et leur activité de fabrication de pain ou d'habits nécessite une dépense d'énergie humaine. Cette dépense de force humaine « en général », c'est-à-dire abstraction faites des formes concrètes sous laquelle elle se manifeste, Marx l'appelle travail abstrait. Celui-ci, et non le travail concret, constitue la substance de la valeur (Texte 58).

MARX Le « double caractère » du travail TEXTE 58

En tant que valeurs, l'habit et la toile sont des choses de même substance, des expressions objectives d'un travail identique. Mais la confection de l'habit et le tissage de la toile sont des travaux différents. Il y a cependant des états sociaux dans lesquels le même homme est tour à tour tailleur et tisserand, et où par conséquent ces deux espèces de travaux sont de simples modification du travail d'un même individu. On voit encore au premier coup d'œil que dans notre société capitaliste, suivant la direction variable de la demande du travail, une portion donnée de travail humain doit s'offrir tantôt sous la forme de confection de vêtements, tantôt sous celle de tissage. Quel que soit le frottement causé par ces mutations de forme du travail, elles s'exécutent quand même.

➤➤➤

►►►

En fin de compte, toute activité productive, abstraction faite de son caractère utile, est une dépense de force humaine. La confection des vêtements et le tissage, malgré leur différence, sont tous deux une dépense productive du cerveau, des muscles, des nerfs de la main de l'homme, et en ce sens du travail humain au même titre. [...] Il résulte de ce qui précède que, s'il n'y a pas, à proprement parler, deux sortes de travail dans la marchandise, cependant le même travail y est opposé à lui-même, suivant qu'on le rapporte à la valeur d'usage de la marchandise comme à son produit, ou à la valeur de cette marchandise comme sa pure expression objective. Tout travail est d'un côté dépense, dans le sens physiologique, de force humaine, et à ce titre de travail humain égal, il forme la valeur des marchandises De l'autre côté, tout travail est dépense de la force humaine sous telle ou telle forme productive, déterminée par un but particulier, et à ce titre de travail concret et utile, il produit des valeurs d'usage ou utilités.

Karl Marx, *op. cit.*, p. 56-61 (extrait).

Un schéma illustratif

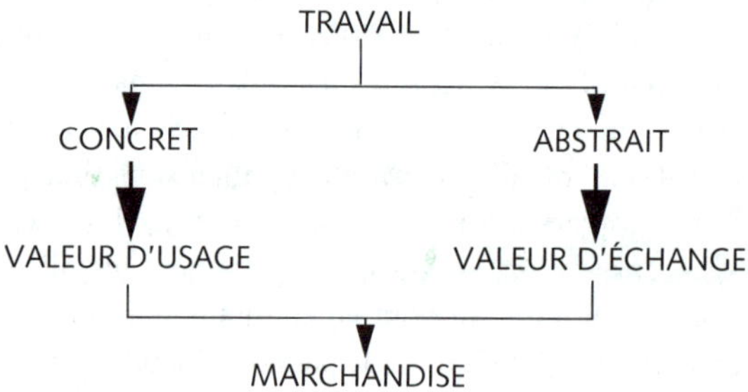

Cette découverte est pour Marx très importante, puisqu'il ne craint pas d'affirmer que « l'économie politique pivote autour de ce point ». Pensant avoir résolu le problème de la substance de la valeur, il aborde celui de sa grandeur.

1.2 La question de la grandeur de la valeur : le travail socialement nécessaire

La plus ou moins grande valeur d'échange d'une marchandise dépend, selon Marx qui ici adopte très nettement le point de vue de Ricardo, du temps de travail nécessaire à sa production. Celui-ci inclut à la fois le travail direct (que Marx appelle « travail vivant ») et le travail indirect (ou « travail mort »), incorporé dans les moyens de production consommés dans la fabrication de la marchandise. Globalement, le temps de travail qui détermine la valeur d'une marchandise est appelé par Marx temps de travail socialement nécessaire, expression désignant la quantité moyenne de travail (« mort » et « vivant ») que nécessite la production de cette marchandise dans les conditions techniques du moment (Texte 59).

MARX Le travail socialement nécessaire

TEXTE 59

Chaque force de travail individuelle est égale à toute autre, en tant qu'elle possède le caractère d'une force sociale moyenne, et fonctionne comme telle, c'est-à-dire n'emploie dans la production d'une marchandise que le temps de travail nécessaire en moyenne ou le temps de travail nécessaire socialement. Le temps socialement nécessaire à la production des marchandises est celui qu'exige tout travail, exécuté avec le degré moyen d'habileté et d'intensité dans des conditions qui, par rapport au milieu social donné, sont normales. Après l'introduction en Angleterre du tissage à la vapeur, il fallut peut-être moitié moins de travail qu'auparavant pour transformer en tissu une certaine quantité de fil. Le tisserand anglais, lui, eut toujours besoin du même temps pour opérer cette transformation, mais dès lors le produit de son heure de travail individuelle ne représenta plus que la moitié d'une heure de travail social et ne donna plus que la moitié de la valeur première.

Karl Marx, *ibid.*, Éditions Sociales, p. 54-55.

Par conséquent une entreprise qui, du fait de l'utilisation d'une technique obsolète ou d'une mauvaise organisation de sa production, a besoin de plus de travail que la moyenne de ses concurrentes pour produire une marchandise déterminée, ne voit pas la valeur de son produit augmenter pour autant. Toute entreprise restant à la traîne se trouve donc pénalisée : si elle vend plus cher que ses concurrentes elle perd sa clientèle, et si elle s'aligne sur les prix de la concurrence les surcoûts résultant de l'excédent de travail qu'elle consomme mettent en péril sa rentabilité, donc sa survie.

À l'inverse une entreprise qui, à la suite d'une innovation, parvient à produire avec un temps de travail plus faible que ses concurrentes bénéficie d'un avantage se traduisant pour elle, à prix égal, par un surprofit. En réalité il est probable que cette entreprise exploitera cet avantage en vendant moins cher que ses concurrentes (donc en dessous de la valeur), de façon à élargir sa clientèle. Les autres entreprises se trouvent alors menacées, ce qui les contraint à leur tour à adopter l'innovation introduite par l'entreprise de pointe.

Ce phénomène, qui résulte de la concurrence que se livrent les entreprises, induit un mouvement permanent des valeurs des marchandises : lorsqu'un nombre suffisant d'entreprises a adopté l'innovation introduite par l'une d'entre elles, la valeur s'aligne à peu près sur le temps de travail dépensé par l'entreprise à l'origine de l'innovation. Celle-ci perd alors l'avantage dont elle bénéficiait sur ses concurrentes, ce qui va l'inciter (et il en sera probablement de même pour d'autres entreprises) à introduire de nouvelles innovations pour reconquérir un avantage semblable, de sorte que le processus se poursuit : le jeu de la concurrence introduit dans l'économie capitaliste une dynamique puissante de l'innovation.

1.3 Travail simple et travail complexe

Marx nous dit que le travail socialement nécessaire est du travail « simple », ou « réduit » à du travail simple. Il désigne ainsi le travail non qualifié, qu'il distingue du travail « complexe » ou qualifié ; et il affirme que du point de vue de la valeur créée, « une quantité donnée de travail complexe correspond à une quantité plus grande de travail simple » (Texte 60).

MARX Travail simple et travail complexe — TEXTE 60

La force humaine de travail dont le mouvement ne fait que changer de forme dans les diverses activités productives, doit assurément être plus ou moins développée pour pouvoir être dépensée sous telle ou telle forme. Mais la valeur des marchandises représente purement et simplement le travail de l'homme, une dépense de force humaine en général. Or, de même que dans la société civile un général ou un banquier joue un grand rôle, tandis que l'homme pur et simple fait triste figure, de même en est-il du travail humain. C'est une dépense de la force simple que tout homme ordinaire, sans développement spécial, possède dans l'organisme de son corps. Le travail simple moyen change, il est vrai, dans différents pays et suivant les époques ; mais il est toujours déterminé dans une société donnée. Le travail complexe (*skilled labour*, travail qualifié) n'est qu'une puissance du travail simple, ou plutôt n'est que le travail simple multiplié, de sorte qu'une quantité donnée de travail complexe correspond à une plus grande quantité de travail simple. L'expérience montre que cette réduction se fait constamment. Lors même qu'une marchandise est le produit du travail le plus complexe, sa valeur la ramène, dans une proportion quelconque, au produit d'un travail simple, dont elle ne représente par conséquent qu'une quantité déterminée. Les proportions diverses, suivant lesquelles différentes espèces de travail sont réduites au travail simple comme à leur unité de mesure, s'établissent dans la société à l'insu des producteurs et leur paraissent des conventions traditionnelles. Il s'ensuit que, dans l'analyse de la valeur, on doit traiter chaque variété de force de travail comme une force de travail simple.

Karl Marx, *ibid.*, Éditions Sociales, p. 59-60.

Un modèle illustratif simplifié

Appelons :

N_1 la dépense de travail socialement nécessaire à l'acquisition d'une qualification professionnelle déterminée

N_2 la durée moyenne de travail effectuée par le travailleur qualifié sur la totalité de sa vie professionnelle L'« amortissement » du travail social incorporé dans la formation professionnelle représente, pour chaque heure de travail fournie par le travailleur qualifié, une valeur de :

$$N_1 / N_2$$

Par suite une heure de travail qualifié ajoute aux moyens de production sur lesquels elle opère une valeur de :

$$1 + (N_1 / N_2)$$

qui représente le coefficient par lequel il faut multiplier les heures de travail complexe du type envisagé pour les « réduire » en heures d'équivalent-travail simple.

Marx ne s'attarde guère sur cette question, qu'il juge très secondaire. Son idée est que l'exercice d'une activité qualifiée nécessite au préalable une certaine formation représentant elle-même une certaine dépense de travail social : non seulement le temps consacré à l'apprentissage par le travailleur en formation, mais aussi le temps dépensé par les formateurs, et le temps de travail incorporé dans tous les moyens matériels nécessaires à la formation. Dans ces conditions, le supplément de valeur créé par un travailleur qualifié n'est que l'amortissement de la dépense de travail préalable qu'a nécessitée l'acquisition de sa qualification. Ce phénomène est similaire à celui de la transmission progressive de la valeur d'une machine aux produits qu'elle permet de fabriquer, au fur et à mesure de son usure. On peut donc en principe calculer, pour chaque type de travail qualifié, un coefficient de réduction en travail simple (Texte 60).

1.4 La question des formes de la valeur : la genèse de la monnaie

Sur le marché, les valeurs ne sont pas exprimées en temps de travail, mais en monnaie. Pour rendre compte de ce phénomène, Marx se livre à une analyse de ce qu'il appelle les « formes de la valeur ».

La valeur d'une marchandise ne peut s'exprimer sur le marché que sous une forme relative, c'est-à-dire en termes d'une autre marchandise qui lui sert d'équivalent. On dira par exemple « que 20 mètres de toile valent un habit ». Dans cette expression, que Marx appelle « forme simple » de la valeur, la valeur de la marchandise toile est exprimée de façon relative en termes de marchandise habit. Cette dernière apparaît alors comme la « forme équivalent » de la toile.

Mais, poursuit-il, il est possible d'exprimer aussi bien la valeur de la toile en termes de thé, de café, d'or, de fer, etc. qu'en termes d'habit (toutes ces marchandises jouent alors le rôle de « forme équivalent » vis-à-vis de la toile). On aboutit alors à une série d'équivalences, que Marx appelle « forme valeur totale ou développée ».

Dans cette série, la valeur de la toile s'exprime de façon relative en termes des autres marchandises, qui toutes lui servent d'équivalents. On peut évidemment renverser la proposition, en exprimant en termes de toile les valeurs de toutes les marchandises autres que la toile. Ce renversement, Marx lui donne le nom de « forme valeur générale ». Dans cette nouvelle « forme » de la valeur, la marchandise qui permet d'exprimer de façon relative les valeurs de toutes les autres joue le rôle d'« équivalent général ».

Ce rôle peut, *a priori*, être tenu par n'importe quelle marchandise. Ce n'est que lorsque, en pratique, une marchandise particulière (par exemple l'or) se voit confier, à l'exclusion de toute autre marchandise, le rôle d'équivalent général, qu'elle devient monnaie. On passe alors de la « forme générale » de la valeur à sa « forme argent » (le prix monétaire), qui est la forme concrète sous laquelle la valeur se manifeste sur le marché. Cette analyse suppose que la monnaie représente une quantité déterminée d'une marchandise particulière, ce qui était bien le cas dans le système de l'étalon-or, en vigueur à l'époque de Marx. Il n'en va plus de même aujourd'hui.

2 | L'exploitation capitaliste

À la différence des classiques qui distinguent trois types de revenus primaires (salaires, profits et rentes), Marx ne distingue que deux grandes catégories qui sont les revenus des travailleurs salariés et les revenus des propriétaires des moyens de production, englobés sous le terme générique de « plus-value ». En réalité la rente foncière, que Marx étudie au livre III du *Capital*, ne constitue pas pour lui un sujet d'intérêt primordial, et sous le terme de plus-value, c'est le plus souvent le profit capitaliste qu'il désigne.

En outre, les rapports entre capitalistes et salariés revêtent chez Marx un caractère fondamentalement antagonique qu'ils n'ont pas chez les classiques : l'analyse marxiste de la répartition, c'est avant tout l'analyse du fondement économique de la lutte des classes dans le mode de production capitaliste (*cf.* chapitre précédent). Certes, pour les classiques aussi, la société capitaliste est traversée par de profondes oppositions d'intérêts entre classes. Mais dans leur analyse ces oppositions d'intérêts, considérées comme naturelles, sont largement transcendées par les vertus attribuées à la « main invisible », et ne menacent nullement la pérennité du système.

Chez Marx au contraire, l'antagonisme de la classe ouvrière et de la bourgeoisie, non seulement n'a rien de naturel puisqu'il relève d'un mode de production particulier, mais encore constitue la caractéristique dominante de ce mode de production, et ne peut se résoudre qu'avec la disparition du mode de production capitaliste. La terminologie utilisée par Marx témoigne du contenu politiquement explosif qu'il entend donner à son analyse de la répartition : le rapport entre salariés et capitalistes est décrit comme un rapport d'exploitation.

2.1 Un concept nouveau : la valeur de la force de travail

Une fois admise la théorie de la valeur-travail, la théorie de l'exploitation capitaliste semble reposer sur une évidence : le revenu, qui se partage entre les travailleurs et les propriétaires des moyens de production, est la contrepartie de la valeur ajoutée aux marchandises préexistantes ; si cette valeur est intégralement créée par le travail, l'existence du profit implique que les travailleurs ne reçoivent sous forme de salaire que l'équivalent d'une partie du travail qu'ils ont fourni (Repère 27). Dans cette hypothèse, les salariés sont donc bien exploités au sens marxiste du terme, comme l'étaient (sous d'autres formes) les serfs dans la société féodale (*cf.* chapitre 7).

REPÈRE•27

L'exploitation capitaliste selon Marx

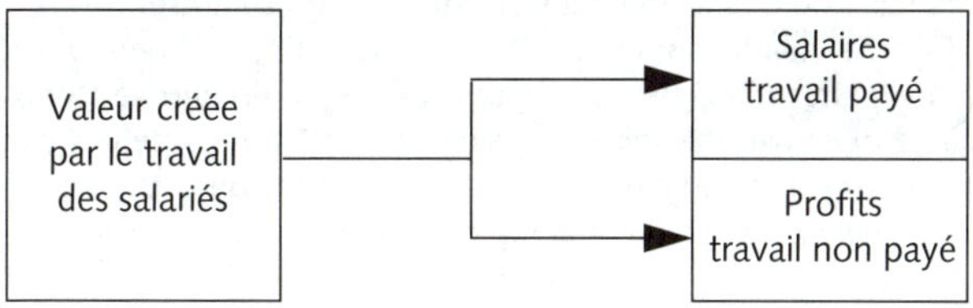

Pourtant, outre l'adhésion à la théorie de la valeur-travail, l'affirmation de la théorie de l'exploitation capitaliste suppose que soit résolu un problème légué par l'économie classique, qui est celui de la « valeur du travail ». Ce terme désigne chez Ricardo, ainsi qu'on l'a vu au chapitre 5, le « salaire naturel », égal à la valeur du panier de biens de consommation permettant l'entretien de la force de travail. Mais qualifier ainsi la rémunération des salariés pose un problème : si les salariés créent la valeur par leur travail et reçoivent sous forme de salaire la valeur du travail qu'ils ont fourni, l'origine du profit devient incompréhensible.

À cette manière d'envisager le salaire, Marx adresse une objection immédiate : si le travail est bien la « substance » de la valeur, il ne saurait avoir lui-même de valeur, et l'expression « valeur du travail » n'a dès lors aucun sens. Ce que les travailleurs vendent aux capitalistes, explique Marx, est en réalité l'usage de leur force de travail pendant une certaine période (un mois par exemple en cas de salaire mensuel). Le salaire qu'ils reçoivent est alors la valeur de cette marchandise qu'ils vendent aux capitalistes, c'est-à-dire la valeur de leur force de travail. La notion nouvelle de valeur de la force de travail vient ainsi se substituer à celle de valeur du travail pour qualifier le salaire (Texte 61).

ENGELS La valeur de la force de travail TEXTE 61

Ce que les économistes avaient considéré comme les frais de production du « travail » étaient les frais de production, non du travail, mais de l'ouvrier lui-même. Et ce que l'ouvrier vendait au capitaliste n'était pas son travail. [...] Il met à la disposition du capitaliste pour un temps déterminé (dans le salaire journalier) ou aux fins d'un rendement déterminé (dans le salaire aux pièces) sa force de travail contre un paiement déterminé ; il loue ou vend sa force de travail. Mais cette force de travail est intimement liée à sa personne et en est inséparable. Les frais de production de celle-ci coïncident par conséquent avec ses frais de production à lui. Ce que les économistes appellent les frais de production du travail sont précisément ceux de l'ouvrier et, par suite, ceux de la force de travail. [...]

►►►

>>>

Si l'ouvrier crée en 12 heures une valeur de 6 marks, en 6 heures, il en crée une de 3 marks. Il a donc déjà donné au capitaliste l'équivalent des 3 marks touchés sous forme de salaire, lorsqu'il a travaillé 6 heures pour lui. Après 6 heures de travail ils sont quittes, ils ne se doivent plus un centime l'un à l'autre.

« Halte-là ! s'écrie maintenant le capitaliste. J'ai loué l'ouvrier pour une journée entière, pour 12 heures. Or 6 heures ne font qu'une demi-journée Donc, trimez ferme jusqu'à ce que soient terminées également les 6 autres heures c'est alors seulement que nous serons quittes ! » Et l'ouvrier doit se soumettre en effet à ce contrat accepté « volontairement », d'après lequel il s'engage à travailler 12 heures pour un produit qui coûte 6 heures de travail. [...]

La difficulté contre laquelle échouaient les meilleurs économistes tant qu'ils parlaient de la valeur du « travail » disparaît dès lors que nous parlons de la valeur de la « force de travail » et non de celle du « travail ». La force de travail est, dans notre société capitaliste actuelle, une marchandise comme toutes les autres, mais néanmoins une marchandise tout à fait spéciale. En effet, elle a la propriété particulière d'être une force qui crée de la valeur, une source de valeur et, notamment, par un traitement approprié, une source de plus de valeur qu'elle en possède elle-même [...].

Telle est la constitution économique de notre société actuelle : c'est la classe laborieuse seule qui produit toutes les valeurs. Car le mot valeur n'est qu'une autre expression pour le mot travail, expression par laquelle on désigne dans notre société capitaliste actuelle la quantité de travail socialement nécessaire, incorporée dans une marchandise donnée. Mais ces valeurs produites par les ouvriers n'appartiennent pas aux ouvriers. Elles appartiennent aux possesseurs des matières premières, des machines et instruments et des avances d'argent qui leur permettent d'acheter la force de travail de la classe ouvrière. De toute la masse de produits créés par la classe ouvrière, il ne lui en revient donc qu'une partie.

Friedrich Engels, *ibid.*, p. 15 18 (extrait).

La valeur de la marchandise force de travail est, comme pour toute autre marchandise, déterminée par le temps de travail nécessaire à sa production : la « reproduction » de la force de travail quotidiennement dépensée dans la production s'effectue à travers la consommation de diverses marchandises (produits alimentaires, vêtements, chauffage, etc.), et c'est la valeur du panier de subsistance composé de ces marchandises qui détermine celle de la force de travail. Les besoins de consommation liés à la reproduction de la force de travail variant selon l'état de la société, la valeur de cette marchandise renferme, selon Marx, un « élément moral et historique » qui la distingue de toutes les autres marchandises.

Cette considération ne constitue en aucune façon une nouveauté par rapport à la théorie classique du salaire de subsistance : Ricardo, par exemple, affirme très clairement que ce dernier correspond à la valeur d'un panier de marchandises dont la composition est susceptible de varier dans le temps et dans l'espace. On doit donc considérer que l'indétermination résultant de cette variabilité concerne au même titre la « valeur de la force de travail » de Marx que la « valeur du travail » des classiques (*cf.* chapitre 5).

Ayant substitué la notion de « valeur de la force de travail » à celle de « valeur du travail », Marx semble rejoindre la théorie classique du salaire de subsistance. Pourtant ce ralliement n'est que partiel car le salaire ainsi déterminé n'a pour Marx rien de « naturel ».

Tout d'abord le salariat lui-même n'est pas un produit de la nature, mais de l'histoire : il est le rapport de production spécifique à un mode de production historiquement déterminé, le capitalisme (*cf.* chapitre précédent).

En outre, le mécanisme qui fait graviter le salaire de marché autour du salaire de subsistance n'est pas analysé de la même façon par Marx et par les classiques. Pour ces derniers, on l'a vu au chapitre 5, ce mécanisme repose sur un phénomène démographique considéré comme naturel, que Malthus a systématisé à travers son célèbre « principe de population ». Marx, qui entretient une aversion violente pour Malthus, se sépare ici de ses prédécesseurs. Pour lui, lorsque le salaire de marché s'élève au-dessus du niveau de subsistance, la force qui tend à le ramener vers ce niveau est le produit, non de la nature, mais d'une tendance qu'il considère comme inhérente à la production capitaliste : la tendance à sécréter du chômage (cette tendance sera analysée au chapitre 9). Les chômeurs constituent selon cette analyse une véritable « armée de réserve » dans laquelle peuvent puiser les capitalistes lorsque les salariés qu'ils emploient manifestent des prétentions salariales excessives. Le phénomène du chômage est donc pour Marx, non un « accident » dans le fonctionnement de l'économie capitaliste, mais bien un élément indispensable à ce fonctionnement.

2.2 Travail salarié et capital

La théorie marxiste de l'exploitation capitaliste se résume donc dans l'écart entre la valeur créée par le travail des salariés et la valeur de leur force de travail (valeur du panier de marchandises nécessaire à la reproduction de leur force de travail), qui leur est payée par les capitalistes à titre de salaire. Cet écart, appelé par Marx plus-value, représente donc du travail non payé.

L'exploitation capitaliste, ainsi entendue, ne saurait être confondue avec une forme de vol, comme le prétendent des auteurs tels que Proudhon. En effet, précise Marx, le capitaliste ne « vole » pas le salarié, puisqu'il paie (en moyenne) au travailleur la marchandise qu'il lui achète (c'est-à-dire sa force de travail) à sa valeur ; le capitaliste ne vole donc pas plus ses salariés que ses fournisseurs.

Il n'en reste pas moins que les salariés ne reçoivent pas, à travers leur salaire, l'équivalent du travail qu'il fournissent à leurs employeurs. Si les travailleurs sont conduits, dans la société capitaliste, à fournir un certain travail sans contrepartie, cela ne résulte pas d'une obligation juridique comme dans la société féodale, mais d'une nécessité purement économique : les moyens de production matériels étant entre les mains d'une classe particulière qui est celle des capitalistes, les travailleurs sont obligés de traiter avec les membres de cette classe pour pouvoir subsister.

L'origine historique de ce phénomène relève d'une phase préliminaire de l'histoire du capitalisme, que Marx appelle « accumulation primitive du capital » (*cf.* chapitre 7). Une fois le système installé, la séparation entre les travailleurs et les moyens de production se reproduit d'elle-même, puisque les salariés sont censés ne recevoir comme rémunération qu'un salaire de subsistance leur interdisant en pratique toute acquisition de moyens de production. La plus-value prélevée par les propriétaires de ces moyens de production leur permet au contraire, non seulement de consommer, mais aussi d'acquérir de nouveaux moyens de production (ce phénomène sera analysé au chapitre suivant) : par ce mécanisme de répartition, le mode de production capitaliste se reproduit non seulement matériellement, mais aussi socialement.

Cette dualité du matériel et du social est fondamentale pour comprendre la signification exacte que Marx donne au terme « capital ». Ce terme recouvre chez les classiques, comme on l'a vu, la valeur des marchandises qui doivent être « avancées » dans le processus de production, y compris les biens de subsistance que doivent consommer les salariés pendant ce processus (cette partie du capital correspond, en valeur, au fonds de salaires).

Marx reprend cette conception du capital, en lui donnant une dimension nouvelle (Texte 62) : pour lui les moyens de production matériels (machines etc.) ne sont pas par nature du capital, ils ne le deviennent que lorsqu'ils sont mis en œuvre par des travailleurs salariés. En ce sens pour Marx, « au lieu d'être une chose, le capital est un rapport social entre les personnes, lequel rapport s'établit par l'intermédiaire des choses » (*op. cit.*, p. 207). Travail salarié et capital sont ainsi liés de façon indissoluble.

MARX La conception marxiste du capital TEXTE 62

Un rapport social

Le capital se compose de matières premières, d'instruments de travail et de moyens de subsistance de toutes sortes qui sont employés à produire de nouvelles matières premières, de nouveaux instruments de travail et de nouveaux moyens de subsistance. Toutes ces parties constitutives sont des créations du travail, des produits du travail, du travail accumulé. Le travail accumulé qui sert de moyen pour une nouvelle production est du capital. C'est ainsi que parlent les économistes.

➤➤➤

Qu'est-ce qu'un esclave nègre ? Un homme de race noire. Cette explication a autant de valeur que la première. Un nègre est un nègre. C'est seulement dans des conditions déterminées qu'il devient esclave. Une machine à filer du coton est une machine pour filer le coton. C'est seulement dans des conditions déterminées qu'elle devient du capital. Arrachée à ces conditions, elle n'est pas plus du capital que l'or n'est par lui-même de la monnaie ou le sucre le prix du sucre. [...]

Mais comment une somme de marchandises, de valeurs d'échange se change-t-elle en capital ? Par le fait que, en tant que force sociale indépendante, c'est-à-dire en tant que force d'une partie de la société, elle se conserve et s'accroît par son échange contre la force de travail immédiate, vivante. L'existence d'une classe ne possédant rien que sa capacité de travail est une condition première, nécessaire, du capital. [...] Le capital suppose donc le travail salarié, le travail salarié suppose le capital. Ils sont la condition l'un de l'autre ; ils se créent mutuellement.

Karl Marx, *Travail salarié et capital* (1847), Éditions Sociales, 1972, p. 35-39 (extrait).

Les deux décompositions du capital

CAPITAL FIXE	MACHINES	CAPITAL CONSTANT
CAPITAL CIRCULANT	MATIÈRES PREMIÈRES	
	FONDS DE SALAIRES	CAPITAL VARIABLE

$$\frac{\text{CAPITAL CONSTANT}}{\text{CAPITAL VARIABLE}} = \text{COMPOSITION ORGANIQUE DU CAPITAL}$$

2.3 Capital constant et capital variable

Les économistes classiques, on l'a vu, ont l'habitude de décomposer la masse totale du capital avancé dans la production en capital fixe et capital circulant : le premier représente la valeur des moyens de production s'usant progressivement dans le processus de production (machines, bâtiments, etc.), alors que le second représente la valeur des marchandises consommées en une seule fois dans ce même processus (matières premières et travail direct). Il apparaît à Marx beaucoup plus important de distinguer, dans la masse totale du capital avancé :

– d'une part, la fraction du capital servant à payer les moyens de production matériels, qu'ils soient durables ou non durables (machines, matières premières) ;

– d'autre part, la fraction du capital qui sert à payer la force de travail (fonds de salaire).

Marx appelle ces deux fractions respectivement capital constant et capital variable. Ces termes, qui ne doivent évidemment pas être confondus avec ceux de capital fixe et de capital circulant, trouvent leur explication dans la théorie marxiste de la valeur et de l'exploitation.

En effet, les moyens de production matériels ne font, selon cette théorie, que transmettre au produit la valeur qu'ils possèdent déjà, et qu'ils ont acquise lors de leur fabrication (cette transmission se fait « en bloc » dans le cas de la consommation de matières premières, et progressivement dans le cas de l'usure des machines). Pour cette raison Marx appelle capital constant la fraction du capital qui permet l'acquisition des moyens de production matériels.

Par contre la fraction du capital qui permet de payer la force de travail est à l'origine d'une augmentation de valeur, qui amène Marx à qualifier cette fraction de capital variable. En effet, le travailleur exploité crée par son activité plus de valeur qu'il n'en consomme pour reproduire sa force de travail, et ce surplus de valeur est prélevé par le capitaliste sous forme de plus-value (Repère 28).

REPÈRE • 28

Du capital dépensé à la valeur du produit

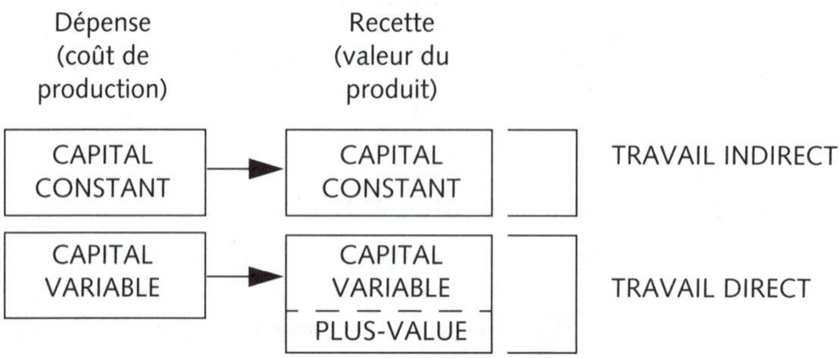

En appelant C le capital constant consommé (matières premières et usure des machines), V le capital variable (salaire versé aux travailleurs) et PL la plus-value on peut écrire la valeur de la marchandise produite sous la forme suivante :

$$C + V + PL$$

avec

C = travail indirect (consommation intermédiaire et usure du capital fixe) ;

V + PL = travail direct (valeur ajoutée)

Sur la valeur (V+PL) qu'ils ont ajoutée par leur travail aux moyens de production préexistants (C), les salariés récupèrent sous forme de salaire une valeur égale à la valeur de leur force de travail (V), et les capitalistes prélèvent le solde (plus-value PL). Le partage de la valeur ajoutée entre travail payé (V) et travail non payé (PL) est représenté par le rapport :

$$PL / V = \text{taux de plus-value (ou d'exploitation)}$$

3 | Les prix de production

L'analyse des rapports d'échange entre marchandises, longuement développée au livre I du *Capital*, n'est pas complète.

Marx revient en effet sur cette question au livre III du même ouvrage, et à cette occasion introduit une catégorie nouvelle, celle de « prix de production ». La théorie des prix de production, qui a suscité bien des débats jusqu'à nos jours, constitue une pièce indispensable de l'édifice théorique élaboré par Marx pour analyser le fonctionnement de l'économie capitaliste – mais elle en est sans doute aussi le point faible le plus évident.

3.1 Une réponse au problème de l'« effet-Ricardo »

Pour Marx comme pour les économistes classiques, le prix de marché, déterminé par le rapport entre l'offre et la demande, ne se confond pas avec la valeur. Pour rendre compte de cet écart, Marx reprend la théorie classique de la gravitation (*cf.* chapitre 5), mais son analyse se fait plus complexe que celle de ses prédécesseurs. Pour lui en effet, dans l'économie capitaliste le prix de marché ne gravite pas directement autour de la valeur, mais autour d'une forme modifiée de la valeur qu'il appelle le prix de production (Repère 29).

REPÈRE•29

De la valeur au prix de marché

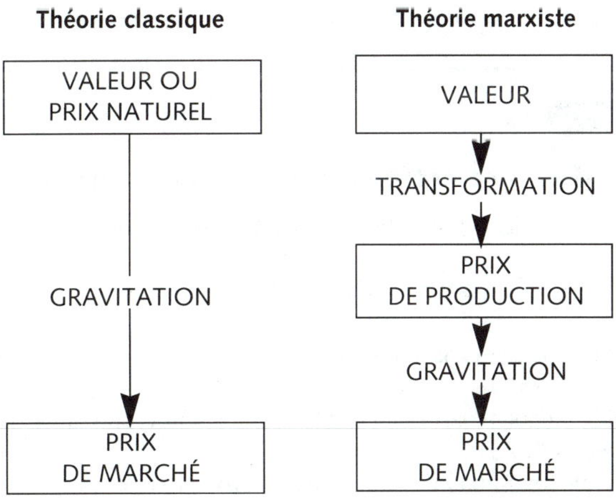

La distinction ainsi établie entre la valeur et le prix de production ne se trouve pas chez les classiques, qui utilisent généralement comme des synonymes les termes « valeur » et « prix naturel ». Marx l'introduit pour résoudre les difficultés rencontrées par Ricardo dans la mise en œuvre de sa théorie de la valeur-travail (*cf.* chapitre 5) : non proportionnalité des prix naturels aux dépenses de travail, et variation de ces prix sous l'effet d'un changement dans la répartition (« effet-Ricardo »). Ces difficultés, rappelons-le, avaient amené Ricardo à ne retenir la théorie de la valeur-travail qu'à titre d'approximation. Cette solution n'est pas retenue par Marx.

3.2 Distinction des valeurs et des prix de production

Les prix de production de Marx correspondent formellement aux prix naturels des classiques : ce sont les prix qui assurent, entre les différentes branches de la production sociale, l'égalité de rémunération de la force de travail ainsi que l'égalité de rémunération des capitaux engagés. Évidemment pour Marx ces prix n'ont rien de naturel (d'où le changement d'appellation), puisqu'ils supposent la concurrence entre les travailleurs salariés ainsi que la concurrence entre les capitaux, c'est-à-dire l'existence du mode de production capitaliste.

L'origine de la difficulté contre laquelle vient échouer la théorie de la valeur de Ricardo est, du point de vue de Marx, assez simple : si Ricardo ne parvient pas à faire coïncider la structure des prix « naturels » avec celle des dépenses de travail, c'est tout simplement parce qu'en assimilant les valeurs et les prix « naturels » (prix de production chez Marx), il confond deux réalités différentes. L'exemple présenté dans le Repère 30 permet de constater cette différence : sauf exception, l'uniformité du taux de profit n'est pas compatible avec la proportionnalité des prix aux dépenses de travail socialement nécessaires.

REPÈRE • 30

La différence entre valeurs et prix de production

Soit deux marchandises 1 et 2 dont les valeurs respectives s'écrivent :

$$C_1 + V_1 + PL_1$$
$$C_2 + V_2 + PL_2$$

avec :

- C_i capital constant consommé dans la production d'une unité de marchandise i (i = 1, 2)
- V_i capital variable consommé dans la production d'une unité de marchandise i (i = 1, 2)
- PL_i plus-value par unité de marchandise i produite (i = 1, 2)

►►►

➤➤➤

La production de ces deux marchandises ne nécessite que du **capital circulant** (le capital constant étant composé uniquement de matières premières), de sorte que la valeur du capital consommé dans la production des marchandises I et 2 est égale à la valeur du capital avancé dans la production de ces mêmes marchandises Par suite, la **composition organique** du capital avancé dans chacune des deux productions peut s'écrire :

$$G_1 = C_1 / V_1$$
$$G_2 = C_2 / V_2$$

La force de travail étant supposée homogène (travail simple), le **taux d'exploitation**, uniforme dans l'économie, s'écrit :

$$E = PL_1 / V_1 = PL_2 / V_2$$

Le **taux de profit**, rapport de la plus-value prélevée à la valeur du capital (constant et variable) avancé, s'écrit quant à lui pour chaque production :

$$R_1 = PL_1 / (C_1 + V_1)$$
$$R_2 = PL_2 / (C_2 + V_2)$$

soit encore, en divisant le numérateur et le dénominateur de chaque taux de profit par le capital variable correspondant :

$$R_1 = E / (G_1 + 1)$$
$$R_2 = E / (G_2 + 1)$$

D'où il ressort que :

$$R_1 = R_2 \Leftrightarrow G_1 = G_2$$

L'égalité des taux de profit, calculés à partir des valeurs, nécessite donc l'égalité des compositions organiques des capitaux engagés dans les différentes branches. Si ces compositions organiques diffèrent, les prix de production (qui supposent l'égalité des taux de profit) ne peuvent être égaux aux valeurs.

Cet exemple montre également que l'origine du problème n'est pas exactement là où la situait Ricardo. Pour celui-ci, rappelons-le, la non-concordance entre la structure des prix naturels et la structure des dépenses de travail provenait des différences entre les proportions de capital fixe et de capital circulant dans les différentes productions. Or dans le cas de figure retenu ici, il n'y a pas de capital fixe, et le problème de la non-concordance existe pourtant. Ce sont en réalité, comme le souligne Marx, les différences de composition organique du capital, c'est-à-dire de proportion entre capital constant (qu'il soit fixe ou circulant) et capital variable qui sont à l'origine du phénomène (il se trouve que dans l'exemple sur lequel raisonnait Ricardo, le capital fixe pouvait être assimilé au capital constant et le capital circulant au capital variable, du fait de l'absence de consommations intermédiaires).

Résoudre la difficulté rencontrée par Ricardo suppose donc d'abord que l'on cesse d'assimiler ce qui n'est pas assimilable. Mais, le centre autour duquel gravite le prix de marché étant le prix de production et non la dépense de travail socialement nécessaire, que devient la théorie de la valeur-travail ?

Pour répondre à cette question, Marx propose une théorie de la transformation des valeurs en prix de production, qui vise à montrer que les seconds dérivent des premières, et que donc la théorie de la valeur-travail fournit bien l'explication ultime (et nullement approximative) des rapports d'échange dans la société capitaliste.

3.3 La transformation des valeurs en prix de production

Marx présente, au chapitre IX du livre III du *Capital*, sa théorie de la « transformation » sous forme d'un algorithme (c'est-à-dire d'un ensemble d'opérations formalisées nécessaires à l'accomplissement d'une tâche déterminée) qui lui permet de passer du système des valeurs à celui des prix de production. L'objectif est de montrer que les prix de production ne sont que le résultat d'une nouvelle répartition de la plus-value, créée conformément à la théorie de la valeur-travail développée dans le livre I.

Dans la société capitaliste, du fait de la concurrence que se livrent les capitaux, la plus-value tend à se répartir proportionnellement à la totalité du capital avancé dans chaque production : tant qu'il n'en est pas ainsi, les capitaux se déplacent des branches à faible rentabilité vers les branches à rentabilité élevée, ce qui suscite des mouvements de prix relatifs. Ces mouvements engendrent eux-mêmes des transferts de plus-value entre branches. Lorsque les taux de profit se sont égalisés, et que donc les prix sont égaux aux prix de production, la plus-value n'apparaît donc plus nécessairement là où elle a été créée. Ce phénomène est qualifié par Marx de péréquation des taux de profit.

Marx pense trouver la dépendance logique qui relie le système des prix de production à celui des valeurs dans deux constatations tirées de son algorithme : le taux général de profit qui caractérise le système des prix de production se détermine à partir du système des valeurs, et la comparaison des deux systèmes fait apparaître une double égalité :

- celle de la somme des valeurs et de la somme des prix
- celle de la somme des plus-values (système des valeurs) et de la somme des profits (système des prix de production).

Par ce raisonnement (présenté sous une forme algébrique simplifiée dans le Repère 31), Marx croit avoir montré que la tendance à la péréquation des taux de profit a pour effet, non de contredire la théorie de la valeur-travail et de l'exploitation capitaliste, mais d'en modifier l'application.

REPÈRE • 31

L'algorithme de transformation de Marx

I) Construction du système des prix de production

Soit une économie dans laquelle on produit n marchandises. On suppose pour simplifier qu'il n'y a pas de capital fixe (ce qui permet d'assimiler le capital avancé au capital consommé). On choisit d'autre part, comme unité de mesure physique de chaque marchandise, la quantité globale produite dans l'économie au cours de l'année. En appelant respectivement C_i, V_i le capital constant et le capital variable avancés dans la production de la marchandise i, et PL_i la plus-value prélevée sur cette production, la valeur de cette marchandise s'écrit :

$$C_i + V_i + PL_i\ ,\quad i = (1, \ldots, n)$$

La valeur totale du capital avancé et la valeur totale de la plus-value prélevée dans l'économie s'écrivent respectivement :

$$\Sigma(C_i + V_i) = \Sigma C_i + \Sigma V_i$$

et :

$$\Sigma PL_i$$

d'où le taux général (ou moyen) de profit issu du système des valeurs :

$$R = \Sigma PL_i / \Sigma(C_i + V_i)$$

que Marx utilise pour construire le système des prix de production. Il écrit en effet le prix de production de chaque marchandise comme la somme de son coût de production :

$$C_i + V_i$$

et du profit moyen, c'est-à-dire du profit calculé en appliquant au capital avancé le taux général de profit :

$$R.\ (C_i + V_i)$$

ce qui donne :

$$P = (C_i + V_i).(1 + R)\ ,\qquad i = (1, \ldots, n)$$

2) Vérification de la double égalité de Marx

a) La somme des profits s'écrit :

$$\Sigma R.(C_i + V_i) = R.\Sigma(C_i + V_i) = \Sigma PL_i$$

compte tenu de la définition du taux général de profit (voir *supra*). Elle est donc bien égale à la somme des plus-values.

b) La somme des prix de production s'écrit :

$$\begin{aligned}\Sigma P_i &= \Sigma(C_i + V_i).(1 + R)\\ &= \Sigma(C_i + V_i) + R.\Sigma(C_i + V_i)\\ &= \Sigma(C_i + V_i) + \Sigma Pl_i\\ &= \Sigma(C_i + V_i + PL_i)\end{aligned}$$

ce qui n'est autre que la somme des valeurs.

3.4 L'erreur de Marx

Cependant l'écriture des prix de production, dans l'algorithme de transformation, présente une erreur logique (Repère 32). Marx se montre tout à fait conscient de ce problème, mais, curieusement, il semble ne lui attacher aucune importance (*ibid.*). Cette attitude insolite a donné, par la suite, lieu à de nombreux commentaires savants, mais sans doute convient-il de rappeler ici que Marx n'a jamais publié le manuscrit du livre III du *Capital*, rédigé pourtant de nombreuses années avant sa mort. Probablement l'auteur n'était-il pas entièrement satisfait des analyses que contenait son manuscrit.

REPÈRE • 32

Une formulation incohérente

1) L'erreur de Marx...

L'écriture des prix de production (*cf.* encadré précédent) sous la forme :

$$P = (C_i + V_i).(1 + R)$$

est logiquement inconsistante, puisque le membre de gauche de l'égalité est un prix de production, alors que les éléments du coût matériel et salarial apparaissant dans le membre de droite sont, quant à eux, exprimés en valeur. Or, si les entreprises vendent leurs produits à leur prix de production, elles ne peuvent acheter leurs moyens de production à leur valeur. L'écriture cohérente du système exige donc que les « entrées » comme les « sorties » de chaque activité soient exprimées en termes de prix de production.

2) ...vue par Marx (Karl Marx *Le Capital*, livre III, *op. cit.*, tome 1, p. 18)

Cependant, par le fait du développement précédent, une modification relative à la détermination du coût de production des marchandises s'est opérée. À l'origine, nous avons supposé que le prix de revient d'une marchandise était égal à la valeur des marchandises consommées dans sa production. Mais, pour l'acheteur, le prix de production d'une marchandise est son prix de revient. Le premier peut donc entrer, en tant que coût de production, dans la formation du prix d'une autre marchandise. Puisqu'il est possible que le prix de production s'écarte de la valeur d'une marchandise, son coût de production renfermant le prix de production d'une autre marchandise peut lui aussi se trouver au-dessus ou au-dessous de cette fraction de sa valeur globale que constitue la valeur des moyens de production consommés. Il faut se rappeler cette signification altérée du coût de production et penser qu'une erreur est toujours possible quand, dans une sphère de production particulière, on pose le coût de production d'une marchandise comme égal à la valeur des moyens de production consommés au cours de sa production Pour l'étude en cours, il est inutile d'examiner ce point de plus près.

Quoi qu'il en soit, la question de l'erreur de l'algorithme de transformation ne tarda pas à être soulevée après la publication, en 1895, du livre III du *Capital* sous les auspices d'Engels. Dès 1898 Eugen von Böhm-Bawerk (un économiste autrichien se rattachant au courant néoclassique, apparu deux décennies plutôt), pointant du doigt l'erreur de Marx, concluait que la tentative de transformation des valeurs en prix de production se soldait par un échec, et que par suite l'ensemble de la théorie développée au livre I du *Capital* était erronée (Böhm-Bawerk, *Karl Marx et la fermeture de son système*, 1898).

Cette attaque fut le point de départ d'une longue série de tentatives pour reformuler le problème des rapports entre valeurs et prix de production, en évitant de tomber dans l'erreur commise par Marx. Si la première de ces tentatives date du début du XXe siècle (Bortkiewicz, 1907), c'est dans la seconde moitié du siècle qu'une impulsion décisive sera donnée à ces travaux, par l'utilisation du modèle « entrées-sorties » de Leontief et du calcul matriciel (*cf.* tome II de cet ouvrage).

9 La dynamique du capitalisme

SOMMAIRE

L'étude du développement du capitalisme et des crises qui l'entrecoupent revêt une importance particulière pour Marx. Si cette étude l'amène à saluer le « rôle révolutionnaire » joué par la bourgeoisie dans l'histoire (Texte 63), il pense y trouver la démonstration scientifique du caractère inéluctable du communisme.

Cependant son analyse de la dynamique du capitalisme a suscité un intérêt qui va bien au-delà du public des adeptes du matérialisme historique. Divers auteurs, n'adhérant ni à la philosophie marxiste de l'histoire ni à une large partie des raisonnements économiques développés dans Le Capital, n'en ont pas moins salué cette analyse comme une contribution importante à l'étude des processus réels qui caractérisent l'économie capitaliste (*cf.* Texte 47).

MARX/ENGELS Le rôle révolutionnaire de la bourgeoisie TEXTE 63

La bourgeoisie a joué dans l'histoire un rôle éminemment révolutionnaire. [...]

C'est elle qui, la première, a fait voir ce dont est capable l'activité humaine : elle a créé de tout autres merveilles que les pyramides d'Égypte, les aqueducs romains, les cathédrales gothiques ; elle a mené à bien de tout autres expéditions que les invasions et les croisades.

La bourgeoisie ne peut exister sans révolutionner constamment les instruments de production, ce qui veut dire les conditions de la production, c'est-à-dire tous les rapports sociaux Le maintien sans changement de l'ancien mode de production était, au contraire, pour toutes les classes industrielles antérieures, la condition première de leur existence. Ce bouleversement continuel de la production, ce

>>>

>>>

constant ébranlement de tout le système social, cette agitation et cette insécurité perpétuelles distinguent l'époque bourgeoise de toutes les précédentes. Tous les rapports sociaux, traditionnels et figés, avec leur cortège de conceptions et d'idées antiques et vénérables, se dissolvent ; ceux qui les remplacent vieillissent avant d'avoir pu s'ossifier. Tout ce qui avait solidité et permanence s'en va en fumée, tout ce qui était sacré est profané, et les hommes sont forcés d'envisager enfin leurs conditions d'existence et leurs rapports réciproques avec des yeux désabusés.

Poussés par le besoin de débouchés toujours nouveaux, la bourgeoisie envahit le globe entier. Il lui faut s'implanter partout, exploiter partout, établir partout des relations.

Par l'exploitation du marché mondial, la bourgeoisie donne un caractère cosmopolite à la production et à la consommation de tous les pays. Au désespoir des réactionnaires, elle a enlevé à l'industrie sa base nationale. Les vieilles industries nationales ont été détruites et le sont encore chaque jour. Elles sont supplantées par de nouvelles industries, dont l'adoption devient une question de vie ou de mort pour toutes les nations civilisées, industries qui n'emploient plus des matières premières indigènes, mais des matières premières venues des régions les plus lointaines, et dont les produits se consomment non seulement dans le pays même, mais dans toutes les parties du globe. À la place des anciens besoins, satisfaits par les produits nationaux, naissent des besoins nouveaux, réclamant pour leur satisfaction des produits des contrées et des climats les plus lointains À la place de l'ancien isolement des provinces et des nations se suffisant à elles-mêmes se développent des relations universelles, une interdépendance universelle des nations. Et ce qui est vrai de la production matérielle ne l'est pas moins des productions de l'esprit. Les œuvres intellectuelles d'une nation deviennent la propriété commune de toutes. L'étroitesse et l'exclusivisme nationaux deviennent de jour en jour plus impossibles ; et de la multiplicité des littératures nationales et locales naît une littérature universelle.)

Par le rapide perfectionnement des instruments de production et l'amélioration infinie des moyens de communication, la bourgeoisie entraîne dans le courant de la civilisation jusqu'aux nations les plus barbares. Le bon marché de ses produits est la grosse artillerie qui bat en brèche toutes les murailles de Chine et contraint à la capitulation les barbares les plus opiniâtrement hostiles aux étrangers.

Sous peine de mort, elle force toutes les nations à adopter le mode bourgeois de production ; elle force à introduire chez elles la prétendue civilisation, c'est-à-dire à devenir bourgeoises. En un mot, elle se façonne un monde à son image.

La bourgeoisie a soumis la campagne à la ville. Elle a créé d'énormes cités ; elle a prodigieusement augmenté la population des villes par rapport à celle des campagnes, et par là, elle a arraché une grande partie de la population à l'abrutissement de la vie des champs. De même qu'elle a soumis a campagne à la ville, les pays barbares ou demi-barbares aux pays civilisés, elle a subordonné les peuples de paysans aux peuples de bourgeois, l'Orient à l'Occident.

>>>

>>>

La bourgeoisie supprime de plus en plus l'émiettement des moyens de production, de la propriété et de la population. Elle a aggloméré la population, centralisé les moyens de production et concentré la propriété dans un petit nombre de mains. La conséquence fatale de ces changements a été la centralisation politique. Des provinces indépendantes, tout juste fédérées entre elles, ayant des intérêts, des lois, des gouvernements, des tarifs douaniers différents, ont été réunies en une seule nation, avec un seul gouvernement, une seule loi, un seul intérêt national de classe, derrière un seul cordon douanier.

La bourgeoisie, au cours de sa domination de classe à peine séculaire, a créé des forces productives plus nombreuses et plus colossales que l'avaient fait toutes les générations passées prises ensemble. La mise sous le joug des forces de la nature, les machines, l'application de la chimie à l'industrie et à l'agriculture, la navigation à vapeur, les chemins de fer, les télégraphes électriques, les défrichements de continents entiers, la régularisation des fleuves, des populations entières jaillies du sol, quel siècle antérieur aurait soupçonné que de pareilles forces productives dormaient au sein du travail social ?

Karl Marx, Friedrich Engels, *Manifeste du parti communiste* (1848), Éditions Sociales, 1966.

1 | Le processus d'accumulation réinterprété

1.1 Rotation et mise en valeur du capital

S'inspirant de la distinction entre les deux formes de « chrématistique » établie par Aristote (*cf.* chapitre 1), Marx oppose, au début du livre 1 du *Capital*, la logique de la production capitaliste à celle de la « production marchande simple » pré-capitaliste, de type artisanal ou agricole.

Dans la production marchande simple, explique-t-il, la logique du producteur peut se résumer par la formule « vendre pour acheter » : l'artisan spécialisé dans un type de production (par exemple du pain) vend le produit de son travail pour pouvoir se procurer les valeurs d'usage (par exemple des vêtements) dont il a besoin mais qu'il ne fabrique pas lui-même. Dans ce schéma « marchandise-argent-marchandise » – qui correspond à la première forme de chrématistique d'Aristote – le point de départ et le point d'arrivée diffèrent par leur valeur d'usage, mais ont normalement la même valeur d'échange.

La logique du capitaliste, poursuit Marx, est au contraire d'« acheter pour vendre ». En effet, le capitaliste se présente comme un personnage disposant d'une certaine somme d'argent, qu'il avance dans une activité déterminée, en vue de récupérer par la suite cette somme augmentée d'un certain profit. Mais

pour réaliser cette opération, appelée par Marx « mise en valeur du capital », il faut :
– dans un premier temps, acheter des marchandises servant de moyens de production : machines, matières premières, force de travail salariée ;
– dans un deuxième temps, vendre les produits résultant de l'utilisation de ces moyens de production.

L'enchaînement des opérations décrit par ce schéma « argent-marchandise-argent » représente un « cycle de rotation du capital » : le capital qui revêt d'abord la forme-argent est converti en moyens de production, puis fait retour à la forme-argent, une fois vendues les marchandises fabriquées avec ces moyens de production (dans la présentation simplifiée qu'il en donne au début de son ouvrage, Marx néglige les différences de vitesse de rotation entre les capitaux).

Ce retour, indispensable pour que puisse s'amorcer un nouveau cycle, n'est en pratique nullement garanti. Dès l'analyse de la production marchande simple, Marx relève en effet que la conversion des marchandises en argent, qu'il appelle réalisation de la valeur, connaît parfois des accidents du fait du caractère « anarchique » de ce type de production. Ce constat l'amène à rejeter la loi des débouchés, qu'il qualifie de « dogme niais » (condamnation expéditive, la loi des débouchés ne prétendant pas qu'il existe un débouché pour chaque marchandise – *cf.* chapitre 6). La seule signification de la suite de métamorphoses représentée par le cycle de rotation du capital qui, partant de l'argent, revient à l'argent, est la poursuite du gain monétaire : on est ici en présence de la deuxième forme de chrématistique d'Aristote.

Posant alors la question de l'origine de ce gain monétaire normalement réalisé à l'issue de chaque cycle de rotation de son capital, Marx explique qu'il ne peut venir de la « sphère de la circulation », c'est-à-dire de l'échange. En effet les moyens de production, comme les produits qu'ils permettent de fabriquer, sont normalement échangés contre des quantités d'argent ayant même valeur (la distinction de la valeur et du prix de production n'est pas introduite à ce stade de l'analyse). C'est donc dans la phase médiane, c'est-à-dire dans la « sphère de la production » qu'il faut rechercher l'origine du gain réalisé par le capitaliste. La théorie de la valeur-travail et de l'exploitation fournit l'explication du phénomène : la partie du capital affectée à l'achat de la force de travail (le capital variable) permet, par l'exploitation des salariés ainsi embauchés, de dégager une plus-value dont la traduction monétaire est le profit.

1.2 Reproduction élargie du capital

Que fait le capitaliste de la somme d'argent récupérée à l'issue du cycle de rotation du capital ?

S'il veut pouvoir continuer à exister en tant que capitaliste, il doit tout d'abord assurer la continuité de son affaire, c'est-à-dire renouveler ses avances de capital initiales. Seule la plus-value représentant la différence entre la masse d'argent avancée et la masse d'argent récupérée constitue pour lui un revenu.

Cette plus-value sert d'abord à sa consommation personnelle. Mais, nous dit Marx, l'essentiel est ailleurs : la majeure partie de la plus-value est transformée en capital additionnel. La succession des cycles de rotation du capital permet dès lors non seulement la reproduction de celui-ci, mais encore son accumulation – phénomène que Marx qualifie de reproduction élargie du capital (Repère 33).

REPÈRE • 33

Le processus d'accumulation du capital

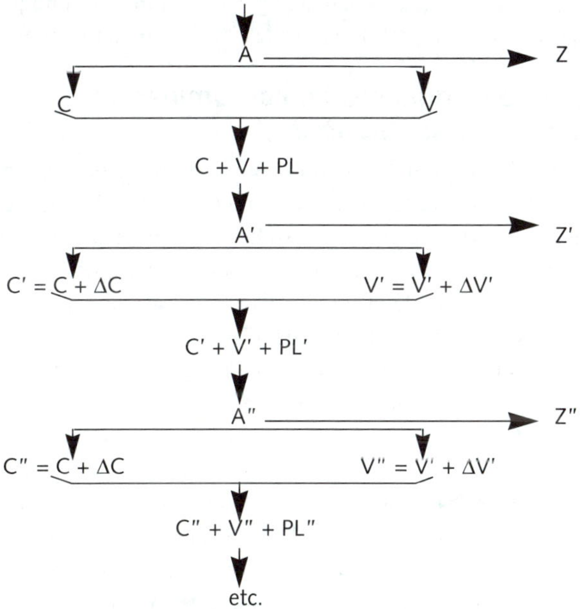

Légende :

A, A', A''	masse d'argent récupérée à l'issue de chaque cycle de rotation du capital.
C, C', C''	valeur du capital constant avancé au début de chaque cycle.
V, V', V''	valeur du capital variable avancé au début de chaque cycle.
PL, PL', PL''	plus-value créée à chaque cycle.
Z, Z', Z''	consommation capitaliste à chaque cycle (fraction de la plus-value).

Nota : on fait ici l'hypothèse que l'intégralité du capital avancé est du capital circulant.

Diverses hypothèses ont été avancées pour expliquer ce « comportement d'accumulation » de la bourgeoisie. Le sociologue allemand Max Weber (1864-1920), par exemple, l'analyse dans son étude sur *L'Éthique protestante et l'esprit du capitalisme* comme une conséquence idéologique de la Réforme. Pour Marx, la raison fondamentale qui pousse les capitalistes à accumuler est que cela conditionne leur survie en tant que capitalistes.

En effet, dans le contexte de concurrence qui caractérise le capitalisme, l'innovation apparaît comme une nécessité vitale (*cf.* chapitre 8). Mais elle suppose généralement l'introduction de moyens de production de plus en plus coûteux, ainsi que des dépenses dites aujourd'hui de « recherche-développement » en constante augmentation. Des masses toujours plus importantes de capitaux doivent donc être avancées dans la production, ce qui implique que les profits soient, pour une large part, transformés en capital additionnel.

1.3 Les conséquences de l'accumulation sur la classe ouvrière…

Effet direct de l'accumulation du capital, la croissance économique est inhérente au capitalisme et Marx, à la différence des classiques, n'envisage à aucun moment que ce système puisse s'installer dans un « état stationnaire ». La croissance s'accompagne en outre de profondes transformations des structures de l'appareil productif et de la société. Ces transformations, dominées par le phénomène majeur du machinisme auquel la révolution industrielle a donné une impulsion décisive, affectent tout d'abord la classe ouvrière. Marx considère que le développement de la grande industrie s'accompagne d'une déqualification de la main-d'œuvre ouvrière, condamnée à devenir un simple accessoire de la machine. Ce processus va de pair avec une dégradation des conditions de travail, la déqualification permettant de faire appel à des catégories de main-d'œuvre plus larges et plus vulnérables (en particulier les enfants).

Le remplacement des hommes par les machines engendre en outre, selon Marx, une tendance à la « surpopulation relative » au sein de l'économie capitaliste. Ce terme signifie que l'emploi, dont le développement est freiné par la mécanisation de la production, a tendance à croître moins vite que la population active, créant ainsi du chômage. Une analyse voisine avait déjà été développée par Ricardo (*cf.* chapitre 4), mais Marx lui donne une autre ampleur en faisant de ce chômage, non un phénomène accidentel, mais une tendance permanente de l'économie capitaliste. Ici se trouve l'origine de la fameuse « armée de réserve industrielle », qui est supposée maintenir les salaires à proximité de la valeur de la force de travail (*cf.* chapitre 8).

Cette thèse revêt une grande importance pour Marx, qui n'hésite pas à la qualifier de « loi générale de l'accumulation capitaliste » (Texte 64). En effet, elle

MARX Surpopulation relative et armée industrielle de réserve TEXTE 64

L'armée industrielle de réserve est d'autant plus nombreuse que la richesse sociale, le capital en fonction, l'étendue et l'énergie de son accroissement, donc aussi la masse absolue du prolétariat et la force productrice de son travail sont plus considérables. Les mêmes causes qui développent la force expansive du capital amenant la mise en disponibilité de la force ouvrière, la réserve industrielle doit augmenter avec les ressorts de la richesse. La grandeur relative de l'armée industrielle de réserve s'accroît donc en même temps que les ressorts de la richesse. Mais plus cette armée de réserve grossit, comparativement à l'armée active du travail, plus grossit la surpopulation consolidée, excédent de population, dont la misère est inversement proportionnelle aux tourments de son travail. Plus s'accroît enfin cette couche des Lazare de la classe salariée, plus s'accroît aussi le paupérisme officiel. Voilà la loi absolue, générale, de l'accumulation capitaliste. L'action de cette loi, comme toute autre, est naturellement modifiée par des circonstances particulières.

Karl Marx, *Le Capital*, livre 1, *op. cit.*, tome 1, p. 87.

lui permet de retenir la conception classique du salaire de subsistance sans adhérer pour autant au « principe de population » de Malthus. En outre, elle conforte sa vision générale de la société capitaliste, selon laquelle l'accroissement de la production des richesses va nécessairement de pair avec un accroissement de la misère et de l'oppression pour ceux qui les produisent.

En réalité, la seule chose que montre réellement Marx, c'est que de la mécanisation résulte un accroissement de l'emploi moins rapide que celui de la production. Mais cela n'implique pas nécessairement un accroissement du chômage : tout dépend de la vitesse relative à laquelle augmentent la production, la force de travail et la productivité du travail. La position de Ricardo, moins spectaculaire que celle de Marx, semble aussi plus solide.

1.4 ...sur la classe capitaliste...

Avec le développement du machinisme, la taille optimale des unités de production a tendance à s'accroître, et la nécessité de réunir les fonds permettant le financement d'investissements de plus en plus coûteux pousse, sous diverses formes, à une concentration du capital en un petit nombre de mains (tendance renforcée par les crises périodiques qui secouent l'économie capitaliste).

Ainsi la concurrence dont les libéraux vantent les mérites est en réalité un système hautement instable, car la dynamique même de cette concurrence produit la concentration, qui peut susciter l'intervention de l'État. Pour Marx ce phénomène illustre les contradictions qu'engendre le développement du capitalisme : alors que les rapports de production qui le caractérisent reposent sur la libre concurrence et l'initiative privée, le développement des forces productives qu'il suscite crée un état de choses qui est la négation même de ces principes, et qui prépare directement l'expropriation de la classe capitaliste par le prolétariat. Telle est, selon Marx, la « tendance historique de l'accumulation capitaliste » (Texte 65).

MARX La tendance historique de l'accumulation capitaliste — TEXTE 65

La propriété privée, fondée sur le travail personnel, cette propriété qui soude pour ainsi dire le travailleur isolé et autonome aux conditions extérieures du travail, va être supplantée par la propriété capitaliste, fondée sur l'exploitation du travail d'autrui, sur le salariat.

Dès que ce procès de transformation a décomposé suffisamment et de fond en comble la vieille société, que les producteurs sont changés en prolétaires, et leurs conditions de travail en capital, qu'enfin le régime capitaliste se soutient par la seule force économique des choses, alors la socialisation ultérieure du travail, ainsi que la métamorphose progressive du sol et des autres moyens de production en instruments socialement exploités, communs, en un mot, l'élimination ultérieure des propriétés privées, va revêtir une nouvelle forme. Ce qui est maintenant à exproprier, ce n'est plus le travailleur indépendant, mais le capitaliste, le chef d'une armée ou d'une escouade de salariés.

Cette expropriation s'accomplit par le jeu des lois immanentes de la production capitaliste, lesquelles aboutissent à la concentration des capitaux. Corrélativement à cette centralisation, à l'expropriation du grand nombre des capitalistes par le petit, se développent sur une échelle toujours croissante l'application de la science à la technique, l'exploitation de la terre avec méthode et ensemble, la transformation de l'outil en instruments puissants seulement par l'usage commun, partant l'économie des moyens de production, l'entrelacement de tous les peuples en un marché universel, d'où le caractère international imprimé au régime capitaliste. À mesure que diminue le nombre des potentats du capital qui usurpent et monopolisent tous les avantages de cette période d'évolution sociale, s'accroissent la misère, l'oppression, l'esclavage, la dégradation, l'exploitation, mais aussi la résistance de la classe ouvrière sans cesse grossissante et de plus en plus disciplinée, unie et organisée par le mécanisme même de la production capitaliste. Le monopole du capital devient une entrave pour le mode de production qui a grandi et prospéré avec lui et sous ses auspices. La socialisation du travail et la centralisation de ses ressorts matériels arrivent à un point où elles ne peuvent plus tenir dans leur enveloppe capitaliste. L'heure de la propriété capitaliste a sonné. Les expropriateurs sont à leur tour expropriés.

Karl Marx, *ibid.*, p. 204-205.

1.5 … et sur l'organisation des sociétés

Troisième conséquence du développement du machinisme et des gains de productivité qui lui sont associés, le mode de production capitaliste tend à supplanter les autres formes d'organisation économique au contact desquelles il se trouve. Ce phénomène, qui se constate d'abord à l'intérieur même des pays formant le berceau du capitalisme, prend rapidement un caractère mondial.

Dans ce contexte de mondialisation du capitalisme, les espaces économiques nationaux voient leur signification se restreindre : en imbriquant chaque jour un peu plus les processus économiques à l'échelle internationale, la bourgeoisie leur donne un caractère « cosmopolite », écrivent Marx et Engels dans le *Manifeste du parti communiste*, qui en déduisent « qu'au désespoir des réactionnaires, elle a enlevé à l'industrie sa base nationale ». Cette considération donne tout son sens au célèbre appel sur lequel se termine leur ouvrage : « Prolétaires de tous les pays, unissez-vous ! »

2 | Les schémas de la reproduction

Dans le livre II du *Capital* (laissé inachevé par Marx et publié, comme le livre III, après sa mort) on trouve une ébauche de modélisation macroéconomique du processus d'accumulation, appelée « schéma de la reproduction élargie du capital ». Sa présentation est précédée d'un modèle préliminaire, dit « schéma de la reproduction simple » (Repères 34 et 35).

REPÈRE • 34

Le schéma de la reproduction simple

Hypothèses

l) La section 1 produit les biens de production, la section 2 les biens de consommation.
2) Les marchandises sont vendues à la fin de la période où elle sont produites, et consommées pendant la période suivante.
3) Les marchandises sont vendues à leur valeur.
4) L économie est fermée (pas d'échanges extérieurs).
5) La plus-value est intégralement affectée à la consommation capitaliste.

Symboles

C_1, C_2	Capital constant consommé dans les sections 1 et 2.
V_1, V_2	Capital variable consommé dans les sections 1 et 2.
PL_1, PL_2	Plus-value créée dans les sections 1 et 2.

➤➤➤

>>>

Marché des biens de production

Offre : $O_1 = C_1 + V_1 + PL_1$

Demande : $D_1 = C_1 + C_2$

Équilibre : $O_1 = D_1 \Rightarrow V_1 + PL_1 = C_2$

Marché des biens de consommation

Offre : $O_2 = C_2 + V_2 + PL_2$

Demande : $D_2 = V_1 + V_2 + PL_1 + PL_2$

Équilibre : $O_2 = D_2 \Rightarrow C_2 = V_1 + PL_1$

Interprétation graphique

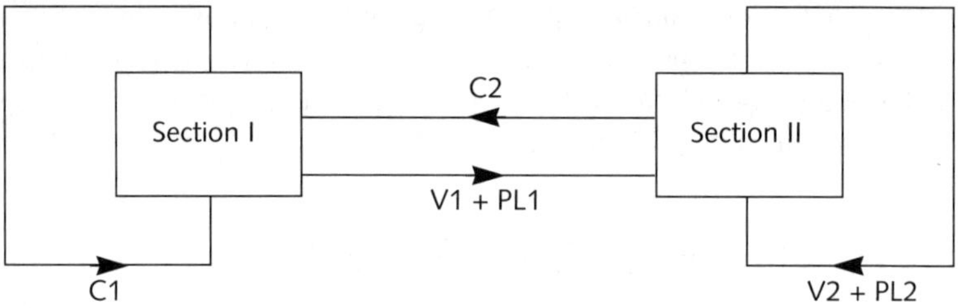

Nota : les flèches sont orientées dans le sens de circulation de la monnaie.

(D'après Oskar Lange, *Théorie de la reproduction et de l'accumulation*, PWN, Varsovie, 1965.)

REPÈRE • 35

Le schéma de la reproduction élargie

Hypothèses

– Hypothèses 1 à 4 : *cf.* encadré précédent.

– Hypothèse 5 : la plus-value de chaque section est affectée pour partie à la consommation capitaliste, et pour partie à l'accumulation dans la section où elle est prélevée.

Symboles

Aux notations de l'encadré précédent, on ajoute les notations suivantes :

ΔC_1, ΔC_2 Fraction de la plus-value de chaque section affectée à l'accroissement du capital constant.

ΔV_1, ΔV_2 Fraction de la plus-value de chaque section affectée à l'accroissement du capital variable.

Z_1, Z_2 Fraction de la plus-value de chaque section affectée à la consommation capitaliste.

>>>

Marché des biens de production

Offre : $O_1 = C_1 + V_1 + PL_1 = C_1 + V_1 + \Delta C_1 + \Delta V_1 + Z_1$

Demande : $D_1 = C_1 + C_2 + \Delta C_1 + \Delta C_2$

Équilibre : $O_1 = D_1 \Rightarrow V_1 + \Delta V_1 + Z_1 = C_2 + \Delta C_2$

Marché des biens de consommation

Offre : $O_2 = C_2 + V_2 + PL_2 = C_2 + V_2 + \Delta C_2 + \Delta V_2 + Z_2$

Demande : $D_2 = V_1 + V_2 + \Delta V_1 + \Delta V_2 + Z_1 + Z_2$

Équilibre :$O_2 = D_2 \Rightarrow C_2 + \Delta C_2 = V_1 + \Delta V_1 + Z_1$

Interprétation graphique

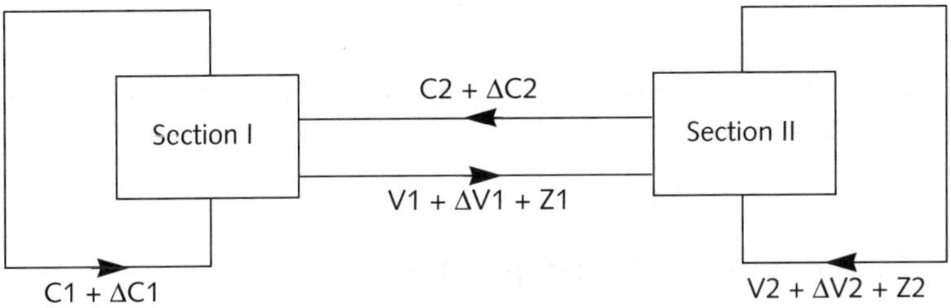

Nota : les flèches sont orientées dans le sens de circulation de la monnaie.
(Source du graphique : O. Lange, *op. cit.*)

Dans ces deux schémas le système productif est découpé en deux « sections », la section 1 qui produit les biens de production et la section 2 qui produit les biens de consommation. Les marchandises sont vendues à la fin de la période où elles sont produites, et utilisées dans le courant de la période suivante.

2.1 Reproduction simple et reproduction élargie

Le schéma de la reproduction simple décrit une économie dans laquelle l'intégralité de la plus-value est affectée par les capitalistes à la consommation, de sorte que le capital se reproduit à l'identique d'une période à l'autre. Cette situation correspond à celle du *Tableau économique* de Quesnay (*cf.* chapitre 3), dont Marx s'est ici inspiré.

Dans ce schéma, la demande adressée à la section 1 est égale à la valeur des moyens de production qui doivent être remplacés dans les deux sections, alors que la demande adressée à la section 2 est égale à la somme des revenus salariaux et de la plus-value (Repère 34). Une telle situation, qui implique l'absence d'accumulation du capital, est parfaitement contradictoire avec la vision marxiste du capitalisme, et ce premier modèle n'a pas d'autre objet que de préparer la voie au modèle de « reproduction élargie » qui lui fait suite.

Ce second schéma nous rapproche des conditions de fonctionnement du capitalisme réel, puisqu'il suppose qu'une partie de la plus-value est convertie en capital additionnel. Ainsi, au lieu de se reproduire à l'identique comme dans le schéma précédent, le capital se reproduit de façon élargie. Dans ces conditions, la demande adressée à la section 1 concerne non seulement le renouvellement, mais aussi l'accroissement des moyens de production. La demande à la section 2 est constituée de la consommation des salariés, qui maintenant recouvre à la fois le renouvellement et l'accroissement du capital variable, et de la consommation des capitalistes, qui ne représente plus qu'une fraction de la plus-value (Repère 35).

2.2 Le problème des déséquilibres

Dans les deux schémas, on constate que l'équilibre du marché de la section 1 et celui de la section 2 reposent sur une même condition, qui peut être interprétée comme une condition d'équilibre des flux intersectoriels .

Si cette condition est respectée à chaque période, le système dans son ensemble connaît un état stationnaire (1er schéma) ou une croissance régulière (2e schéma). Mais il n'y a aucune raison pour que les productions des deux sections s'établissent spontanément aux niveaux requis par la condition d'équilibre. En effet, dans le capitalisme la production n'est pas planifiée à l'échelle sociale, mais laissée à « l'arbitraire déréglé des producteurs marchands », de sorte que les déséquilibres sont la règle plutôt que l'exception. D'où la possibilité des crises qui secouent périodiquement l'économie.

Plaçons-nous par exemple dans l'hypothèse de la reproduction élargie, et supposons que, pour une raison quelconque, se manifeste un excès de la demande sur l'offre dans la section 1. Le Repère 36 permet de constater que ce déséquilibre signifie un déséquilibre en sens inverse dans la section 2, c'est-à-dire une surproduction de biens de consommation, susceptible de plonger l'économie dans une situation de crise.

Bien qu'elle soit rejetée par Marx, la loi des débouchés semble en parfaite cohérence avec une telle approche des crises. Selon cette loi en effet, il ne peut y avoir de surproduction globale à l'échelle de la société, mais il peut très bien exister des déséquilibres momentanés et symétriques sur les différents marchés (*cf.* chapitre 6).

REPÈRE • 36

Une réinterprétation keynésienne du schéma de la reproduction élargie

Hypothèses

1) L'accroissement du capital variable est négligé :

$$\Delta V_1 = \Delta V_2 = 0$$

2) L'épargne nette (fraction non consommée du revenu) est distinguée de l'investissement net (acquisition de moyens de production supplémentaires).

3) La production de la section 1 est réalisée sur commande.

Détermination de l'épargne nette et de l'investissement net

Les salariés étant supposés consommer l'intégralité de leur revenu, l'épargne nette E se réduit à la fraction non consommée de la plus-value :

$$E = PL_1 + PL_2 - Z_1 - Z_2 = \Delta C_1 + \Delta C_2$$

L'investissement net I est quant à lui la valeur des moyens de production nouveaux qui sont fabriqués, c'est-à-dire la valeur de la production de la section 1 diminuée de ce qui sert au remplacement des moyens de production consommés :

$$I = C_1 + V_1 + PL_1 - C_1 - C_2 = V_1 + \Delta C_1 + Z_1 - C_2$$

Équilibre de l'épargne et de l'investissement

La condition d'équilibre de l'épargne et de l'investissement s'écrit :

$$E = I \Leftrightarrow \Delta C_1 + \Delta C_2 = V_1 + \Delta C_1 + Z_1 - C_2 \Leftrightarrow C_2 + \Delta C_2 = V_1 + Z_1$$

ce qui, compte tenu de la nullité supposée de ΔV_1, correspond formellement à la condition d'équilibre des flux intersectoriels du schéma de la reproduction élargie (*cf.* encadré précédent)

Cas d'une insuffisance d'investissement

Dans le cas où les commandes de moyens de production nouveaux sont insuffisantes pour absorber toute l'épargne que cherchent à réaliser les titulaires de revenus de la propriété, on a :

$$E > I \Leftrightarrow C_2 + \Delta C_2 > V_1 + Z_1 \Leftrightarrow C_2 + V_2 + \Delta C_2 + Z_2 > V_1 + Z_1 + V_2 + Z_2$$
$$\Leftrightarrow O_2 > D_2$$

L'insuffisance de l'investissement par rapport à l'épargne se traduit donc par une insuffisance de la demande par rapport à l'offre sur le marché des biens de consommation.

2.3 Une lecture keynésienne des schémas de la reproduction

En rupture avec cette lecture immédiate, certains commentateurs voient dans les « schémas de la reproduction » de Marx l'ébauche d'une théorie de la demande effective, telle qu'elle sera formulée au XXe siècle par l'économiste britannique J.-M. Keynes. Selon cet auteur, loin de résulter de l'offre comme le prétend la loi de Say, la demande de marchandises est le facteur qui, en courte période, gouverne le volume de la production – de sorte que celle-ci peut se contracter par suite d'une insuffisance de la demande globale. Une telle interprétation des « schémas de la reproduction » est, par exemple, suggérée par Joan Robinson dans son *Essai sur l'économie de Marx* (1942).

L'élément central du raisonnement consiste à distinguer l'épargne de l'investissement. Certes, c'est bien l'épargne qui permet de financer l'investissement, mais la décision d'épargner et la décision d'investir sont deux actes économiques distincts, dont les motivations ne sont pas identiques, et qui ne sont pas nécessairement prises par les mêmes personnes.

Si l'on admet que les capitalistes qui prennent les décisions d'épargne (renonciation à la consommation d'une partie de la plus-value) ne sont pas nécessairement les mêmes que ceux qui prennent les décisions d'investissement (commandes de biens de production nouveaux), le déséquilibre de la section 1 dont nous sommes partis pour illustrer la possibilité de crises prend une signification nouvelle, celle d'un déséquilibre entre l'épargne et l'investissement. Plus précisément, ce qui apparaissait initialement comme une insuffisance de l'offre de biens de production par rapport à la demande est maintenant analysé comme une insuffisance de la volonté d'investir par rapport à la volonté d'épargner.

Le résultat de ce déséquilibre, en ce qui concerne le marché des biens de consommation, est celui qui a été exposé précédemment : la demande est insuffisante pour équilibrer l'offre. Donc, à une insuffisance de l'investissement par rapport à l'épargne, correspond une surproduction de biens de consommation par rapport à la demande solvable. Une telle réinterprétation du schéma de Marx ouvre la voie à une analyse des crises très proche de celle que fournit Keynes dans son *Traité sur la monnaie* publié en 1930.

Bien entendu, un déséquilibre symétrique de celui qui vient d'être présenté peut également se produire : dans ce cas, l'insuffisance d'épargne par rapport aux décisions d'investissement se traduit par une pénurie de biens de consommation, facteur de tensions inflationnistes.

3 | La baisse tendancielle du taux de profit

3.1 Taux de profit et crises

On ne trouve pas de théorie unifiée des crises économiques dans l'œuvre de Marx, qui aborde ce thème à de multiples reprises mais de façon fragmentaire – ce qui a donné lieu à des interprétations multiples et souvent divergentes. Il apparaît cependant que les crises revêtent à ses yeux un double caractère :
– celui d'une surproduction de biens de consommation qui, compte tenu de la demande solvable, ne trouvent pas preneur sur le marché (déséquilibre de la section 2) ;

– celui d'une suraccumulation de capital, situation où le capital avancé ne parvient pas à être rentabilisé dans des conditions « normales » (d'où la chute de l'investissement qui, en ne parvenant pas à absorber l'épargne, déséquilibre par ricochet la section 2).

Ces crises sont pour Marx inéluctables dans le mode de production capitaliste : si une hausse des salaires protège apparemment l'économie d'une surproduction de biens de consommation en stimulant la demande des salariés, elle prépare en même temps une suraccumulation de capital en affaiblissant la rentabilité de celui-ci (Texte 66). Système dynamique, le capitalisme est donc fortement instable. Mais il y a plus grave : cette instabilité est vouée selon Marx à s'accroître, sous l'effet de la tendance à la baisse du taux de profit.

MARX Les crises dans le mode de production capitaliste TEXTE 66

C'est pure tautologie que de dire : les crises proviennent de ce que la consommation solvable ou les consommateurs capables de payer font défaut. Le système capitaliste ne connaît d'autres modes de consommation que payants, à l'exception de ceux de l'indigent ou du « filou ». Dire que des marchandises sont invendables ne signifie rien d'autre que : il ne s'est pas trouvé pour elles d'acheteurs capables de payer, donc de consommateurs (que les marchandises soient achetées en dernière analyse pour la consommation productive ou individuelle). Mais si, pour donner une apparence de justification plus profonde à cette tautologie, on dit que la classe ouvrière reçoit une trop faible part de son propre produit et que cet inconvénient serait pallié dès qu'elle en recevrait une plus grande part, dès que s'accroîtrait en conséquence son salaire, il suffit de remarquer que les crises sont chaque fois préparées justement par une période de hausse générale des salaires, où la classe ouvrière obtient effectivement une plus grande part de la fraction du produit annuel destinée à la consommation. Du point de vue de ces chevaliers qui rompent des lances en faveur du « simple » (!) bon sens, cette période devrait au contraire éloigner la crise. Il semble donc que la production capitaliste implique des conditions qui n'ont rien à voir avec la bonne ou la mauvaise volonté, qui ne tolèrent cette prospérité relative de la classe ouvrière que passagèrement et toujours seulement comme signe annonciateur d'une crise.

Karl Marx, *Le Capital*, livre II, *op. cit.*, tome II, p. 63-64.

3.2 L'origine de la tendance à la baisse du taux de profit

L'idée de la tendance à la baisse du taux de profit se trouve déjà chez les classiques (*cf.* chapitre 6). Ricardo, en particulier, rattache cette tendance au phénomène des rendements décroissants de l'agriculture. Marx, au contraire, considère que l'origine de la tendance se trouve, non pas à la périphérie, mais au cœur même du système capitaliste, c'est-à-dire dans la sphère de la production industrielle (le phénomène peut se rencontrer aussi dans la production agricole, mais cette considération est à ses yeux accessoire).

Le Repère 37 présente de façon très schématique les grandes lignes de son raisonnement, dont le point de départ est une reformulation du taux de profit moyen. Celle-ci permet à Marx de faire apparaître ce qui constitue pour lui la cause fondamentale de la tendance à la baisse du taux de profit : l'élévation de la composition organique du capital que provoque le développement du machinisme.

REPÈRE • 37

Baisse du taux de profit et facteurs contrecarrant la baisse. Un résumé du raisonnement de Marx

1) Reformulation du taux général de profit

Selon la théorie de la valeur-travail, le taux général de profit s'écrit :

$$R = \Sigma PL / (\Sigma C + \Sigma V)$$

avec :

ΣC valeur totale du capital constant avancé

ΣV valeur totale du capital variable avancé

ΣPL plus-value totale

En divisant numérateur et dénominateur de la fraction ci-dessus par la même grandeur ΣV, on obtient :

$$R = (\Sigma PL / \Sigma V) / [(\Sigma C / \Sigma V)+1]$$
$$= E / (G + 1)$$

avec :

E taux de plus-value

G composition organique moyenne du capital

2) La « tendance à la baisse »

La mécanisation qui accompagne l'accumulation du capital se traduit, selon Marx, par une élévation de la composition organique du capital. Celle-ci entraîne, pour un taux d'exploitation inchangé, une baisse du taux de profit :

$$(\Delta G > 0) \cap (\Delta E = 0) \Rightarrow \Delta R < 0$$

3) Les « causes contrecarrant la loi »

a) Baisse de la valeur unitaire des machines et autres éléments de capital constant, qui limite l'effet de la mécanisation sur la hausse de la composition organique G.

b) Élévation du taux de plus-value E, selon deux mécanismes :

– « Plus-value absolue », par allongement de la durée du travail L, à salaire inchangé :

$$(\Delta L > 0) \cap (\Delta V = 0) \Rightarrow \Delta PL > 0$$

– « Plus-value relative », par abaissement de la valeur de la force de travail due à la baisse de valeur des biens consommés par les salariés :

$$(\Delta V < 0) \cap (\Delta L = 0) \Rightarrow \Delta PL > 0$$

3.3 Les « causes qui contrecarrent la loi »

La baisse du taux de profit constitue une tendance à long terme, dont les effets peuvent être temporairement contrariés par le jeu de différents facteurs, agissant soit sur le dénominateur, soit sur le numérateur de la fraction qu'est le taux de profit.

Tout d'abord, l'élévation de la composition organique du capital peut être freinée par la baisse de la valeur unitaire des machines, résultant des gains de productivité dans les branches qui produisent ces machines. En outre, elle peut être contrebalancée par une hausse du taux de plus-value provenant de l'allongement de la durée du travail, ou d'une baisse de la valeur de la force de travail provoquée par la baisse de valeur des marchandises entrant dans le « panier » de consommation des salariés. Ces deux phénomènes sont appelés par Marx « plus-value absolue » et « plus-value relative » (Texte 67.1).

MARX **Plus-value et paupérisation** TEXTE 37

1) Plus-value absolue et plus-value relative

Je nomme plus-value absolue la plus-value produite par la simple prolongation de la journée de travail, et plus-value relative la plus-value qui provient au contraire de l'abréviation du temps de travail nécessaire et du changement correspondant dans la grandeur relative des deux parties dont se compose la journée.

Pour qu'il fasse baisser la valeur de la force de travail, l'accroissement de la productivité doit affecter les branches d'industrie dont les produits déterminent la valeur de cette force, c'est-à-dire des industries qui fournissent ou les marchandises nécessaires à l'entretien de l'ouvrier, ou les moyens de production de ces marchandises. En faisant diminuer leur prix, l'augmentation de la productivité fait en même temps tomber la valeur de la force de travail. Au contraire, dans les branches d'industrie qui ne fournissent ni les moyens de subsistance ni leurs éléments matériels, un accroissement de productivité n'affecte point la valeur de la force de travail.

Karl Marx, *Le Capital*, livre 1, *op. cit.*, tome II, p. 9-10.

2) Paupérisation relative et paupérisation absolue

Lorsque le salaire a baissé et qu'il remonte ensuite, il ne s'élève jamais plus, par contre, à son niveau précédent. Au cours de son développement, le salaire fait donc une double chute : premièrement, de façon relative par rapport au développement de la richesse générale. Deuxièmement, de façon absolue, par le fait que la quantité de marchandises que l'ouvrier reçoit en échange devient toujours plus petite.

Karl Marx, *Travail salarié et capital*, Éditions Sociales, 1972, p. 78.

La hausse du taux de plus-value signifie un accroissement de l'exploitation, au sens où le travail non payé (plus-value) augmente par rapport au travail payé (salaire). De là, Marx tire sa célèbre thèse de la « paupérisation » progressive de la classe ouvrière. Chargée d'un contenu idéologique évident, cette thèse a, d'un point de vue analytique, un statut ambigu.

À certains moments en effet, Marx considère cette paupérisation comme « relative », mais à d'autres moments il affirme nettement qu'il s'agit d'un processus absolu, c'est-à-dire impliquant une baisse du pouvoir d'achat des salaires (Texte 67.2). En dehors des mouvements conjoncturels qui concernent le salaire de marché et non la valeur de la force de travail, on voit mal sur quoi peut s'appuyer une telle affirmation. L'évolution du taux d'exploitation ne peut être confondue avec celle du pouvoir d'achat des salariés.

3.4 Les conséquences de la baisse du taux de profit

Différente dans ses ressorts, la baisse tendancielle du taux de profit chez Marx a également des conséquences très différentes de celles que lui prête Ricardo. Alors que pour ce dernier, l'économie doit s'acheminer graduellement vers un état stationnaire, pour Marx une telle perspective est incompatible avec la logique du capitalisme, et la baisse du taux de profit a pour conséquence d'accroître son instabilité.

Lorsque les « causes contrecarrant la loi », jouent de façon efficace l'économie connaît une phase de « boom », pendant laquelle la croissance est rapide et le climat des affaires euphorique. Mais bientôt ces causes s'avèrent impuissantes à endiguer l'effet de l'élévation de la composition organique du capital, et la tendance à la baisse du taux de profit reprend le dessus. Ce phénomène est favorisé par la hausse conjoncturelle des salaires qui accompagne généralement la phase de prospérité, et qui dégrade le taux de plus-value. S'ouvre alors une période de crise.

Résultat de la baisse du taux de profit, la crise constitue en même temps un moyen (temporaire) de surmonter l'obstacle. En effet, elle produit diverses conséquences qui, au bout d'un certain temps, relancent le taux de profit, et donc la croissance. Ainsi l'accroissement du chômage exerce une pression sur les salaires permettant l'accroissement du taux de plus-value. De même les faillites et restructurations qui se multiplient en période de crise entraînent la « dévalorisation » d'une partie du capital engagé dans la production, ce qui améliore la rentabilité moyenne, dans la mesure où les fractions de capital qui disparaissent sont en général les moins rentables.

Le jeu de ces éléments permet un redémarrage de l'expansion mais, les mêmes causes produisant les mêmes effets, cette nouvelle phase d'expansion ne fait que préparer la crise suivante (d'où le caractère cyclique du mouvement de la production). Du fait de la tendance à la baisse du taux de profit, les difficultés doivent s'aggraver d'un cycle à l'autre : Marx, sans s'attarder sur ce point, prévoit une augmentation de la violence et de la fréquence des crises (« on doit inférer des lois de la production capitaliste, écrit-il au livre I du *Capital*, que la période des cycles se raccourcira graduellement »). Jointe au phénomène de surpopulation relative et à la concentration du capital, cette perspective représente pour Marx la preuve que le capitalisme, de moins en moins capable de gérer ses contradictions internes au fur et à mesure qu'il se développe, est historiquement condamné.

3.5 Le problème du statut de la « loi tendancielle » de Marx

Pièce majeure de l'argumentation de Marx, sa loi de la baisse tendancielle du taux de profit a fait l'objet d'importantes controverses. Le taux de profit moyen est-il condamné, en dépit de passagères rémissions, à décliner ?

Remarquons tout d'abord que Marx ne démontre pas la thèse qu'il avance. Nul ne contestera évidemment que si le numérateur d'une fraction reste constant, tout alourdissement de son dénominateur entraîne fatalement une diminution de la valeur de la fraction… Mais Marx est le premier a souligner que le numérateur de la fraction ne peut être traité comme une constante et que l'alourdissement du dénominateur n'a rien d'automatique. Dès lors son argumentation se ramène à un acte de foi : après avoir souligné le rôle des facteurs qui contrecarrent la baisse du taux de profit, il postule leur inefficacité à long terme. À cet égard, il convient de souligner une étrange confusion concernant les limites physiques qui s'opposent selon Marx à une élévation indéfinie du taux de plus-value (Repère 38).

REPÈRE • 38

Taux de plus-value contre composition organique du capital, une course perdue d'avance ?

Partant du constat que la journée de travail n'est pas indéfiniment extensible, Marx en déduit que la partie appropriable sous forme de plus-value (le surtravail) ne l'est pas non plus :

« Deux ouvriers travaillant douze heures par jour ne peuvent fournir la même quantité de plus-value que vingt-quatre qui ne travaillent que deux heures, même s'ils pouvaient vivre de l'air du temps et n'avaient pas besoin de travailler pour eux-mêmes. »

Karl Marx, *Le Capital*, livre III, *op. cit.*, tome I, p. 260.

➤➤➤

>>>

De ce constat peu contestable, Marx pense pouvoir tirer la conclusion suivante :

« À cet égard. la compensation de la réduction du nombre d'ouvriers par l'accroissement du degré d'exploitation se heurte à certaines limites qu'elle ne peut franchir ; donc, si elle peut entraver la baisse du taux de profit, elle ne saurait la faire cesser. » (*Ibid.*)

Il y a ici un glissement manifeste dans le raisonnement, car le constat selon lequel la masse de la plus-value est physiquement bornée (pour une quantité de main-d'œuvre donnée) n'implique nullement que le taux de plus value (c'est-à-dire le rapport PL/V) est lui-même borné. Si l'on appelle L la quantité totale de travail dépensée dans l'économie, on a :

$$PL = L - V$$

et donc bien entendu :

$$\lim_{V \to 0} PL = L$$

mais en même temps :

$$\lim_{V \to 0} [(L - V) / V] = \infty$$

En d'autres termes le taux de plus-value tend vers l'infini lorsque le travail nécessaire, sous l'effet du phénomène de « plus-value relative », se rapproche de sa limite physique inférieure. Ce taux n'est donc pas davantage borné physiquement que la composition organique du capital, et par suite l'argumentation de Marx sur ce point ne tient pas (autre chose est bien entendu de savoir si, pour des raisons d'ordre social et politique, le taux de plus-value évolue suffisamment pour compenser une élévation éventuelle de la composition organique du capital, elle-même pas véritablement démontrée par Marx).

L'absence de démonstration convaincante de la thèse de la baisse du taux de profit ne suffit évidemment pas à rejeter cette thèse : la question se pose de savoir si elle résiste au test de l'expérience empirique. Diverses tentatives ont été effectuées dans ce sens. Ainsi par exemple J. Steindl, dans son ouvrage intitulé *Maturité et stagnation du capitalisme américain* (Basil Blackwell, Oxford, 1952) étudie l'évolution de la rentabilité du capital investi dans l'industrie manufacturière américaine sur la période 1889-1919 (et conclut à la baisse).

Soulignons d'abord les difficultés pratiques de ces tentatives : les statistiques de longue période sur la rentabilité du capital font souvent défaut, et les définitions sur lesquelles elles reposent ne correspondent jamais exactement aux concepts de Marx. Mais la difficulté essentielle n'est pas là. Si des études empiriques, menées avec tout le sérieux requis, mettent en évidence la baisse du taux de profit moyen sur une période donnée, un marxiste se sentira enclin à voir dans ces études une « confirmation de la loi » de Marx. Si d'autres études, menées avec le même sérieux, mettent en évidence la hausse du taux de profit moyen sur une autre période, le même marxiste pourra très légitimement en conclure que, sur cette période, les « causes contrecarrant la loi » l'ont emporté.

C'est précisément parce que cette argumentation est sans faille que l'on peut avoir les doutes les plus sérieux sur le caractère scientifique de la loi de Marx. Ramenée à sa formulation la plus triviale, cette « loi » dit en effet ceci : le taux de profit moyen baisse, sauf lorsque certains facteurs contrecarrent cette baisse. Cette proposition est logiquement inattaquable et empiriquement impossible à mettre en défaut, parce qu'elle constitue une tautologie. Mais les propositions de ce genre n'appartiennent pas au domaine de la science.

3.6 L'impérialisme

La période qui s'écoule entre la mort de Marx (1883) et la Première Guerre mondiale est marquée par le développement, dans les pays capitalistes, des grandes organisations ouvrières au sein desquelles se diffuse sa doctrine – à des degrés très divers d'un pays à l'autre (*cf.* chapitre 7).

Mais cette période, bien que traversée par des luttes sociales importantes, ne voit pas se réaliser l'effondrement du capitalisme annoncé (pour une date indéterminée il est vrai) par Marx. Considérée comme « imminente » par nombre de ses disciples, la révolution n'éclate pas, et si des mouvements révolutionnaires se développent (par exemple en Russie en 1905), c'est à la périphérie du capitalisme plutôt qu'en son centre. Dans les pays capitalistes les plus développés, on assiste plutôt à un « embourgeoisement » de la classe ouvrière, c'est-à-dire à la fois une hausse des salaires réels et une intégration idéologique progressive des ouvriers à la société bourgeoise.

Si cette évolution suscite chez de nombreux marxistes des tendances révisionnistes plus ou moins affirmées, d'autres s'opposent à une telle « dérive droitière ». Au cœur de leur argumentation, on trouve le concept d'impérialisme (expression popularisée par un économiste anglais non marxiste, Hobson, qui publia en 1902 un ouvrage intitulé *Imperialism*).

Marx avait déjà très nettement affirmé que, par sa dynamique même, le capitalisme tend à devenir un système mondial. La théorie de l'impérialisme, qui se situe dans le prolongement de cette analyse, a pour objet de rendre compte d'un phénomène qui s'accélère à la charnière des XIXe et XXe siècles : le partage du monde, sous forme de colonies ou de zones d'influence, entre les grandes puissances capitalistes.

Il existe, en fait, non pas une, mais deux théories marxistes de l'impérialisme, mettant chacune l'accent sur un aspect particulier des contradictions engendrées par le développement du capitalisme. Ces deux théories sont associées aux noms de Rosa Luxemburg et Lénine (Repère 39).

REPÈRE•39

Quelques figures de révolutionnaires

Rosa Luxemburg (1871-1919) : d'origine polonaise, Rosa Luxemburg milite au sein de la social-démocratie allemande (elle enseigne l'économie à l'école du parti), au sein de laquelle elle lutte contre les tendances « révisionnistes » et nationalistes, en plein développement à la veille de la Première Guerre mondiale. Pendant celle-ci, alors que la plupart des sociaux-démocrates pratiquent des politiques d'union nationale consacrant la faillite de la IIe Internationale, Rosa Luxemburg fonde, avec Karl Liebknecht, Franz Mehring et Clara Zetkin, la Ligue Spartakus. Ce mouvement adopte des positions révolutionnaires et antimilitaristes qui valent à Rosa Luxemburg d'être emprisonnée de 1916 à 1918. À sa libération elle participe à la fondation du Parti communiste allemand (décembre 1918), et à l'insurrection spartakiste de Berlin (janvier 1919). Elle est arrêtée et assassinée lors de la répression de l'insurrection, menée avec l'appui de la social-démocratie. Théoricienne de l'impérialisme (*L'Accumulation du capital*, 1913), Rosa Luxemburg met dans ses écrits politiques l'accent sur la spontanéité et l'initiative révolutionnaire des masses (*Grèves de masse, parti et syndicat*, 1906), ce qui l'éloigne de la conception léniniste du parti.

Vladimir Ilitch Oulianov, dit Lénine (1870-1924) : dirigeant du parti bolchevik (né d'une scission au sein du parti ouvrier social-démocrate de Russie, en 1903), Lénine s'oppose également aux tendances « révisionnistes » qui se manifestent dans l'Internationale. Il se différencie de R. Luxemburg par l'importance qu'il attache à la création d'un parti d'avant-garde fortement structuré. À l'encontre des mencheviks (l'autre parti issu de la scission de 1903), Lénine considère qu'en dépit du retard économique, social et politique de la Russie, une révolution prolétarienne est possible dans ce pays, « maillon faible » de la chaîne impérialiste. Après une première tentative en 1905, l'effondrement du régime tsariste suscité par la débâcle militaire russe lors de la première guerre mondiale lui semble créer les conditions d'une telle révolution, qu'il envisage comme la première étape de la révolution mondiale. Revenu d'exil en 1917, il organise l'insurrection qui, en novembre de cette année, renverse le gouvernement provisoire de Kerenski et permet aux bolcheviks de prendre le pouvoir. Nommé président du Conseil des commissaires du peuple (Conseil des ministres), Lénine dirige le pays jusqu'en 1922, où une attaque cérébrale le contraint à une semi-retraite. Au sein d'une œuvre très abondante, citons : *Le Développement du capitalisme en Russie* (1899), *Que faire ?* (1902), *L'Impérialisme, stade suprême du capitalisme* (1916), *L'État et la révolution* (1917), *Le Gauchisme, maladie infantile du communisme* (1920).

3.7 L'analyse de Rosa Luxemburg

Dans un ouvrage paru en 1913 et intitulé *L'Accumulation du capital*, cet auteur entreprend de démontrer que le schéma de la reproduction élargie présenté par Marx renferme une contradiction (Texte 68).

LUXEMBURG L'impérialisme

TEXTE 68

1) Les contradictions du schéma de la reproduction élargie

Il est évident que la composition organique de plus en plus élevée du capital, c'est-à-dire la croissance plus rapide du capital constant par rapport au capital variable, trouve nécessairement son expression matérielle dans la croissance plus rapide de la production des moyens de production (section 1) par rapport à la production des moyens de consommation (section 2). Une telle différence dans le rythme d'accumulation est cependant absolument impossible dans le schéma de Marx, qui se fonde sur la conformité absolue de leur croissance [...]. De quelque manière que nous l'envisagions, la modification technique de la production dans le processus de l'accumulation ne peut s'effectuer sans désarçonner complètement les proportions et les rapports qui sont à la base du schéma de Marx.

Rosa Luxemburg, *L'Accumulation du capital* (1913),
trad. française Maspero, 1972, tome II, p. 16.

2) La nécessité des formations sociales précapitalistes

Le schéma marxien de la reproduction élargie ne parvient donc pas à nous expliquer le processus d'accumulation tel qu'il a lieu dans la réalité historique. À quoi cela tient-il ? Tout simplement aux prémisses du schéma lui-même. Le schéma entreprend de décrire le processus de l'accumulation en partant de l'hypothèse que les capitalistes et les salariés sont les seuls représentants de la consommation sociale. Marx, nous l'avons vu, prend pour hypothèse théorique de son analyse la domination générale et absolue de la production capitaliste, et il s'y tient avec conséquence tout au long des trois livres du *Capital*. À partir de cette hypothèse, il est évident qu'il n'existe – conformément au schéma – pas d'autres classes sociales que les capitalistes et les ouvriers ; toutes les « tierces personnes » de la société capitaliste : fonctionnaires, professions libérales, prêtres, etc., se rattachent à l'une de ces classes, et surtout à la classe capitaliste, comme consommateurs. Cette hypothèse est une abstraction théorique commode ; en réalité il n'a jamais existé et il n'existe nulle part de société capitaliste se suffisant à elle-même et entièrement régie par le mode de production capitaliste. Mais cette abstraction commode est parfaitement licite lorsqu'elle ne fausse pas les données du problème, mais qu'elle aide à les exposer dans toute leur pureté. C'est le cas pour l'analyse de la reproduction simple du capital social total. [...]

►►►

>>>

Si on l'examine de plus près, le schéma de la reproduction élargie renvoie, même en ce qui concerne ses rapports internes, à des formations situées hors du domaine de la production et de l'accumulation capitalistes. [...] En fait la réalisation de la plus-value est la question vitale de l'accumulation capitaliste. Si l'on fait abstraction, pour simplifier les choses, du fonds de consommation des capitalistes, on constate que la réalisation de la plus-value implique comme première condition un cercle d'acheteurs situés en dehors de la société capitaliste.

Rosa Luxemburg, *ibid.*, p. 22 et p. 25.

3) L'impasse

Si le capitalisme vit des formations et des structures non capitalistes, il vit plus précisément de la ruine de ces structures, et s'il a absolument besoin pour accumuler d'un milieu non capitaliste, c'est qu'il a besoin d'un sol nourricier aux dépens duquel l'accumulation se poursuit en l'absorbant. Vue dans une perspective historique, l'accumulation capitaliste est une sorte de métabolisme entre les modes de production capitaliste et précapitaliste. Sans les formations précapitalistes, l'accumulation ne peut se poursuivre, mais en même temps elle consiste dans leur désintégration et leur assimilation. L'accumulation capitaliste ne peut donc pas plus exister sans les structures non capitalistes que celles-ci coexister avec l'accumulation. L'accumulation du capital a pour condition vitale la dissolution progressive et continue des formations précapitalistes.

L'hypothèse de base du schéma marxien de l'accumulation ne correspond donc qu'à la tendance historique objective du mouvement de l'accumulation et à son terme théorique.

L'accumulation tend à substituer à l'économie naturelle l'économie marchande simple, et l'économie capitaliste à l'économie marchande simple ; elle tend enfin à établir la domination absolue et générale de la production capitaliste dans tous les pays et dans toutes les branches de l'économie. Mais le capital s'engage ici dans une impasse. Le résultat final une fois acquis – en théorie du moins – l'accumulation devient impossible, la réalisation et la capitalisation de la plus-value deviennent des problèmes insolubles. Au moment où le schéma marxien correspond à la réalité, il marque l'arrêt, les limites historiques du processus de l'accumulation, donc la fin de la production capitaliste. L'impossibilité de l'accumulation signifie du point de vue capitaliste l'impossibilité du développement ultérieur des forces de production, et donc la nécessité objective de l'effondrement du capitalisme. D'où le comportement contradictoire du capitalisme dans la phase ultime de sa carrière historique : l'impérialisme.

Rosa Luxemburg, *ibid.*, p 85.

En effet, si l'on introduit dans ce schéma l'hypothèse d'élévation de la composition organique du capital, on en déduit que la section 1 fabriquant les moyens de production doit croître plus vite que la section 2 fabriquant les biens de consommation ; mais, ajoute Rosa Luxemburg, cela contredit la proportionnalité qui doit être respectée entre les deux sections pour que les échanges restent équilibrés (voir Repère 35) ; dès lors l'économie capitaliste semble en déséquilibre systématique, une partie des marchandises produites ne trouvant pas preneur.

La solution suggérée pour sortir de cette difficulté est de ne plus considérer le capitalisme comme un ensemble clos, mais au contraire comme une économie se développant au sein d'un environnement économique précapitaliste, qui lui sert (notamment) de débouché pour ses productions excédentaires. Cette hypothèse, explique Rosa Luxemburg, est conforme au développement historique du capitalisme. Parvenues à un certain stade de ce développement, les grandes puissances capitalistes se lancent dans la constitution d'empires coloniaux ou de zones d'influence dans les pays moins développés, afin de garantir à leurs capitalistes les débouchés dont ils ont besoin pour poursuivre leur activité : le capitalisme entre dans l'ère de l'impérialisme.

Mais si le besoin de débouchés nouveaux est sans limite, le monde à conquérir ne l'est pas. Une fois celui-ci incorporé en totalité à la zone d'influence du capitalisme, l'accumulation bute sur l'absence de débouchés extérieurs : l'achèvement de la mondialisation du capitalisme, en détruisant l'environnement précapitaliste dont il ne peut se passer, constitue la limite de son existence historique. En réalité, avant que cette limite ne soit atteinte, le cours de l'histoire risque de s'accélérer : l'aggravation des rivalités entre les puissances impérialistes précipite l'éventualité d'une guerre mondiale, écrit Rosa Luxemburg en 1913.

3.8 L'analyse de Lénine

Si l'approche luxemburgiste de l'impérialisme met l'accent sur les aspects commerciaux de ce phénomène, une autre analyse met en avant ses aspects financiers. Celle-ci trouve son origine dans un ouvrage publié en 1910 par un social-démocrate allemand d'origine autrichienne, Rudolf Hilferding, et intitulé *Le Capital financier*. Elle est développée et popularisée par Lénine, notamment dans sa célèbre brochure, écrite en 1916, ayant pour titre *L'Impérialisme, stade suprême du capitalisme* (Texte 69).

Le capitalisme contemporain, explique dans cette brochure le dirigeant du parti bolchevik, est marqué par plusieurs transformations décisives, qui trouvent leur origine dans les tendances et contradictions du capitalisme mises à jour par Marx, et permettent de caractériser l'impérialisme. Il s'agit principalement du développement d'entreprises géantes ou de groupes dominant les marchés, de l'interpénétration croissante des activités industrielles et financières, et de l'exportation des capitaux vers les pays moins développés. Ce dernier phénomène est vu comme un moyen de lutte contre la tendance à la baisse du taux de profit, qui affecte le capitalisme dans les pays les plus développés.

LÉNINE L'impérialisme

TEXTE 69

1) L'origine économique du phénomène

Ce qui caractérisait l'ancien capitalisme, où régnait la libre concurrence, c'était l'exportation des marchandises. Ce qui caractérise le capitalisme actuel, où règnent les monopoles, c'est l'exportation des capitaux.

Le capitalisme, c'est la production marchande à son plus haut degré de développement, où la force de travail elle-même devient une marchandise. L'extension des échanges tant nationaux qu'internationaux, surtout, est un trait distinctif du capitalisme. Le développement inégal et par bonds des différentes entreprises, des différentes industries et des différents pays, est inévitable en régime capitaliste. Devenue capitaliste la première, et adoptant le libre-échange vers le milieu du XIXe siècle, l'Angleterre prétendit au rôle d'« atelier du monde entier », de fournisseur en articles manufacturés de tous les pays, qui devaient, en échange, la ravitailler en matières premières. Mais ce monopole, l'Angleterre commença à le perdre dès le dernier quart de ce siècle. D'autres pays, qui s'étaient défendus par des tarifs douaniers « protecteurs », devinrent à leur tour des États capitalistes indépendants. Au seuil du XXe siècle, on vit se constituer un autre genre de monopoles ; tout d'abord, des associations monopolistes capitalistes dans tous les pays à capitalisme évolué ; ensuite, la situation de monopole de quelques pays très riches, dans laquelle l'accumulation des capitaux atteignait d'immenses proportions. Il se constitua un énorme « excédent de capitaux » dans les pays avancés. [...] Tant que le capitalisme reste le capitalisme, l'excédent de capitaux est consacré, non pas à élever le niveau de vie des masses dans un pays donné, car il en résulterait une diminution des profits pour les capitalistes, mais à augmenter ces profits par l'exportation de capitaux à l'étranger, dans les pays sous-développés. Les profits y sont habituellement élevés, car les capitaux y sont peu nombreux, le prix de la terre relativement bas, les salaires de même, les matières premières à bon marché.

V.I. Lénine, *L'Impérialisme, stade suprême du capitalisme* (1916), trad. française Éditions du Progrès, Moscou, 1969, p. 71-72.

2) Ses conséquences politiques

Le capitalisme a assuré une situation privilégiée à une poignée (moins d'un dixième de la population du globe ou, en comptant de la façon la plus « large » et la plus exagérée, moins d'un cinquième) d'États particulièrement riches et puissants, qui pillent le monde entier par une simple « tonte des coupons ». L'exportation des capitaux procure un revenu annuel de 3 à 10 milliards de francs, d'après les prix et les statistiques bourgeoises d'avant-guerre. [...] On conçoit que ce gigantesque surprofit (car il est obtenu en sus du profit que les capitalistes extorquent aux ouvriers de « leur » pays) permette de corrompre les chefs ouvriers et la couche supérieure de l'aristocratie ouvrière. Et les capitalistes des pays « avancés » la corrompent effectivement.

V.I. Lénine, *ibid.*, p. 9-10.

L'impérialisme, selon Lénine, est le « stade suprême » du développement du capitalisme, ouvrant directement la voie à la révolution. En effet, le monde étant de dimension finie, l'exportation des capitaux ne fait que repousser la difficulté qu'elle prétend contourner ; de plus elle aiguise les rivalités entre les puissances capitalistes lancées dans la course au partage du monde. Ici Lénine rejoint donc Rosa Luxemburg.

Cependant l'impérialisme produit également des effets stabilisateurs dans les pays capitalistes les plus développés. Le plus important aux yeux de Lénine est la « corruption de l'aristocratie ouvrière » que permet de réaliser, sous forme de hausses de salaires, la redistribution d'une partie des dividendes de l'impérialisme. Le dirigeant bolchevik voit là l'origine de la dérive « droitière » de la IIe Internationale. S'il ne renonce pas à la reconquête idéologique de la classe ouvrière des pays capitalistes avancés, il considère que le développement de l'impérialisme crée les conditions d'une révolution dans les pays moins développés entraînés par l'exportation des capitaux dans le mécanisme du capitalisme mondial dont ils constituent le « maillon faible ».

Bibliographie

Avertissement : dans cette bibliographie succincte ne figurent que des ouvrages aisément accessibles (pas de référence à des éditions antérieures aux années 1960) et écrits ou traduits en français.

On y trouvera d'abord une liste d'ouvrages de portée générale, regroupant les principaux traités ou manuels universitaires d'histoire de la pensée économique actuellement disponibles. Puis les principaux sites internet, proposant en ligne les grands textes classiques et les biographies des principaux économistes. Enfin sont présentées des indications bibliographiques relatives aux auteurs étudiés dans chaque partie de ce premier tome. Priorité est donnée aux textes originaux - sous réserve qu'ils aient fait l'objet d'une réédition récente - sur les commentaires.

Ouvrages généraux

BARRÈRE A., LE HÉRON E. et LÉVY P. *Histoire de la pensée et de l'analyse économiques.* 1. *La formation des premiers systèmes d'économie politique : des origines à 1870*, Paris, Cujas, 1994.

BEAUD M., DOSTALER G., *La Pensée économique depuis Keynes*, Le Seuil, 1993.

BÉRAUD A., FACCARELLO G. *et al.*, *Nouvelle histoire de la pensée économique*, Paris, La Découverte (3 tomes), 1992.

BLAUG M., *La Pensée économique, origine et développement* (3e édition, 1978), traduction française, Paris, Economica, 1980.

DELEPLACE G., *Histoire de la pensée économique (Du « royaume agricole » de Quesnay au « monde à la Arrow-Debreu »)*, Dunod, 1999.

DENIS H., *Histoire de la pensée économique*, Paris, PUF, coll. « Thémis », 5e édition, 1977.

GIDE C., RIST C., *Histoire des doctrines économiques*, Dalloz, 2001.

GREFFE X., LALLEMENT J., DE VROEY M. (dir.), *Dictionnaire des grandes œuvres économiques*, Dalloz, 2002.

PRIBRAM K., *Les Fondements de la pensée économique*, 1983, traduction française, Paris, Economica, 1986.

SCHUMPETER J., *Histoire de l'analyse économique*, 1954, traduction française, Paris, Gallimard, 1983 (3 tomes).

Sites internet

Phare (Pôle d'histoire de l'analyse et des représentations économiques des Universités de Paris I et de Paris X): http://phare.univ-paris.fr

New School University of New York : http://homepage.newschool.edu/het

Université de Bristol : www.ecn.bris.ac.uk/het/index.htm

Les prix Nobel : www.nobel.se

Introduction

BLAUG M., *La Méthodologie économique*, 1980, traduction française, Paris, Economica, 1982.

KUHN T., *La Structure des révolutions scientifiques*, 1962, traduction française, Paris, Flammarion, 1972.

POPPER K., *La Logique de la découverte scientifique*, 1935, traduction française, Paris, Payot, 1973.

Première partie : L'évolution des idées économiques jusqu'à la révolution industrielle

Si les auteurs étudiés dans le premier chapitre ont fait l'objet de rééditions récentes (souvent en format de poche), il n'en va malheureusement pas de même pour la plupart de ceux des chapitres II et III.

PLATON, *La République*, Paris, Flammarion, 1966.

ARISTOTE, *Éthique à Nicomaque*, Paris, Flammarion, 1965.

ARISTOTE, *Politique*, Paris, Vrin, 1977.

THOMAS D'AQUIN, *Somme théologique*, Paris, Cerf, 1985.

DEYON P., *Le Mercantilisme*, Paris, Flammarion, coll. « Questions d'histoire », 1979.

FACCARELLO G., *Aux origines de l'économie libérale, Pierre de Boisguilbert*, Paris, Anthropos, 1986.

QUESNAY F., Physiocratie, Garnier-Flammarion, 1997.

TURGOT A.R.J., *Écrits économiques*, Paris, Calmann-Lévy, 1970.

Deuxième partie : L'économie classique

Dans leur majorité, les auteurs étudiés dans la deuxième partie ont fait l'objet de rééditions récentes en langue française. Toutefois certains ouvrages sont réédités de façon tronquée, et les traductions anciennes sont souvent défectueuses. Signalons la parution, aux PUF en 1995, d'une remarquable version intégrale de la Richesse des Nations, traduite en langue française par Paulette Taiëb.

LIST F., *Système national d'économie politique*, Gallimard, 1998.

SMITH A., *Recherches sur la nature et les causes de la richesse des nations* (extraits), Paris, Gallimard, coll. « Idées », 1976.

SMITH A., *Enquête sur la nature et les causes de la richesse des nations*, Paris, PUF, 1995.

RICARDO D., *Des Principes de l'économie politique et de l'impôt*, Paris, Flammarion, coll. « Champs » , 1977.

MALTHUS T.R., *Essai sur le principe de population* (extraits), Paris, Denoël-Gonthier, coll. « Médiations », 1979.

MALTHUS T.R, *Principes d'économie politique*, Paris, Calmann-Lévy, 1969.

SAY J.-B., *Traité d'économie politique*, Paris, Calmann-Lévy, 1972.

SISMONDI J., *Nouveaux principes d'économie politique*, Paris, Calmann-Lévy, 1976.

Troisième partie : Le marxisme

Outre une édition en format de poche du livre I du Capital chez Flammarion, les écrits de Marx ont été publiés en français chez deux éditeurs : la Bibliothèque de la Pléiade (Gallimard) qui les regroupe en trois volumes et les Éditions Sociales, dont une partie des publications figure dans la liste ci-dessous. En ce qui concerne le marxisme après Marx, on se limite ici aux ouvrages sur l'impérialisme qui ont été présentés au chapitre 9. Les développements postérieurs à la Première Guerre mondiale seront traités dans le tome II.

MARX K., *Le Capital*, livre I, Paris, Flammarion, 1985, coll. « Champs » (2 tomes).

MARX K., *Œuvres philosophiques*, Paris, Gallimard, La Pléiade, 1968.

MARX K., *Œuvres économiques*, Paris, Gallimard, La Pléiade, 1968 (2 tomes).

MARX K., *Le Capital*, Paris, Éditions Sociales, 1971 (8 tomes).

MARX K., *Manuscrits de 1844*, Paris, Éditions Sociales, 1969.

MARX K., ENGELS F., *Manifeste du parti communiste*, Paris, Éditions Sociales, 1966.

MARX K., ENGELS F., *Critique des programmes de Gotha et d'Erfurt*, Paris, Éditions Sociales, 1966.

LUXEMBURG R., *L'Accumulation du capital*, Paris, Maspero, 1972 (2 tomes).

LÉNINE V.I., *L'Impérialisme, stade suprême du capitalisme*, Moscou/Paris, Éditions du Progrès, 1975.

Index des extraits des œuvres citées

Les traductions des extraits des œuvres de Ricardo et Smith sont, sauf indication contraire, de J. Boncœur.

Les titres des documents sont des auteurs de l'ouvrage. Les numéros renvoient aux pages.

Chapitre 1. Les premières réactions au développement du marché

Chapitre 2. L'âge des marchands

Chapitre 3. L'émergence du libéralisme

Chapitre 4. L'économie d'un nouveau monde

Chapitre 5. Les lois naturelles de la valeur et de la répartition

Chapitre 6. Accumulation, débouchés, commerce extérieur

Chapitre 7. Une théorie pour la révolution

Chapitre 8. L'anatomie du capitalisme

Chapitre 9. La dynamique du capitalisme

Index des concepts

Index des noms

Édition : Laurence Michaux
Bertrand Dreyfuss

N° d'éditeur : 11010037 - (II) - OSB80 - C2000 - ACT - Dépôt légal : Août 2009
Imprimé en France par EMD S.A.S. - 53110 Lassay-les-Châteaux - N° 21771

COMPO 2000 – SAINT-LÔ